モノからみた宗教の世界

八木百合子 編

春風社

モノからみた宗教の世界

目次

第一部　モノ／イメージの複製と聖性

第二部　モノの蓄積と処理

第三部　モノと物質性の変化

序章　モノをとおしてみる現代の宗教世界

八木百合子

はじめに

われわれの身の回りには人びとの信仰や宗教実践と関わる数々のモノが存在する。ここでいうモノとは様々な物質（material）からなる有形の物体を指すが、[*1] たとえば日本の家々にも、神仏を祀る神棚や仏壇、数珠や経典など、日常の宗教的な実践を支える多様なモノが具えられている。より身近なところでは、開運や安全祈願のお守り、魔除けや厄除けのお札、商売繁盛を願う縁起物の類など、宗教の別を問わず人びとの信仰と結びついたモノが溢れている。

本書は、こうした人びとの信仰や宗教実践と関わる多様なモノ（以下、宗教的なモノ）に着目し、宗教の現代的な様相や人びとの信仰について考察するものである。特にここでは、神像など人びとの礼拝対象となるモノだけでなく、呪物や音具など実践の場で用いられる道具から供物や装飾具に至るまで宗教空間を構成する様々なモノを対象にすることで、人とモノとの関係をあらゆる角度から探っていきたい。

そうしたモノに注目するのは、特に近年、宗教的な領域におけるモノをとりまく状況が大きく変わりつつあるからである。産業化やグローバル化を背景に、日常のあらゆるモノが商品として大量に生産・消費されるなか、宗教的なモノの商品化もかつてないほど進んでいる。以前は特定の地域や信仰者の間でのみ流通・消費されてきた聖なるモノでさえも、その複製品が大量に世に出回り、ときには信仰を異にする人びとの手にまで拡散している。こうしたモノが導入された地域では、それまでにみられなかったスタイルの信仰実践が生み出されるなど、宗教的な領域におけるモノの存在やその変化は、現代の人びとの信仰や実践のあり方を考えるうえで看過できない側面の一つである。

とりわけ目を見張るのは、テクノロジーやメディアの進化により、宗教的なモノのなかには、それまでとは異なる様相を呈しているものも少なくない点である。神々のイメージは、紙などの印刷物や立体的な彫像にとどまらず、最近ではデジタルメディアをはじめとする多様なモノに置き換わり世界中に拡散・流通している。いまや寺院や聖地など特定の宗教空間にかぎらず、それらのメディアを介して、神のイメージをみたり、神の存在を身近に感じたりすることが可能になっている。たとえば、インターネットが普及しつつあるインドでは、サイバー空間に現れたヒンドゥーの神像とスマートフォンなどのデジタル機器を通じてつながるといった実践もみられるようになっている（三尾 2017）。新たなメディアの登場は人びとの実践を変容させるだけでなく、これまで宗教が占めてきた領域を押し拡げているともいえる。*2

こうした宗教の領域におけるモノの存在や役割を積極的に捉え、その位置づけを見直していくのが本書のねらいの一つであり、本書が目指すのは変化するモノやモノと人との関係から現代の宗教世界の実相を捉えていくことにある。そのために本書の各章では世界各地の様々な宗教を取り上げ、具体的な事例にもとづく分析からモノと関わる人びとの信仰や実践について考察する。

以下では、近年の人文諸学で関心を集めてきたモノに関する視座を振り返りながら、本書のなかで掘り下げていく論点を示していきたい。

1　モノへの視座

考古学や人類学など物質文化を扱う研究のなかでは一九八〇年代以降、モノに対して新たな見方が広まった。従来の物質文化研究では、人間が制作、使用、消費する対象としてモノを捉える見方が主流であったのに対し、モノ自体が人間に及ぼす影響やモノと人との相互的な関係が新たに注目されるようになった。*3 こうした視点の転換は、モノを人に対して従属的な存在とみなす、非対称的な主体／客体の関係性の構図を解体し、人間中心主義的な世界観を見直す試みでもあり、モノを焦点化することを通じて、さらには文化／自然といった人間やモノを取り巻くより大きな課題を再検討する研究もみられるようになってきた（床呂・河合編 2011, 2019）。

そうした一九八〇〜九〇年代の人文諸学におけるいわゆる「物質論的転回（マテリアル・ターン）」のなかで、宗教についてもモノと人との関係や物質性から様々な事象を捉える研究が一つの潮流を生み出した（Meyer and Houtman 2012; Hazard 2013; Bräunlein 2015; Meyer 2019）。神や超自然的な存在に対する信仰や教義を扱う宗教の研究において、モノ（＝物質）を問う視点は一見すると相容れないような感がある。だが、近年欧米の研究者らが指摘するように、宗教の世界をみていくうえでモノや物質性は不可避な問題といえる。彼らが強調するのは、宗教は物質的なモノなしには存続できず、目に見え、触知可能（tangible）な何らかのモノや物質性を通じてこそ理解可能なものになるという点である（Meyer and Houtman 2012; Engelke 2012）。そうした主張の根底にあるのは、宗教は精神の領域にのみあるのでなく、人間の身体を含む物質世界とも切り離せない関係にあるという見方であり、これは後述する西欧近代の宗教観を覆す視点である。それゆえ、宗教を理解するうえで必要なのは、人びとの宗教実践が、身体感覚、テクスト、建造物、写真、そして身の回りのあらゆるモノなど、物質的なかたちを通じて、世界におけるその存在にどのような影響を与えているかを捉えることである（Meyer and Houtman 2012: 6）。それはまた、神と人との直接的なつながりを重視し、モノの介在を徹底的に排除してきたプロテスタントでさえも例外ではない。米国の宗教学者コーリン・マクドネルは『物質キリスト教（*Material Christianity*）』のなかで、プロテスタント信者の日常の景観のなかにも写真や調度品などのかたちで様々な宗教的な要素が埋め込まれており、それらの物理的な存在が彼らの宗教理解のうえで、聖書の朗読や聖なる言葉を聴くこと以上に重要な役割を担ってきたことを説いている（McDannell 1995）。

宗教の物質的な側面に注目した研究は一九九〇年代以降、とりわけ欧米の研究者を中心に関心を集めるようになってきた。二〇〇五年に創刊された学術誌『物質宗教（*Material Religion: The Journal of Objects, Art and Belief*. Taylor& Francis）』をはじめ、物質宗教を題材にした研究は、宗教学、人類学、博物館学、美術史学、視覚文化研究など多様な分野に跨って展開され、神の言葉やテクストを重視する従来の宗教研究に代わり、物質性や感覚性を通じた宗教理解への道が拓かれてきた。[*4]

こうした関心の背景には、たとえば書かれたテクストを中心に教義や思想を追究してきた宗教学が「生きられた宗教（lived religion）」へと関心を拡げ、人びとの経験や生活に根差した宗教を捉えることを目指したことや[*5]（Engelke 2012）、宗教芸術を扱う美術史学が作品の様式や形態的な意味だけでなくイメージの機能や効果に目を向けたように（Freedberg 1989; ベルティング 1991）、各々の研究分野におけるパラダイム転換がある。また、特に今世紀に入り、人類学などで盛んになってきたいわゆる存在論的転回と呼ばれる理論的潮流は、モノの観念的な理解から、モノ自体をありのままに捉えようとする見方を後押しした。宗教の領域における物質的な側面についての研究は、モノへの新たな見方が広まるなか、このような同時代の動きと共振するかたちで発展してきた。

無論、宗教の物質的な側面に関する研究がそれまで存在しなかったわけではない。たとえば、一九世紀以降の進化論的な宗教史観のなかで「宗教の起源」に位置付けられるようになったフェティシズムに関する議論は、人々が崇拝する物的対象に焦点をあててきた。[*6] また、ジェイムズ・フレイザー（1951〔原著一八九〇～一九三六〕）を嚆矢とする呪術研究においては、呪いに用いられる多様なモノに人間が働きかけることで様々な現象を統御・支配できると考えられてきた。そのように非西洋社会の宗教はモノに溢れていることは知られてきたが、それはあくまで人間にとって操作可能な対象であり、研究者はそのシンボルとしての意味を追究することに主眼を置いてきた。一方、物質文化に関する新たな潮流のなかでは、こうした研究においても物質性やエージェンシーなどの分析概念を用いることで、従来の主体／客体の関係を再考するとともに新たな視点から人びとの実践の姿を描き出そうとする試みがなされている。[*7]

ここではまず、宗教の研究における新たな潮流の一つとなってきた物質宗教に関する研究について概観したうえで、関連分野で展開されてきた宗教の領域におけるモノや物質性をめぐる研究に的を絞り、モノからいかなる宗教理解が可能になってきたのかを示しておきたい。

1−1　物質宗教の視点

精神と物質という二元論から、前者に神の本質を見出してきた近代の宗教理解のなかで、宗教は長らく非物質的（immaterial）な世界と考えられてきた（Meyer and Houtman 2012: 6）。そこでは、物質の実在が否定される一方、物質的な現象は観念の領域に付随するもの、つまり副次的なものとみなされる傾向にあった。こうした問題の根本には、精神と物質という二分法を固定視する西欧近代の宗教に対する偏見があり、そうした知的伝統がこれまでモノについての議論を遠ざけてきたといっても過言ではない。[*8] また、物質の実在を否定する立場は、歴史的にキリスト教やイスラームにおいて偶像破壊が幾度となく繰り返されてきた点にも明らかで、神々の像を作りそれを可視化することや崇拝対象とすることは冒涜とみなされるか偶像崇拝の烙印を押されてきた。しかし、教義や神学上の問題は別として、物質的な存在なくして宗教の理解は可能なのだろうか。こうした宗教の根幹に対する疑念とともに芽生えたのが、物質宗教への関心である。それはこれまで十分な関心が払われず、後景へと追いやられてきた物質的な存在にも目を向けることで、宗教の世界を理解しようとする試みといえる。*9 当初、主にアジアやアフリカなど非西洋諸国の宗教や物質文化を対象にしてきた研究者のなかから生まれたその関心は、そうした西欧近代的な宗教理解に対して異議を唱えるものでもあった。と同時に、それは研究者たちによって非物質化された宗教を「再物質化」する取り組みともいえる（Meyer and Houtman 2012: 7）。本書もまたこうした物質宗教の関心を引き継ぐものである。

物質宗教に関する研究を牽引してきた、オランダの人類学者ビルギット・マイヤーらは、物質宗教が問題にするのは、「宗教が物質にどのように表れているのかということではない」（Meyer et al. 2010: 9）と述べており、モノを宗教的な事象や観念を表す表徴とみなす従来の象徴論的な見方を否定している。*10 言い換えれば、マイヤーをはじめとする物質宗教論者にとって宗教とは、単に物質的な表徴に表れた観念や意味から理解できるものではないのである。むしろ物質宗教論者が目指すのは、「宗教がどのように物質的に生じているのか」を問うことであり、そのためには、宗教的な事象を、人間や有形のモノだけでなく、神格やその力（force）、制度、場所なども含めた多様な諸要素の関係性のなかで捉えていく必要があると説いている（Meyer et al. 2010: 9）。物質宗教の研究は、そのように宗教の領域を構成するモノのあり方を見直し、宗教や人びとの信仰を成り立たせている様々な要素を見出す取り組みともいえる。

「いかなる宗教も物質宗教である」と唱える米国の人類学者マシュー・エンゲルケは、自身が行ったジンバブエでの調査を通じて、宗教とモノは常に不可分な関係にあるという見方を示している（Engelke 2007, 2012）。エンゲルケによれば、アフリカのキリスト教「金曜の使徒（Friday apostolic）」の信奉者たちは、非物質性への強いこだわりを持つある種のプロテスタント的な宗教伝統を持っており、聖書ですらも拒絶するが、そんな彼らもまた宗教を語るうえで「客観的実在性（thingness）」を避けることはできないという[*11]（Engelke 2012: 223）。精霊に満たされた預言者や歌（音楽）などを通じて、神の言葉を生で直接的なかたちで受け、神の存在を認識する信者たちにとって、書かれた言葉である聖書（＝モノ）は宗教理解において必ずしも重要ではない。しかし、そのように神や精霊との直接的なつながりを支持する、つまり非物質性を強調する立場であっても、その神の存在は人間の身体など何らかのモノを通じて表われているとみるべきであるとエンゲルケは主張している（Engelke 2012: 223）。そうした実践面における神の存在の認識の仕方についての考察を通じてエンゲルケは、宗教におけるモノのあり方をみていくうえで必要なのは、「宗教の物質性を成り立たせているのは何かといった点や、誰にとってそれがモノとなるのかを理解することである」と述べている（Engelke 2012: 223）。エンゲルケは、宗教を「霊的な存在への信仰」としたエドワード・タイラー（1958）も、物質性や宗教実践におけるモノの関わりについての視点が欠落していたと批判しており、そもそもタイラーも含め問題の前提として想定していた、物質／精神、物質／非物質といった二元論的な認識を見直す必要性を提起している（Engelke 2012）。このように、物質宗教の研究では、精神や観念の領域と物質の領域とを切り離した二元論的な見方にもとづく宗教理解を超克する、宗教とモノの関わりが模索されてきた。

こうした宗教の物質的な側面についての関心は今世紀に入り、人類学や宗教学からさらに、美術史学、考古学、博物館学、視覚文化研究など多様な分野の研究関心とも結びつき、そのすそ野を大きく広げてきた。マイヤーらが中心となって創刊した学術誌『物質宗教（*Material Religion*）』では、人、モノ、信仰の関わりについて幅広い議論が繰り広げられてきた。創刊号に寄せた巻頭文では、物質宗教の分析視角について次のように述べている。

「物質宗教とは、イメージやモノや空間そのものが何をするのか、信者にどのように関わり、どんな力をもっていて、ある共同体が信仰の活力と安定のためにどのような方法でそれらに依存しているのかをみていくことにある」[12]（Editors 2005）。物質宗教の視点は、このようにモノやイメージを信仰生活における能動的なエージェントとみなし、それが人間に対して及ぼす力や働きを積極的に捉えていく点にその特徴がある。

言うまでもなく、そこには様々なアプローチの仕方がみられ、ここでそのすべてに触れることは困難である。[13] ここでは本書の内容とも関わる議論を中心に、主要な視点を二つに分けて整理しておく。一つは、物質性などモノそれ自体の多様な形態に着目するものであり、いま一つは、モノを関係性のなかで捉える方法である。以下では、それぞれの視点から人びとの信仰や宗教のいかなる世界がみえてくるのか具体例を示しながらみていきたい。

1―2　宗教の物質性

物質性（materiality）という語は今日、物質文化を扱う研究において鍵概念の一つにもなっている。しかしながら、それを扱う研究者によって様々な捉え方があり、物質性をめぐる理解は必ずしも一致してはいない感がある。[14] だが、モノを対象にした近年の研究の多くは、物質性について、モノの素材（物性）だけでなく、モノの社会的役割や文化的意味にとどまらない、より広い意味でのモノの理解を前提にしており、[15] 宗教に関する研究でも物質性は、物性の問題にかぎらず、その多様なあり方が示されている。そこでまずは、物質性という視点から、宗教や信仰のいかなる側面を捉えることができるのかいくつかの研究を参照しながらみていきたい。

宗教の物質性について論じた米国の人類学者ウェブ・キーン（Keane 2008）は、物質性を観念や経験の一時的な形態あるいは前提条件であるとしている。彼によれば、宗教理解においては第一に、信仰という内面の問題が重要ではあるが、それは言葉、ジェスチャー、モノ、実践など、様々なかたちで外面化されることで物質的な形態をとるという（Keane 2008: 230）。つまり、人間の内面的なものは、キーンの表現を借りるなら「その存在における、いくつかの段階において物質的な形態を帯びている」（Keane 2008: 230）ことになる。こうした見方に立つことで、祈祷、儀礼、祭壇、イコン、奉納物など宗教的な事象は、「信仰の物質化（materialization）」として理解することが可能になる。キーンは物質性との関連から生じる物理的な状態は偶発的である点を強調しており、そうした物質性がもつ特徴である一過性や可変性を、神の言葉を記した聖典を例に、次のように説明する。すなわち、言葉は書かれたテクストになり、書かれたテクストには装飾が施され、口づけされたり抱きしめられたりして敬意が払われるようになったり、場合によってはその文言の一部が護符に抜粋されて刻まれたり、あるいは薬にするために焼かれたりすることもあるという（Keane 2008）。

一方、宗教の物質性については、メディア（媒体）という観点から捉える見方もある。これはカトリックやプロテスタントの間で長い間議論されてきた聖像をめぐる問題と重なる。つまり、神の表象媒体としての物質性をどう捉えるかという点である。人びとの宗教的な信仰の対象となる神や超自然的な存在は、多くの場合、人間にとっては不可視なものである。しかし、神と人間が相互に交渉する宗教実践の場においては、人工物であれ自然物であれ、それを表す何らかのモノ（客観的実在性）が必要となってくる。言い換えれば、神や超自然的な存在は物質性を伴うことによって認識可能なものとなるのである。その意味で、彫像だけでなく、言葉を刻んだ書物や儀礼の場に立ち込める煙なども、人間が視覚を通じて神聖な存在を捉えることを可能にする最良のメディアとなる（Engelke 2012: 219）。

このように宗教の物質性の捉え方は一様ではないが、宗教の世界を理解するうえで物質性に注目することは、たとえば木俣らが「聖性の物質性」という視点を導入する意義の一つにあげたように、人間と神との交渉、つまり非人間との交りのような現象を、日常生活と地続きのものとして理解する道が開かれる可能性を有する（木俣 2022: 16）。それはまた、近年の物質文化に関する研究が、モノや物質性に着眼することで、主体／客体、人間／モノの非対称性の超克を目指したように、宗教の領域を特徴づけるべく措定されてきた神／人間、精神／物質、聖／俗といった二元論的な区分や境界を見直し、双方の関係性のなかで宗教の世界を捉えることにもつながるといえよう。

1－3　宗教的なモノの相関性

宗教におけるモノの関わりを分析する二つ目のアプローチとして、宗教的な事象を人間や非人間を含む多様な要素との関係性のなかで捉えていく手法があげられる。ミシェル・カロンやブルーノ・ラトゥールなどが中心となって科学技術社会学や人類学の分野で展開されてきたアクターネットワーク理論に影響を受けたこのアプローチは、人間以外の諸存在もまたアクターとして認め、人とモノの相互作用のなかで、事象が生成されるプロセスを読み解くものである。

こうした理論をもとにした宗教理解として、たとえば足立明（2009）は、宗教を心の問題としてではなく、むしろそこに介在する多様なアクターとの関係から読み解く必要性を主張する。仏教を例にみれば、実践の場では人間以外にも、寺院、仏壇、仏教の標語の書かれた看板や経典をはじめ、いくつもの要素が関わっており、そうしたアクターが媒介しあうなかで、仏教という信仰実践が立ち現れてくるということになる。ここで重要なのは、足立が指摘するように、様々なアクターが媒介しあい、そこに出来上がるネットワークが首尾よく安定したときにはじめて仏教が実在する点である（足立 2009: 188）。つまり、宗教が生じるのは、こうした個々のアクターが取り結ぶ諸関係が相対的に安定化したときである。したがって、ネットワークを構成するアクターが変われば、異なる事象や結果を生み出す可能性も考えられる。

宗教的な事象の背後にみられる人とモノの相関性については、アートに注目してエージェンシー論を展開したアルフレッド・ジェルの研究も有効な視角を提示している。ジェルは、プロトタイプ（原型）とインデックス（指標）という用語を用いて、インデックスであるモノがそれを取り巻く人びとと取り結ぶ多様な関係を抽出・分析している。ジェルの分析手法は、本書第8章で詳しく論じられるのでここで立ち入った議論は控えるが、エージェンシーという概念を用いることでモノが人間とモノの社会関係のネットワークにおいて占める位置を捉えることを試みている。この理論を用いてジェルは『芸術とエージェンシー（*Art and Agency*）』のなかで、芸術作品にかぎらず、神像や呪物のような宗教的なモノについても分析を展開している。たとえば、信者が病気の治癒を期待して、聖母像に口づけする場合がある。このとき、外見上は聖母像（モノ）と信者（人間）とのやり取りであるが、エージェンシー論にもとづくここでの関係は、聖母マリア（プロトタイプ）が像（インデックス）を通じて信者（ペーシェント）にエージェンシーを発揮するとみることができる（Gell 1998: 32）。このとき聖母像（モノ）は、信者（人間）に推論（アブダクション）、つまり聖母マリアを喚起する物理的な存在である。このようにジェルのエージェンシー論は、モノの側から、信者である人間に対して作用する力（エージェンシー）を捉え、人とモノの相互作用のなかで宗教的な事象を把握することを可能にしている。

ジェルは人間とモノの関係に主眼を置いたが、宗教的な事象を分析するうえでは、モノとモノ同士が構成する物理的環境に注目すること（ケイ 2023）や人間の身体を通じた感覚的経験も重要な要素になってくる。たとえば、物質宗教論の提唱者の一人でもあるデヴィッド・モーガンは、信仰が生じる際には、触れる、見る、聞く、味わう、感じるといった感覚が大きく作用しており、信仰を理解するには人間がどう行動し、いかに感じるかに注目する必要があると指摘している（Morgan 2009）。一例をあげると、ヨーロッパの聖地に向かう巡礼者は、その道中で土埃を吸い込み、大聖堂の前の石畳に集まる群衆の騒音を聞き、家々が立ち並ぶ景色を見たり、体を流れる汗や香の匂いなどを感じたりするが、こうしたあらゆる感覚が混ざり合った結果、それが信者たちの悔悛、請願、祈りなどに具現化されることになる（Morgan 2010: 10）。ここでは、人間の五感とモノの関わりに着目し、身体（人間）とモノの多様な関わりを見出すことで、信仰の様々な姿を捉えることにつながる。このように宗教や信仰を人間の社会生活の一部として捉え、人びとの実践の背後にみられる様々なアクターの絡み合いに目を向けることで、宗教的な事象や人びとの信仰をより動態的なものとして把握することが可能になる。

以上、近年の宗教研究におけるモノへの視座を大まかに振り返りながら、モノや物質性に着目することで、宗教や人びとの信仰のいかなる側面がみえてくるのかを示してきた。こうしたこれまでの議論や研究を踏まえつつ、本書では特に現代社会において多様化する宗教的なモノとそれをめぐる課題について掘り下げていきたい。

2　現代の宗教的なモノをとりまく課題

身の回りのあらゆるモノが大量に生産・消費される現代、宗教的な領域においても多くのモノが消費されている。特に近年急速な経済成長を達成した地域や国々では、祭礼や儀礼に大量の物資が動員され、宗教空間が顕示的な消費の場になりつつある（中野2010）。本書（第4章、第8章）でも触れるように、たとえば中国やインドなどでは、村の寺院に立派な建築物が建立されたり、豪奢な供物が山のように積み上げられたり、祭壇を壮麗な装飾品で飾り立てるなど、物質的な豊かさは人びとの宗教的な消費行動にも顕著な影響を及ぼしている。

こうしたモノの消費を支えているのがグローバルに展開するマーケット（市場）の存在である。宗教的なモノの販売を担う場所は、いまや寺院の境内や教会に隣接する直営の販売所だけでなく、とりわけ経済活動の中心となる主要な都市では街の至るところに散在している。そこには祭壇や神像などの礼拝用具から、供物、衣装、装飾品の類まで、生産者や職人から仕入れた様々な品物が商品として雑然と並ぶ姿がある。また最近では、インターネット上での販売も盛んに行われており、世界各地に散らばる消費者と販売者が国境を越えてつながるグローバルなマーケットのなかで宗教的なモノの流通は加速しつつある。この巨大なマーケットに参入する消費者はもはや特定の宗教の信仰者にかぎらない。多様な人たちが世界のあらゆる地域から商品として取引されるモノを手に入れることが可能になっている。たとえば、祖国を離れて海外で暮らすインド出身のヒンドゥー教徒の宗教的なモノの消費の実情について調査したヴィニータ・シンハは、彼らの宗教実践に欠かせないモノがインド本国からだけでなく、シンガポール、マレーシア、そして中国の生産者や小売業者を経由しながら、米国、欧州、南アフリカなどアジア以外の地域にも輸出され、同じ宗教を信仰する人たちだけでなく多様な人の手に渡っている状況を明らかにしている（Sinha 2011）。興味深いのは、それらの商品の多くは作り手や産地すら問われることがないまま消費され、ひとたび宗教の文脈で用いられるやいなや特別な意味や力をもったモノになっていく点である（Sinha 2011: 5）。

グローバルに展開するマーケットを通じて今日出回る宗教的なモノは多岐にわたる。それらのなかには、儀式や祭礼に用いられる道具ばかりでなく、カード、ステッカー、ポスター、カレンダーやキーホルダーなど、人びとの日常生活と馴染みの深いモノも少なくない。たとえば、南アジアで流通するイスラームの「聖遺物グッズ」（小牧 2014）やインドネシアのムスリムの若者たちが愛用する宗教ステッカー（Lukens-Bulls 2008）、韓国の仏像をモチーフにしたキャラクター・グッズ（岡田 2014）、キリスト教の聖人のイメージを写し込んだTシャツや神の言葉をコカ・コーラのロゴに似せて刻んだキャップ（McDannell 1995）のように、目新しい商品や、見方によっては神聖性を穢す行為や神への冒涜ともとられかねないモノも存在する。しかし、それらを世俗化の一局面として、モノに目を逸らしてしまうのでなく、むしろそうした身近に溢れる様々な宗教的なモノとの関わりのなかに人びとの信仰や実践のかたちを読み取ることこそが、現代の宗教の実相や草の根レベルで拡がる信仰の姿をつかむことにつながると考えられる。

アジアにおける宗教の商品化について論じたパタナ・キティアルサは、宗教の商品化のプロセスを、ローカルとグローバルが交錯する市場経済に埋め込まれた「ポストモダンの宗教の爆発」であると指摘する（Kitiarsa 2008: 1）。そうであるなら、様々な地域において今日、不断に流通・消費される宗教的なモノを追究することは、世界各地で生起する宗教の復興とまではいわずとも、近代以降も活力を維持あるいは増しつつある宗教を下支えしている要因を見出す一つの手がかりとなるのではないだろうか。

こうした観点から、本書では寺院や教会などの宗教空間だけでなく、巷にみられる宗教と関わる多様なモノにも光をあてながら、現代の宗教世界の実相を捉えていくことを目指す。そのためにここでは、次の三つの課題に焦点をあて考察を加えていきたい。

一つ目は複製化に関する問題である。一五世紀のグーテンベルクによる印刷技術の革新が聖書の大量普及を可能にし、宗教改革のなかで大きな役割を果たしたように[*16]、近代以降の複製技術の発展は宗教と関わる様々な側面にも影響を及ぼした。ウォルター・ベンヤミンは、技術的複製の進化により、オリジナルの模像が、想像も及ばぬ場所まで移動することが可能になったことを論じている。彼によれば、「写真のかたちであれ、ディスクのかたちでであれ、オリジナルを受け手に近づけることができる。大寺院もその場所を離れて、芸術愛好家のアトリエに受け入れられるようになり、大ホールや野外で歌われた合唱作品も室内で聴かれるようになる」のである（ベンヤミン 2000: 140）。実際、宗教の領域でも、技術的複製によって生み出された写真をはじめとする大量の複製物は、人びとが遠く離れた土地からでも聖地をみたり、それを通じて神の存在でさえもより身近に感じたりすることに貢献してきた。こうした複製技術の発展とそれによって生成されたイメージやモノの拡散は、現代のグローバルな人の移動や商品化のなかで今日より一層加速している。神々の姿を象った像や聖なるイメージと結びついた複製品の数々は、それを用いる人びとにどのように受け入れられ、人びとの信仰生活にいかにして根付いていったのだろうか。こうした点から、宗教的なモノと聖性との関わりについて考察するのが第一の課題である。

二つ目は大量に作られ消費されたモノとその処理に関する問題である。宗教儀礼や祭礼で用いられる道具や人びとの信仰と結びついたモノの多くは、宗教的価値を担った特別なモノとして世俗のモノとは区別される。そのため、信仰者の間ではそれを粗末に扱うことが忌避されるのが常である。その場合、容易に破棄することができず、その処理にあたっては特別な扱いが必要なことがある。たとえば日本では、古いお札やお守りを始末する際には、神社で行うお焚き上げが手段となっている。これは魂や思いのこもったモノを供養したり、浄化したりする宗教的な儀式で、それらのモノに魂が宿ると考える日本特有の処理方法である。だが、なかには古いモノが破棄されないまま、長年にわたり蓄積され続けていくような事態がみられる一方、そうした信仰と関わるモノが大量に集積されることで、神の力や神聖性を高める効果を発揮する場合もある。そのような例として、美術史家の宮下喜久朗は、ヨーロッパの教会の壁一面を覆う無数の奉納画について、一つ一つは拙い絵であっても特別な場所に集積することで、それが観者にとてつもない効果を発揮したり、聖地の威光を高めたりするのに貢献している点を指摘している（宮下2018: 236-237）。このように大量消費された宗教的なモノのあり方やその末路について展望するのが二つ目の課題である。

三つ目は、テクノロジーやメディアの進化による代替品の登場や物質性の変化に関わる問題である。インターネットをはじめとする技術発展によって、今日、モノそれ自体のあり方が急速に変化するとともに、人びとの実践も大きく変容している。宗教と関わる領域でも、たとえば、祭礼や儀式で人びとが唱える歌や奏でる音楽は、カセットやCDをはじめとする多様な媒体（メディア）に置き換わり実践の場で用いられるようになっている。宗教の領域でインターネットが使われるようになったのは一九八〇年代初頭からである（Campbell and Connelly 2020: 472-473）。最近では、ムスリムが礼拝の際にメッカの方角を確認するために用いる方位磁針（キブラコンパス）の機能を備えたスマートフォン用のアプリが登場するなど、宗教実践で用いられるモノ自体もまた多様な形態に変わりつつある。こうした代替品の登場や物質性の変化が人びとの信仰や宗教実践に及ぼす効果や影響について考えるのが三つ目の課題である。

本書では、これらの問題に関して類似する事象を地域や宗教の垣根をこえて比較・検討するとともに、人類学、美術史、音楽学など、本書のテーマと関連する分野の研究視点を交えることで、宗教的なモノのあり方を多様な角度から探っていきたい。

3　本書の内容と構成

上述の問題関心を念頭に、本書は全体を三部構成とした。ただし、これは便宜上の構成であり、それぞれの論文は宗教・モノ・現代の三つのキーワードを軸に、各人がこれまで進めてきた研究と絡めて展開しており、各々のフィールドの人びとの身近に溢れる様々な宗教的なモノに光をあてることで、現代の宗教の世界を捉えることを目指している。全一〇章は、美術史で扱われてきた彫像に関するオーソドックスな研究を相対化する章に始まり、電子念仏機（ブッダマシーン）のようなより現代的なモノをとりあげる章で締めくくっている。

第一部は、複製されたモノやイメージと聖性の関わりについて考察している。特にモノの聖性の持続性の問題が焦点となる。第1章はフィリピンの聖画像を題材にしている。フィリピンには美術史学が対象としてきた審美性や歴史性を備えた聖画像がいくつも存在するが、ここでの関心はそうした価値とは無縁の像にも向けられる。美術史を専門とする古沢は、それらの像にまつわる物語やエピソードを分析しながら、モノとしての像に対して人びとがいかにして宗教的な価値ともいえる聖性を見出しているのかを探究する。古沢は、像が聖性を帯びるのはモノ自体の物質性いかんよりも、そこに働く神の力のほか、聖像に関する物語や像を通じて信者たちが体験した奇跡が重要であることを主張する。

第2章は、複製されたモノの聖性にまつわる問題を移民との関わりから論じている。野上が着目するのは、日本の神戸で「奇跡のキリスト像」として名を馳せるようになった像である。この像は、日本に移住したベトナム系カトリック信者が持ち込んだモノで、時代を経るなかでそこに集う様々な人たちによって異なる意味が付与されてきた。野上は、聖像にまつわる物語とその遍歴を丹念にたどることで、モノの越境とモノの聖性の永続性との関わりを読み解いていく。そこでは、場所や見た目が変わってもオリジナルのイメージや宗教性が必ずしも排除されないまま、そこに異なる価値が重ね合わされていく様が明らかになる。そうした重層性こそが、幾多の困難に見舞われてきたこの像の聖性の維持と像自体の存続を可能にさせていることがわかる。

第3章では、聖性の持続性の問題を、観光産業の進展にともなうモノの商品化との関わりから考察している。笠井が取り上げるのは、巡礼地として世界的に知られるアッシジで制作・販売される宗教刺繍を伴った手工芸品である。アッシジでは二〇世紀後半から、イタリア屈指の観光地として外国人の注目を集めるなか、観光客の嗜好にあった手工芸品の制作が盛んになってきた。そのなかで、「聖なるもの」としてのイメージを売り出した商品も数多く制作されてきた。他方、アッシジには「伝統的な」技法や図案を固く保持し、古くから宗教的な信仰にもとづく制作や使用を重視する住民もおり、彼らが継承してきたデザインは観光客向けに流通するものとは異なり、宗教的な性格がより高いものとされている。笠井は、アッシジに暮らす人や刺繍制作に携わる人びとへの聞き取りから、こうした二つのスタイルが存在することを明らかにすると同時に、一括りに「アッシジ刺繍」として対外的に知られるものが一枚岩的でないことを指摘する。そのうえで、現在でもアッシジの刺繍が聖性を保つことができるのは、アッシジという場所との結びつきの深さが何より重要であることを示している。

第二部では、宗教の領域において大量に消費・蓄積されたモノの扱いやその処理をめぐる問題に光をあてている。

第4章では、チベットのボン教の人たちの儀礼の場に登場するモノに焦点をあわせている。急速な経済成長にともなって物質的な豊かさが飛躍的に拡大した中国では、信者からの供物や寄進として集められた大量のモノが宗教空間に溢れている。祭壇の前にうずたかく積まれたモノは、儀礼の場を非日常的な空間として演出するだけでなく、僧侶とは違い文語リテラシーを持たない大多数の信者をも惹きつける重要な要素になっている。小西が着眼するのは、宗教空間を構成する個々のモノの意味ではなく、そのように大量のモノが集積した状態であり、モノの蓄積と聖性との関係について紐解いていく。そこからは大量のモノによって、聖性が喚起されるだけでなく、豪華で過剰なモノを目にした信者の間で更なる寄進が促されている姿が明るみになる。この論考は、宗教実践における人間の感覚の重要性を示唆するものでもあり、この点は第三部の三つの論考にもいえる。

つづく第5章で論じるのは、イスラーム世界におけるモノのあり方である。唯一神への崇拝に重きをおくイスラームにおいては、モノの役割が前景化する場面は他の宗教と比べて少ない傾向にある。しかし、二ツ山が指摘するように、神を直接的に表象するモノは存在せずとも、神の言葉を伝えるモノは、ムスリムの行為を規定するうえで無視できない存在である。ここでは、神の言葉が刻まれたクルアーンカレンダーが分析対象となる。その取り扱いに関する綿密な調査から浮かび上がるのは、年ごとの暦を知るための道具という観点においては本来的には消費財であるにもかかわらず、カレンダーに付随するクルアーンのテクスト部分だけはリメイクされ、使用後も破棄されず大切に扱われている実態である。ここで重要なのは、先行研究で論じられてきたような「しかるべき物質性」を持たずとも、ひとたびテクストが記されればそれがどんなかたちであれ敬意をもって受け止められている点である。二ツ山は、クルアーンが描かれたモノの解釈をめぐる差異を、象徴と行為という二つの視点から考察することで、イスラームにおける宗教的なモノの特徴を読み解いている。ここで論じた宗教的なモノの転生については、続く二つの論考の問題関心とも重なる。

第6章では、キリスト教の聖像のゆくすえについて考察する。聖像については、第一部（第1章、第2章）でも取り上げられてきたが、この章では個人が所有する聖像に焦点があてられる。八木が調査を行ってきたペルーの街には、自宅にいくつもの聖像を所有する人がいる。そのように人びとの間で大量に消費される聖像の処理の問題を解き明かすために、ここでは個々の聖像の来歴と継承のプロセスを探っていく。それによって、聖像がこの地域特有の方法で近親者の間だけでなく、見ず知らずの他人にまで流通していることが明らかになるが、そこで展開される人びとの聖像をめぐるやり取りは市場での取引とは異なる独特のものである。八木はそのやり取りこそが宗教的なモノを特徴づける側面であり、長期にわたる聖像の存続を可能にしていることを指摘する。このように容易に始末することができない宗教的なモノの末路をめぐる問題をさらに掘り下げたのが次の第7章である。

第7章では、イスラームの寄進絨毯が議論の的となる。トルコの絨毯産地では古くから、地域のモスクに絨毯を寄進することは神が喜ぶ善行とされていた。だが、奉納された絨毯はその後、モスクの一室に積まれたまま放置されていることも珍しくなく、古い寄進絨毯の処理に頭を悩ます住民も多い。トルコで絨毯調査を続けてきた田村は、こうした寄進絨毯のライフサイクルを追うことで、絨毯の多元的な価値を浮き彫りにしていく。そのなかでは、手織り絨毯としての市場価値だけでなく、地域の遺産として博物館に置かれることで民俗的・歴史的価値が見いだされていく点が明らかになる。こうした価値の変転こそが、行き場の失った宗教的なモノのゆくすえを左右しているともいえる。トルコの寄進絨毯は、蓄積されたモノという点で、第4章の供物の例と似通った状況にあるが、その聖性との結びつきは対照的ともいえ、両者の事例からはそれぞれの宗教におけるモノの位置づけの違いが顕著にみてとれる。

第三部では、宗教実践の場に用いられるモノが新たなモノや現代的なメディアに置き換わった事例を扱っている。特にここでは人間の感覚や物質性との関わりから、その変容を捉えている。

第8章では、インドのヒンドゥー教徒が用いる神像の物質性と神観念の変化が議論の争点となる。近年インドでは環境意識の高まりから、祭壇に設置する神像の素材が見直され始めている。その結果、特に人気があり巷に溢れるガネーシャ像は、それまで主流であった石膏製から、自然素材の粘土製のモノに置き換わる動きがみられる。だがそれは単に素材の変化にとどまらず、この像をめぐる信仰の核心ともいえる儀式の刷新を迫るものでもあった。福内はこうした変化が、ヒンドゥー教徒たちにどのように受け止められているのかを、アルフレッド・ジェルのエージェンシー論を援用して考察する。それを通じて、知恵と豊穣を司る神という本来のガネーシャの権能が、環境に配慮した像を作ることが意識されたことにより、大いなる自然を司る存在という拡張したかたちで受容されていることを解き明かしている。

第9章は、アフリカの呪術をめぐる実践におけるモノと人との関係について論じている。呪いが蔓延するアフリカ社会では常にその脅威や不安と隣り合わせである。中川はギニアのスス社会の人たちが呪術に用いるモノの意味づけのプロセスに注目する。興味深いのは、彼らが祓いの儀式に使うのは、その目的のために古くから用いられてきた特別なモノだけではない点である。そこに登場するのは、日用品など誰もが手に入れることができるいわば普通のモノであり、そうした身近なモノの取り込みやモノと人との新しい関わりのなかに、呪いを回避しようとする人びとの積極的な実践のあり方が垣間みられる。中川は、スス社会ではモノに聖性を付与する決定権が誰に対しても開かれてきた歴史があり、それが今日の呪術におけるモノの開放性にもつながっていると指摘する。

最後の第10章では、宗教実践の場を構成する音具に焦点をあてている。長嶺が取り上げるのは、ブッダマシーンの名で知られる電子念仏機である。仏教歌や念仏が流れるこの再生機は、現代的な仏具の一種として中国や台湾の仏教徒の間で使用されている。再生機の登場は、念仏を唱えたり、仏曲を歌ったりする行為、つまり「うたう」という実践のあり方を変えたという点で重要な意味をもつが、ここでの関心はむしろそこから流れる音にある。長嶺は再生機が放つその音の拡がりを「音風景」という観点から捉えていく。そこからみえてくるのは、モノから流れ出る音が宗教実践の場を超えて拡がっている様であり、時間と場所を問わず再生されることで、人びとの日常に入りこんでゆく点である。それは、モノを媒介することで変質していく音楽のあり方であり、新たなメディアがもつ可能性を浮き彫りにした意義深い論考である。

また各部にはそれぞれのテーマに沿ったコラムを掲載している。第一部では、大陸から日本にもたらされた弁財天のイメージの変化を持物に注目し分析しており、第二部では、講終いが進む日本の村落で各講の象徴として用いられてきた神仏を描いた掛け軸の末路を展望している。第三部では、カトリックの教会に贈られる奉納画の物質性の変化と現代の受容の姿を、メキシコのブリキ絵を題材に描き出している。

本書に収められた論考からは、宗教的なモノや物質性の多様なあり方とそれをめぐる人びととの実践の姿を見て取ることができるだろう。宗教的なモノと人びととの関わりは今日、モノの生産・消費という経済的な要因に加えて、移民や観光化、さらに文化財行政や環境問題など、現代の社会・政治的な問題とも関わりながら、様々なに変化してきている。また、宗教実践の場に用いられるモノをみても、本来宗教と関わりのないようなわれわれの日常生活にありふれた様々なモノが取り込まれたり、新しいメディアが導入されたり、モノ自体のあり方にも変容をきたしている。こうしたなか、現代の宗教をかたちづくるモノを捉えるうえでは、宗教的なモノのあり方やその範疇を見直し、より広い領域にまで目を向ける必要があるだろう。それこそが、聖／俗という西欧近代的な宗教についての認識や境界に囚われず宗教の世界をみていくことにつながると考えられる。宗教的なモノは今日、本書のなかで長嶺が論じた「音風景」のように、われわれの生活世界にあらゆるかたちで浸透している。まさに宗教や人びとの信仰はその物質性を自在に変えながら、われわれの日常のなかに溶け込んでいるのである。そうした側面を人びとの生活のなかから掘り起こしていくなかに、宗教の潜在力を見出すことができるのではなかろうか。本書のなかで描き出された個々のフィールドからの視点や問いかけが、宗教の世界におけるモノについての認識を新たにするきっかけとなることを願っている。

注

1 モノを指す語について、物質文化研究では、artifact、object、thingsなどの語が用いられ、文脈によってそれぞれ異なる対象を指している。器物に用いられるartifactやアート作品など固有の名称や目的をもった対象物に使われるobjectに対して、thingsはより広義の対象を指す際に用いられる傾向にある。日本語では、もののけのような不可視な存在や匂いなど必ずしも触知可能ではない対象も含めたより広い観点で、「もの」あるいは「モノ」と表記する研究もある（cf. 床呂・河合編 2011, 2019; 鎌田編 2010）が、本書では基本的に可視的な物体に限定して「モノ」というカタカナ表記を用いる。

2 インターネット上で展開される宗教実践について調査研究しているマーク・ウィリアムズ（MacWilliams 2002）は、インターネットを介したコミュニケーションは今や宗教生活の主要な活動領域にもなっている点を指摘している。

3 物質文化研究の刷新に特に影響を与えたのが人類学者のアルジュン・アパデュライ（1986）やダニエル・ミラー（1987）の物質文化研究や、ブルーノ・ラトゥールらが提唱したアクターネットワーク論（2005）である。

4 たとえば、Morgan（ed.）（2009）、King（2010）、Houtman, Dick and Birgit Meyer eds.（2012）、Hutchings and McKenzie（eds.）（2017）、Narayanan（ed.）（2020）などがあげられる。

5 イメージに着眼する現代の美術研究の嚆矢となったのがデビッド・フリードバーグ（1989）とハンス・ベルティング（1991）の研究である。フリードバーグの『イメージの力』は、美術作品やイメージに対する鑑者の反応に焦点をあてており、図像の情動的喚起力に注目している。

6 一八世紀にフェティシズムという言葉を生み出したといわれるシャルル・ド・ブロスの『フェティッシュ諸神の崇拝』（一七六〇）では、その言葉のなかにアフリカの黒人が崇拝する樹木や山などの自然物から動植物に至るあらゆる物的対象が含まれた（ド・ブロス 2008）。ただ留意すべき点として、フェティッシュ概念の特徴の一つは、この言葉の歴史的な用法を調査したウィリアム・ピーツが指摘するように、「フェティッシュ的対象の還元不可能な物質性」にあり、「フェティッシュの事実性は物質に具現化されているその状態にある」という（ピーツ 2014: 11）。

7　一例として、フェティッシュ概念を再検討することで人とモノの非対称的な関係の見直しを目指した田中雅一らの研究（田中編 2009, 2014）があげられる。また呪術に関しても、アルフレッド・ジェル（1998）が『芸術とエージェンシー（Art and Agency）』のなかで傀儡人形のエージェンシーについて分析しているほか、Houlbrook and Armitage (eds.)（2015）や川田・白川・飯田編（2020）の論集でも物質性の観点から新たな呪術論が展開されている。

8　メイヤーとハウトマンやマクドネルは、従来の宗教研究にみられる傾向の一つとして、精神の優位性を強調する思考を「プロテスタント・レガシー」と名付け批判的に検討している。詳しくは Meyer and Houtman（2012）、McDannell（1995）を参照。

9　この点に関してドイツの宗教研究者ピーター・ブラウンラインは、ダニエル・ミラーに代表される「新マテリアリズム（New Materialism）」の見方が広まったのは、古いキリスト教的なマテリアリズムへの反発であり、それがひいては物質宗教という宗教研究の道を切り開いたと指摘している。詳しくは Bräunlein（2016）を参照。

10　この点は、本書第5章で詳しく論じられているが、宗教を象徴の体系として理解しようとしたクリフォード・ギアツを批判したタラル・アサドの見解にも重なる（アサド 2004: 31-59）。

11　ただしエンゲルケも指摘するように、彼らが強固に聖書を拒絶する背景には、聖書が文字という西洋文化の産物であることや、植民地政策とも関わるという（Engelke 2012: 222）。

12　当時編集に関わっていたのが、アムステルダム自由大学の人類学者ビルギット・マイヤー、デューク大学のデヴィッド・モーガン（美術史）、ロンドン大学のクリスティン・パイネ（博物館学）、ハミルトン・カレッジのブレント・プレートの四人である。

13　マテリアル・ターン以降の宗教研究について論じたデューク大学の人類学者ソニア・ハザード（2013）は、モノと宗教の関わりをみていくための方法論は決して確立されたものではないとしながらも、宗教の物質的側面を捉えるアプローチの傾向を「シンボルとしての宗教」、「物質的規律」、「現象学」、「新マテリアリズム」という独自の分類に従って論じている。本章の以下で触れるのは、彼女が提示した四つの分類のなかで、身体感覚との関わりに焦点をあてる第三のアプローチと、物質性に注目する第四の視点と重なる部分がある。

14 佐々木（2022）は、こうした物質性をめぐる理解が論者による異なっている点を踏まえたうえで、なおも物質性が事物の分析において有効性をもつのは、「新たな問題や課題を発見する」ための視点の一つという「発見的な目的」にあるとする。また古谷（2017）は、物質性を「物性」「感覚性」「存在論」の三つの問題系に分けて異なる局面から焦点化している。

15 ダニエル・ミラーは、物質性を問う視点について、物質世界と社会生活を切り離すことなく、むしろ人間の社会世界が物質性によって構成されているとみるべきであると主張している（Miller 1987）。

16 宗教改革における複製技術（印刷機）の与えた影響について論じたアイゼンステインによれば、プロテスタントは改革のなかで聖書はもちろん、パンフレットや風刺漫画や戯画を用いることで、ラテン語のわからない読者層にもそのメッセージを普及させていった（アイゼンステイン 1987: 157-199）。

参考文献

〈日本語文献〉

アイゼンステイン、エリザベス 1987『印刷革命』別宮貞徳監訳、みすず書房。

秋山聰 2020「聖像／偶像のエージェンシーをめぐるノート」『西洋美術研究』20: 144-165。

アサド、タラル 2004『宗教の系譜――キリスト教とイスラムにおける権力の根拠と訓練』中村圭志訳、岩波書店。

足立明 2009「人とモノのネットワーク――モノを取りもどすこと」田中雅一編『フェティシズム論の系譜と展望（フェティシズム

研究１)』pp. 176-193、京都大学学術出版会。
岡田浩樹 2014「複製化し、増殖するブッダ――韓国仏教の物質化、ポピュラーカルチャー化と忍び込むフェティシズム」田中雅一編『越境するモノ（フェティシズム研究２）』pp. 251-273、京都大学学術出版会。
鎌田東二編 2010『モノ学・感覚価値論』晃洋書房。
川田牧人、白川千尋、飯田卓編 2020『現代世界の呪術――文化人類学的探究』春風社。
木俣元一 2022「序論」木俣元一、佐々木重洋、水野千依編『聖性の物質性――人類学と美術史の交わるところ』pp. 9-31、三元社。
ケイ光大 2023「聖なる堆積――中国広東省梅州市の香花派におけるモノとモノの連関」『文化人類学』88(3): 452-472。
小牧幸代 2014「聖なる複製・商品の信仰空間―イスラームの聖遺物とフェティシズム」田中雅一編『越境するモノ（フェティシズム研究２）』pp. 219-243、京都大学学術出版会。
佐々木重洋 2022「「物質性」から広がる人類学研究の地平」木俣元一、佐々木重洋、水野千依編『聖性の物質性――人類学と美術史の交わるところ』pp. 35-60、三元社。
田中雅一編 2009『フェティシズム論の系譜と展望（フェティシズム研究１）』京都大学学術出版会。
――― 2014『越境するモノ（フェティシズム研究２）』京都大学学術出版会。
床呂郁哉、河合香吏編 2011『ものの人類学』京都大学学術出版会。
――― 2019『ものの人類学２』京都大学学術出版会。
ド・ブロス、シャルル 2008 (1760)『フェティシュ諸神の崇拝』杉本隆司訳、法政大学出版局。
中野麻衣子 2010「モノの消費の向こうに――バリにおける顕示的消費競争と神秘主義」吉田匡興、石井美保、花渕馨也編『宗教の人類学』pp. 37-64、春風社。
ピーツ、ウィリアム 2018『フェティッシュとは何か――その問いの系譜』杉本隆司訳、以文社。
古谷嘉章 2017「物質性を人類学する」古谷嘉章、関雄二、佐々木重洋編『「物質性」の人類学――世界は物質の流れの中にある』pp. 1-23、同成社。
フレイザー、ジェイムズ 1951『金枝篇（１）～（５）』永橋卓介訳、岩波書店。
ベルティング、ハンス 1991『美術史の終焉?』元木幸一訳、勁草書房。
ベンヤミン、ウォルター 2000「複製技術時代の芸術作品」野村修訳、多木浩二『ベンヤミン「複製技術時代の芸術作品」精読』岩波書店。
三尾稔 2017「モノを通じた信仰――インド・メーワール地方の神霊信仰における身体感応的な宗教実践とその変容」『国立民族学

博物館研究報告』41(3): 215-281。
宮下規久朗 2018『美術の力——表現の原点を辿る』光文社。

〈外国語文献〉

Appadurai, Arjun (ed.) 1986. *The Social Life of Things: Commodities in Cultural Perspective*. Cambridge: Cambridge University Press.

Bräunlein, Peter J. 2016. Thinking Religion Through Things: Reflections on the Material Turn in the Scientific Study of Religion/s. *Method and Theory in the Study of Religion* 28 (4-5): 365-399.

Campbell, Heidi A. and Louise Connelly. 2020. Religion and Digital Media: Studying Materiality in Digital Religion. In Vasudha Narayanan (ed.) *The Wiley Blackwell Companion to Religion and Materiality*, pp. 471-486. Hoboken: Wiley Blackwell.

Editors. 2005. Editorial Statement. *Material Religion* 1(1): 4-8.

Engelke, Matthew. 2007. *A Problem of Presence -Beyond Scripture in an African Church*. Berkeley: University of California Press.

———. 2012. Material Religion. In R. Orsi (ed.) *The Cambridge Companion of Religious Studies*, pp. 209-229. Cambridge: Cambridge University Press.

Freedberg, David. 1989. *The Power of Images: Studies in the History and Theory of Response*. Chicago: University of Chicago Press.

Gell, Alfred. 1998. *Art and Agency: An Anthropological Theory*. Oxford: Oxford University Press.

Hazard, Sonia. 2013 The Material Turn in the Study of Religion. *Religion and Society. Advances in Research* 4:58-78.

Hutchings, Tim and Joanne McKenzie (eds.) 2017. *Materiality and the Study of Religion: The Stuff of the Sacred*. London: Routledge.

Houlbrook, Ceri and Natalie Armitage (eds.) 2015. *The Materiality of Magic: An Artifactual Investigation into Ritual Practices and Popular Beliefs*. Oxford: Oxbow Books.

Houtman, Dick and Birgit Meyer (eds.) 2012. *Things: Religion and the Question of Materiality.* New York: Fordham University Press.

Keane, Webb. 2007. *Christian Moderns: Freedom and Fetish in the Mission Encounter*. California: University of California Press.

———. 2008. On the Materiality of Religion. *Material Religion* 4(2): 230-231.

King, E. Frances. 2010. *Material Religion and Popular Culture*. New York & London: Routledge.

Kitiarsa, Pattana. 2008. Introduction: Asia's Commodified Sacred Canopies. In. P. Kitiarsa (ed.) *Religious Commodifications in Asia: Marketing Gods*, pp. 1-12. London & New York: Routledge.

Latour, Bruno. 2005. *Reassembling the Social : An Introduction to Actor-Network-Theory.* Oxford: Oxford University Press.

Lukens-Bulls, Roland. 2008. Commodification of Religion and the 'Religification' of Commodities: Youth Culture and Religious Identity. In Kitiarsa Pattana. (ed.) *Religious Commodifications in Asia: Marketing Gods*, pp. 220-234. London & New York: Routledge.

MacWilliams, Mark. 2002. Introduction to the Symposium. *Religion* 32: 277-283.

McDannell, Colleen. 1995. *Material Christianity: Religion and Popular Culture in America*. New Haven & London: Yale University Press.

Meyer, Birgit 2019. "Material Approaches to Religion" Meet "New Materialism": Resonances and Dissonances. *Material Religion* 15(5): 620-621.

Meyer, Birgit, David Morgan, Crispin Paine, and Brent Plate. 2010. The Origin and Mission of Material Religion. *Religion* 40(3): 207-211.

Meyer, Birgit and Dick Houtman. 2012. Introduction. Material Religion: How Things Matter. In Dick Houtman and Birgit Meyer (eds.) *Things: Religion and the Question of Materiality*, pp. 1-23. New York: Fordham University Press.

Miller, Daniel. 1987. *Material Culture and Mass Consumption*. Oxford: B. Blackwell.

Morgan, David (ed.) 2009. *Religion and Material Culture*. London: Routledge.

Morgan, David. 2009. Introduction: The Matter of Belief. In David Morgan (ed.) *Religion and Material Culture*, pp. 1-17. London: Routledge.

Narayanan, Vasudha (ed.) 2020. *The Wiley Blackwell Companion to Religion and Materiality*. Hoboken: Wiley Blackwell.

Sinha, Vineeta. 2011. *Religion and Commodification: 'Merchandizing' Diasporic Hinduism*. New York: Routledge.

Tylor, Edward B. 1958. *Primitive Culture*. New York: Harper.

第一部
モノ／イメージの複製と聖性

第1章　フィリピンの聖画像崇敬にみるモノと聖性

古沢ゆりあ

はじめに

フィリピン共和国（地図1）中部のビサヤ地方に位置するパナイ島の主要都市イロイロのハロ大聖堂には「カンデラリア（聖燭祭）の聖母（Nuestra Señora de la Candelaria）」という像が伝わる。この像には多くの不思議な話が語られている。たとえば、次のようなものである。

この像はしばしば朝早くに教会内の安置場所からいなくなると言

地図1　フィリピン共和国

われていた。そんなときは大抵、非常に長い髪のとても美しい女の人がハロ地方保健所の前の広場中央の井戸で子供を水浴させているところを見た、と人びとは話してくれる（Buendia 2010: 2）。

幼子イエスを抱き片手にロウソクを持ったこの石造の聖母の立像は、スペイン植民地時代に地元の漁師によって川から発見されたと言われる。発見場所から近くの教会に運ぼうとしたところ一〇人がかりでも持ち上がらなかったが、ハロに持っていくと決めたとたん一人の力で持ち上がり、ハロ大聖堂に安置されることとなったという。一九八一年には、フィリピンを訪問した教皇ヨハネ・パウロ二世が自らの手で像に冠を捧げた。*1 また、筆者がイロイロ出身の友人から聞いたところでは、この像は石造であるにもかかわらず毎年少しずつ大きくなっているという話もある。もっとも、「子供の頃と今とでは見た目で大きさが違う?」と聞くと、友人は「うーん、どうかな?」と笑ったのではあるが。

フィリピンでは、一六世紀からのスペインによる植民地時代にカトリックが定着し、現在もその信者が人口の七八・八％（二〇二〇年国勢調査）を占める。一九世紀末以降のアメリカ統治時代から近年までに伝道の進んだプロテスタント諸派およびフィリピンで成立した教派など、カトリック以外のキリスト教徒は一二・九％であり、両者を含めてキリスト教が圧倒的な多数派となっている（その他はイスラーム六・四％など）。フィリピン各地にはカトリックの教会堂がそびえ、そこに安置される聖母や聖人の彫像や絵画が伝わる。そして、それらは現代にいたるまで人びとの崇敬を集め、数多くの奇跡譚を生み出している。

本章の目的は、カトリックを多数派としつつも多様な教派を内包したフィリピンのキリスト教社会において、様々な立場や考えによって生じる、聖画像をめぐる解釈や反応を描き出すことである。フィリピンにおける聖画像を通して、モノである像が「力」を発揮し、人びとと関係を結んでいくさまを考察することで、モノとそこに人びとが聖性を見出す、あるいは見出さない文脈について考えてみたい。

なお、本章で用いる「聖画像」の語は、神、キリスト、聖母、諸聖人、天使などを表した造形物を指す。聖画像のなかで、立体像（彫像、浮彫など）を「聖像」、絵画を「聖画」と言うこととする。*2

1　フィリピンの聖画像

1-1　フィリピンの聖画像の歴史

フィリピンにおける聖画像とは、どのような存在なのだろうか。まず、その歴史をたどってみよう（詳しくは、古沢 2021b: 54-66を参照）。キリスト教の聖画像がフィリピンへ最初にもたらされたのは、一五二一年、スペイン王の命を受けたポルトガル人航海者マゼランの一行が世界一周の航海途上に上陸したときとされる。彼らは、セブ島で王と王妃ら現地の人びとに洗礼を授け、王妃に幼子イエスの像を贈った。マゼランらは、セブの人びとにそれまで彼らが家や神殿で祀っていた神像を破壊するように命じ、キリスト教の聖像で置き換えようとした。その後マゼランはセブ近くのマクタン島の王ラプラプに殺害され、西洋人のフィリピン侵出はいったん中断するが、一五六五年、スペインのレガスピ総督がセブを征服する。そのとき、現地の人の家で幼子イエスの像が発見された。伝説によると、それは先にマゼランがもたらした像であり、現在セブの「サント・ニーニョ（Santo Niño、聖なる子供）」として伝わる像だとされる。

レガスピはセブ征服の後、一五七一年にマニラを征服した。征服の直後、パンダン椰子の木の上に置かれた聖母像を現地の人びとが敬っているのを、レガスピの兵士が見つけたという。これがフィリピンで一番古い聖母像とされ、現在マニラのエルミタ教会に安置される「導きの聖母（Nuestra Señora de Guia）」である。このように、征

写真1　たくさんの聖母像が巡行される祭り
（筆者撮影・フィリピン、マニラ・2014年）

服と布教の歴史の語りにおいてしばしば聖画像がその先導者のごとく登場する。

その後、様々な聖画像がスペインやメキシコやマカオからもたらされたり、現地で制作されたりした。植民地時代初期の一六〇四年の記録によると、宣教師は中国系の画家に宗教画を描かせ、スペイン領フィリピン諸島各地の教会を飾った。

しかし、スペイン人の支配に対する抵抗のなかでは、聖画像は象徴的な標的となる。ルソン島北部のヌエバ・セゴビアで一六〇七年に起こった反乱では、反乱者たちは教会の道具を破壊し、一人が聖母の絵に向かって槍を投げ、こう言った。「神父たちが言うにはこれは聖母だ。それが本当なら、槍で刺せば血が流れるはずだ。血が出なければ、それはすべて嘘でいんちきだ」。また、一六二一年にも、同じくヌエバ・セゴビアで起こった反乱で、反乱者たちは教会を荒らし、聖母像の顔を切りつけ、「血が出るかどうか見てやろう」と言った。これらの事例では、「血が出るかどうか」によって像の物質性、つまり像が生きた聖母ではないことを暴き、それをスペイン人宣教師の教えが嘘であることの理由としている。

植民地時代の聖画像はスペイン・バロック様式を基調としていた。布教において聖画像が積極的に用いられ、教会が宗教美術を統制しており、西洋キリスト教美術の図像は規範とされていた。そのなかで、民衆的な簡素で小さな木彫りの像から、象牙製で装飾を凝らした豪華な像まで、多様な聖画像の作例が展開するのである。

植民地時代をとおして定着したフィリピンの典型的な聖像は次のとおりである。教会の祭壇に安置されたり、宗教行列の山車に乗せられたりするのは、等身大の立体像である。象牙や多彩色木彫による頭部は、しばしば人毛の髪やまつげ、ガラスの目玉によって写実的に表現されている。厚みのある刺繍が施された布製の豪華な衣装が着せられ、宝石や金属による冠や装身具がつけられている（写真1）。こうした様式の聖像はスペイン、フィリピンだけでなく、同じ時代にスペインが進出・布教したラテンアメリカの各地の聖像とも共通する。

現代の聖画像は、祭りでの巡行や祭壇での安置など従来の宗教的な場面のほか、政治的な文脈で役割を果たすこともある。一九八六年二月、マルコス独裁政権を倒したエドサ革命（ピープル・パワー）のとき、独裁政権に抗議するために大通りを埋めた群衆には、聖母像やロザリオなどを手に持って祈る者たちがいた。革命後、マニラ大司教シン枢機卿がその成功を「神の恩寵」に帰すなど、革命の成功がキリスト教的な言説と関連づけられ理解されるという精神風土のなかで、聖画像もまた人びととともに政治を動かす一要素となるのである。

また、現代のカトリックの人びとの実践において、聖画像崇敬は様々な行為をともなっている（古沢 2021a）。たとえば、像に手を触れて祈る、像に花やロウソクを捧げる、聖画像を身近に所持するといった個人的実践から、聖像行列のような共同体での祝祭や行事まで多様なかたちをとっている。

1-2　美術か崇敬対象か

最初に述べたように、フィリピン全土には植民地時代以来の数多くの聖画像が伝わり、また現在も生み出されている。フィリピンの聖画像をめぐって、これまでの研究では主に二つの観点から論じられてきた。一点目は、植民地美術研究の一部として、美術史および文化財としての観点から、植民地期の像の図像や様式、技法材質を分析し、歴史的・美術史的に位置づけるものであり、二点目は、社会学や文化人類学の観点から、像と人びとの関係性やその社会的機能を明らかにするものである。

このように、現在において、像は美術作品や文化財とされる一方で、崇敬対象として人びとと関わり合うという二つの領域にまたがる存在である。なお、宗教的造形物が近代化のなかで、美術作品としての鑑賞の対象と宗教的な祈りの対象という二つのあり方を併せ持つようになったことは、フィリピンのみならず、西洋美術や日本の仏像についても指摘されている（川田・水野・喜多崎 2018; 碧海 2018）。

まず、一点目の植民地時代の聖画像を様式的に分類し記述した美術史的研究では、画家・批評家・収集家であったソーベルによる先駆的な研究『フィリピンの聖像』（Zóbel 1963）がある。ソーベルは、植民地時代の聖像を三つに分類し、簡素で素朴な「民衆様式」、スペインとラテンアメリカのバロック様式に中国の影響も加わった「古典様式」、古典様式をもとに装飾が過度になった「装飾様式」とした。以来この分類は定説のように言及されるが、美術史家のフローレス（2015）は、素朴から始まり盛期を経て退廃に至るというソーベルの歴史観を図式的であると批判している。一方、さらに図像や様式から検証した体系的な研究を進めたガトボントン（1979）が、古い聖像がアンティークとして古美術市場を席巻し偽物も流布する状況を憂慮しているように、美術品とみなされ審美的な収集対象となることは新たな価値づけを帯びることでもあった。宗教空間を離れて収集された聖画像は、鑑賞や研究の対象となり美術館・博物館に展示されることとなる。マニラ首都圏マカティ市にあるアヤラ美術館の「力＋信仰＋像」展（二〇〇四年）は、一六～一九世紀の象牙製の聖像約四〇〇点をとりあげ、同展図録には素材や制作方法、歴史背景に関する詳細な論考が収録されている（Jose & Villegas 2004）。一方で、宗教的機能を維持したままその図像・造形を研究することも可能である。たとえばマニラ首都圏ケソン市のサント・ドミンゴ教会に安置される「ラ・ナバルの聖母（Nuestra Señora de la Naval de Manila）」の像（一五九〇年代）に関するモノグラフ（Zulueta (ed.) 2007）が挙げられる。

歴史的な聖画像は、フィリピン国内では各地の教会や宗教施設で崇敬対象として安置されているものから、教会付属の宝物館や個人コレクターのほか、一般の博物館や美術館において文化財として収蔵・展示されているものまで多数ある。まとまったコレクションを持つところとして、マニラでは、サン・アグスティン博物館、サント・トマス大学博物館、イントラムロス博物館、フィリピン国立美術館などがある。日本では、福岡アジア美術館で「フィリピンの聖なる像サント」展（二〇〇三年）として紹介されたほか、国立民族学博物館、西南学院大学博物館、天理参考館などに所蔵品がある。

二点目の社会学や文化人類学の研究は、歴史的な像や、現代に大量生産される安価な像と人びととの関わりを描き出しつつ、フィリピンの聖画像を論じる。社会学者リンチ（1975）は、フィリピンの民衆カトリシズムを論じるなかで、宗教行列など聖像をめぐる宗教行為を重要な特徴と指摘し、そこにラテンアメリカと共通性をもつことや、人びとが聖像に触れることで親族関係のような親密な関係性を構築することを読み取っている。[*3]文化人類学者の川田（2003）は、フィリピン中部ビサヤ地方バンタヤン島において聖像が地域の人びとに所有され祝祭時に聖像行列が行われる様を民族誌的に記述している。

さらに、植民地時代に起源をもつフィリピンの聖画像崇敬は、近現代においてそのあり方が変容している。たとえば、フィリピンで崇敬が盛んなサント・ニーニョ（幼子イエス）の像に関するバウティスタ（2010）の歴史学的・民族誌的研究によると、マゼランがもたらしたとされるセブのサント・ニーニョをめぐる言説が近現代において形成され、その崇敬は再編成をとげている。また、サピトゥラ（2014）によると、戦後フィリピンで社会現象ともいえる多大な崇敬を集めるようになった「絶えざる御助けの聖母（Our Mother of Perpetual Help）」のイコンに信者が宛てた手紙の内容を分析すると、近代化による都市の生活の変化を背景に起こった民間信心の変化が指摘できるという。

以上のように、二つの領域にまたがる聖画像の研究からわかるのは、一つには、植民地時代の聖画像は、フィリピンの歴史においてカトリック布教を背景にスペイン、ラテンアメリカ、中国などの影響のなかで生まれた造形物であり、そこに歴史的・芸術的価値を認め、崇敬の対象であると同時に国民の文化財として保存継承していこうという動きである。他方、そうした歴史的な聖画像だけでなく、現代の大量生産によって普及する安価な新しい聖画像も含めて、社会や文化のなかで像とそれを崇敬する人びとの関係を民族誌的に描き出す研究も、聖画像をとりまくフィリピン文化を捉えているものである。このように、聖画像は、フィリピンの歴史と現代の人びとの文化をかたちづくるモノの一つとして重要な意味をもつ存在である。

そこで本章では、美術史的な背景をふまえつつも、美術作品にとどまらない、より広い意味での「像」と人間との関係を考察し、現代のフィリピンの聖画像をとりまく事象について検討を行っていく。

2 イメージと聖性

2-1 「崇拝」と「崇敬」

本章で用いている「聖画像崇敬」の語は、画と像とを「聖」なるものと形容し、信じる者たちにとって「崇敬」の対象だとしているという意味で、特定の観点からの表現であることは留意されよう。このことは、キリスト教におけるイメージと聖性の問題と関わってくるので、ここで確認しておきたい。

キリスト教においては本来、神などをかたどった造形物は「偶像」として聖書において禁じられている。旧約聖書の「十戒」において「あなたはいかなる像も造ってはならない。〔中略〕あなたはそれらに向かってひれ伏したり、それらに仕えたりしてはならない」(出エジプト記二〇章四～五節、申命記五章八～九節)とあるほか、イザヤ書でも、金属や木材などを加工して作った偶像は無力であり、偶像を作ることは恥ずべきことだと批判している(イザヤ書四四章九～二〇節)。薪や木材にするのと同じ木から彫り出した像に人間の魂を救う力があろうか、とするイザヤ書の論調からは、モノはモノに過ぎないとする徹底した態度がうかがわれる。

しかし、キリスト教の歴史において次第に絵や像が作られるようになり、文字を読めない人びとへの教化に有用であるなどの理由から広まっていった。このことは聖画像論争へとつながり、八世紀のビザンティン帝国においては聖像破壊運動（イコノクラスム）へと発展した。だが、第二ニカイア公会議（七八七年）において、聖画像崇敬は聖画像そのものを拝んでいるのではなく、そこに表された神の原像を崇めているため偶像崇拝にはあたらないと決議され、以後この決議は聖画像の正当性を認める上での根拠となった。

宗教改革の時代、プロテスタントはカトリックの聖画像を批判するが、それに対抗したカトリック側のトリエント公会議（一五四五〜六三年）では、聖画像への崇敬が正しいこととして再確認された。なお、スペインによってフィリピンにカトリックが広められたのは、トリエント公会議をふまえた海外布教の波のなかであり、したがってそこには聖画像への崇敬が含まれ、布教の有効な手段として用いられた。カトリックにおける聖画像への崇敬は、第二バチカン公会議（一九六二〜六五年）においても再度承認され、現在に至っている。

以上のように、歴史的に論争があった結果、カトリックや正教会は神を礼拝する手段である「崇敬」の対象として聖画像を認めている。一方、プロテスタントには、礼拝像（devotional）としての聖画像はなく、キリストを描く場合にも説話画的（narrative）な表現である。プロテスタントは、聖画像などの偶像崇拝につながるおそれのあるモノは排除してきたが、そうではないモノ、たとえば建築や書物などに関して豊かな物質文化を有し、芸術史において高く評価されるモノも多い。

カトリックにおける「偶像」と「聖画像」の区別は矛盾とも見えるが、それに対する論理付けが「原像と表象」および「崇拝（礼拝）と崇敬」の概念である。たとえばキリストの像があると、信者は物質である像そのものを拝んでいるのではなく、そこに表象された原像（天上のキリスト）を、聖画像を媒体として礼拝しているとする考え方である。カトリック神学は、神またはキリストに捧げられるべき絶対的な礼拝（latreia）と、その表象である聖画像、および神ではないマリアや聖人に向けられる相対的な崇敬（proskynēsis）の二つを区別している（『新カトリック大事典』III: 492, 582）。つまり、いかなる聖画像も原像の似姿、つまりイメージの複製なのであり、それゆえ神やキリストそのものではありえず、魂が宿ったモノとして扱われてはならないということである。

こうした区別をふまえたうえで、人類学や美術史の研究においては、聖人や聖母およびその像に対して、「崇拝」が用いられる例と、「崇敬」が用いられる例がある。たとえば、宗教人類学者の山形（2010: 22-23）は、「聖母マリア崇拝」を論じるにあたり、カトリック教会には厳密には聖母マリア崇拝も聖母マリア信仰も存在せず「崇敬」だけであるとした上で、宗教人類学の立場から、「見えない宗教（＝自然宗教、民俗宗教）」のカテゴリーとして、教義や神学には立ち入らず、民衆によるマリア崇拝をグローバルな文化現象として捉えるという立場をとる。一方で、西洋美術史研究者の秋山（2009: 17）は、聖遺物の研究において、聖人・聖遺物・聖画像は神の力が人間に働きかけるメディア（媒体）であり、神を崇拝する上での補助手段としての崇敬の対象であるとして、崇敬の語を用いている。

これらの言葉の用法の選択からは、研究者が行為者をどう位置づけているのかがわかる。「崇拝」を用いる場合、偶像礼拝の禁止や物質の従属性といった原則はいったん置いて、実践者の行為を見れば実際に「崇拝」しているとする。それに対して「崇敬」は、教義における原則を尊重したかたちでの記述となる。これらは、いわば分析概念と現地概念の違いのようなものといえよう。人びとが聖人や聖画像を「崇拝」「信仰」していると記述することは、文化人類学や美術史における分析概念として行為者の実践のあり方を見ている。しかし、キリスト教的な文脈で受け取られた場合、行為者を偶像崇拝、聖人崇拝を行う間違った信仰のあり方だと、批判するニュアンスを帯びるおそれがある。そうした誤解を避けるための配慮であろうか、プロテスタント系大学の博物館におけるキリスト教芸術の展示解説で、「信仰の対象」「祈りの対象」ではなく「信仰の道具」「祈りの道具」という表現を選択する例もある（内島・山尾編 2017）。一方、「崇敬」と記述する場合、実際の行為者の信仰実践の実態が捉えきれない場合がある。「原像」と「表象」を分ける考え方は、ジェル（1998）のエージェンシー論におけるプロトタイプとインデックスのように、モノを介した聖なる存在と人間との相互の関係を捉えることを可能にする。その一方で、こうしたある意味プラトン主義的ともいえる枠組みでは、後に触れるような民衆カトリシズムの行為者にみられる世界観、つまり「聖人の像はモノであり、聖人の像はすなわち聖人である（物質であるものが同時に霊的である）」という感覚を表現しきれない。

なお、本章では、両者の用法をふまえた上で、行為者の人びとの信仰のあり方に意図せず批判的な価値判断を付与してしまうことがないよう、現地概念に相当するものとして崇敬の語を用いている。

2-2 人の手で作られたものか、神の力の媒体か

先にもふれたリンチ（1975）のフィリピンの民衆カトリシズムにおける聖画像論において、人びとは像にすぎないと認識していながら、聖像が敬意を表すべき人物そのものであるかのように接すると指摘されている。同様に、聖画像があたかも聖人その人であるかのように扱われ奇跡を起こす存在とされていたことは、ルネサンス以前の西洋キリスト教美術に関する研究でも指摘されている（Belting 1994）。

人の手で作られた像がどのようにしてそのような対象になるのだろうか。そこで、像とその聖性はどのように生成され、人びととどのように関わっていくのかを、筆者のフィールドの一つであるネグロス島シライ市の「バランガイの聖母（Virgen sang Barangay）」を事例にみてみたい（詳しくは、古沢 2021b: 166-200を参照）。シライは、西ネグロス州の州都バコロドの近郊に位置する地方都市である（地図2）。

地図２　ネグロス島

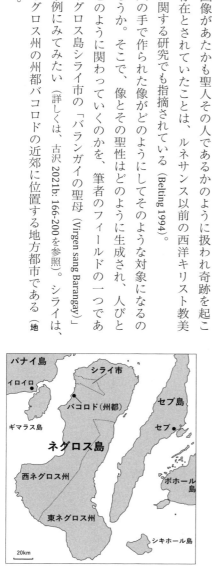

「バランガイの聖母」は、一九四九年、当時シライ市長であったアントニオ・ガストンによって創設されたカトリックの信徒主導の信仰刷新運動「バランガイ・サン・ビルヘン（ＢＳＶ）」の守護聖人である。バランガイとは村や町のような最小の行政区域を指す言葉で、ＢＳＶは各バランガイを拠点とし、ロザリオの祈りを通して民衆に信仰教育を行う組織である。

バランガイの聖母は、一九五四年、ガストンがＢＳＶの守護聖人として着想し、民衆を引き付けるためにフィリピンの衣装をまとっていなければならないと考えた。彼は自らの希望に沿った聖母像を制作してくれる画家を見つけるのに苦労したが、最終的には翌年、隣のパナイ島イロイロにあるサンタ・バルバラ療養所のハンセン病患者で日曜画家のクリソゴノ・ドミンゴによって描かれた絵画が、バコロド司教マヌエル・ヤップの認可と祝別を受けて採用された。この絵のなかで聖母は幼子イエスを抱き、この地方の衣装である巻きスカートのパタジョンをまとい、地元の海岸の風景のなかに描かれている。

ガストンが、この絵が司教の認可を得たことを「最初の奇跡」と述べているように、聖画の成立譚には、この絵の聖性を示す要素が盛り込まれている。絵を描いたドミンゴについても、絵の対価に材料費の四〇ペソしか要求しなかったこと、毎日描きはじめる前に他の患者たちとともにアヴェ・マリアの祈りを三回祈ったこと、無学であったにもかかわらず、絵のなかの聖母とイエスの光輪のかたちがキリスト教図像学に忠実に描かれており、それは神による霊感が働いたためであることなどのエピソードによって、質素で敬虔で神の働きをなす人物として語られる。このように、絵の作者の人物像と、絵が描かれるに至った経緯についての語りは、絵に働く神の力を強調する内容となっている。

また、絵の制作にまつわるエピソードのほか、描かれたモチーフ一つひとつに解釈や意味づけが与えられ、それらは「実に意味があること」と語られる。ここでは、無名の画家が描いた絵が、美術界の評価とはまったく別のところで、聖画として価値づけられている。ガストンによれば、「いい美術学校を出たプロの画家」の作品が司教に認可されなかったのに対して、選ばれたのは「貧しいハンセン病患者」による作品であり、そこには粗末な馬小屋に生まれたキリストが重ねあわされ、聖母は「辺鄙な田舎の最も小さくつましい兄弟たち」を愛しておられるのだというメッセージだと位置づけられている。

　近代的な美術作品の価値は作者である芸術家の才能と創造に帰せられるのに対して、崇敬対象の聖画である「バランガイの聖母」は、作者のドミンゴ自身ではなく、その手を通して働いた神の聖なる力によって誕生したとみなされる。作者は謙虚で貧しく、名声とかけはなれたところにいることが逆に神の働き手として評価されるのである。そして、そのような聖画の名声は、作者ではなく、聖画を通して働く聖なる力、つまり奇跡が起こることによって高まるのである。

写真２「聖画像の訪問」で集落内の小さな礼拝堂に安置される「バランガイの聖母」（筆者撮影・フィリピン、シライ・2015 年）

　この聖画をめぐっては数々の奇跡譚が語られている。怪我や病気が治る、車や船の事故から助かる、子供を授かるなどのほかに、像を巡って起こった不思議な出来事が聖母からのメッセージであると解釈されたり、像と同じ姿で聖母が現れたりといった話がある。こうした奇跡を起こすのは、シライの聖堂に安置されたオリジナルの絵画だけでなく、様々な複製、たとえば、絵画を元にした立体像（聖堂の庭のほかバコロド大聖堂にも安置されている）や、信徒が所持している聖画の小さなカードである。

　また、「聖画像の訪問」という行事では、聖画像が町から町へと巡回されて、各滞在先で教会や礼拝所に安置され集会が開かれる。これにはオリジナルの絵画ではなく原寸大の複製画が用いられることもある。集会では、集まった人びとは聖母その人の来訪を歓迎するかのように聖歌を歌い、聖画に手を触れて祈ったり、キスをしたり花を捧げたりする（写真2）。

このように多大な崇敬を受けているバランガイの聖母であるが、バランガイの聖母の聖堂の代表を務めていたこともある男性（七〇代）は、バランガイの聖母に崇敬を捧げると同時に、最も神聖な聖母像はメキシコの「グアダルーペの聖母（Nuestra Señora de Guadalupe）」だと考えている。なぜなら、グアダルーペの聖母像は人の手によらず、奇跡によって出現したからだという。グアダルーペの聖母は、一五三一年、メキシコ先住民フアン・ディエゴに出現した聖母の姿が、彼のマントに写し取られたものと信じられている。このように人の手によって作られたのではなく奇跡によって生成したとされる聖画像は、アケイロポイエトスと呼ばれる類型である。

それに対して、「バランガイの聖母」の絵は、一九五〇年代という比較的新しい時代に、ガストンが着想し、ドミンゴが描き、ヤップ司教が認可と祝別を与えており、崇敬対象となるまでの経緯が明確で、素材と費用などの詳細まで記録されている。グアダルーペの聖母や、本章冒頭に紹介した川のなかから見つかったカンデラリアの聖母のような神秘的な出自によるものではない。つまり、人の手で作られたものであり、その物質性は明らかだ。しかし、人の手を通して働いた神の力の媒体として、その聖性を獲得しているのである。ここからは、創立者ガストンによる意味づけや、信徒たちが体験した数々の奇跡などによって、聖画が崇敬する者にとって特別な価値あるモノとなっていくさまがわかる。

3　物質性と聖性の相克：聖画像をめぐる衝突

以上で見たように、フィリピンのキリスト教の多数派であるカトリックにおける実践では、聖画像とその崇敬が大きな位置を占めている。しかし、キリスト教内の異なる教派に属する人からの疑問の表明、あるいはカトリック信者の間の見解の違いにより、問題が生じることがある。

以下で、筆者がフィールドワークで出会った事例を紹介する。

事例1　ボホール島地震による教会堂被災

二〇一三年一〇月一五日、マグニチュード七・二の地震がビサヤ地方に位置するボホール島を襲った。地震は多数の建造物の倒壊を引き起こし、そこには歴史的建造物の教会堂も含まれていた。ボホール島は多くの歴史的に重要な教会建築を有し、バクラヨン教会（一七二七年築）やロボック教会（一七三四年築）など国の文化財に指定され、ユネスコ世界遺産候補になっている建造物もあった。壁画や祭壇屏（レタブロ）などの教会美術のほか、パイプオルガンや少年合唱団など豊かな音楽の文化遺産もある。また、信心深い土地柄でも知られ、二〇一二年に筆者が訪れたときには、地元の人から「ボホールにこれまで台風などの大きな災害がないのは、この島の人びとが信心深いからだ」という話も聞かれた。しかし、地震はそれらを一瞬にして破壊してしまったのである。

粉々に崩れ落ちたいくつもの教会堂の写真は、地震直後からインターネットのニュースのほか、個人のSNSでも多数拡散され、被害を嘆くコメントが次々に寄せられた。筆者も、知人のSNSのタイムラインを通してそれらに接した。そのなかには、がれきのなかに無傷で立っている聖母像の写真があり、「奇跡だ」と感嘆するコメントを集めていた。一方、そうした悲嘆への連帯および災害下の小さな奇跡への共感の投稿に対して、否定的で強く非難する論調のコメントも一定数見受けられた。教会堂が壊れたことをカトリックがモノに執着することに対する神の罰だとしたり、モノにすぎない像が無事だったのは単なる偶然でありそれを奇跡と言うのはおかしいとするコメントであった。

　地震による教会堂の倒壊を神の罰だとする人びとは、それらを国民共通の歴史的な文化遺産とはみなさず、自分たちと異なる間違った信仰のあり方だとして批判したのである。ここには、物質と聖性をめぐるキリスト教内の異なる立場からの見解の違いによる衝突がみてとれる。

事例2　聖人のキャラクター人形「ペドリート」

　二〇一二年に聖人に列せられたペドロ・カルンソッドは、マニラのロレンソ・ルイス（一九八七年列聖）に次ぐフィリピン二人目の聖人である。ビサヤ地方出身のペドロは、スペイン人宣教師とともにグアムで宣教活動に従事するなかで一六七二年に一〇代の若さで殉教した。ペドロの列聖にあわせ、フィリピンカトリック司教協議会の新メディア委員会およびカトリックの青年団体ユース・ピノイが、信仰教育の媒体として企画・販売したのが、ペドリート（ペドロの愛称）という人形である（**写真3**）。

　高さ約三〇センチのペドリート人形は、丸い目をしたかわいらしい少年の姿で、白いシャツと茶色のズボンにサンダルという簡素な服装に宣教師の肩掛け鞄、殉教者を表すシュロ（ナツメヤシ）の枝を身につけている。加えて、現代の若者に信仰を伝えるという設定で、タブレット端末の『ドクトリナ・クリスティアナ』[*4]を持っている。

　制作者によるとペドリート人形の目的は、子供たちがスーパーヒーローのかわりに聖人にあこがれるようになることで信仰教育に役立てることである。また、ペドリート人形と一

写真3　ペドリート人形（筆者撮影・個人蔵）

緒に写真を撮ってSNSに投稿することを奨励し、現代の若者文化に合致したかたちで広めていこうとしている。実際、ペドロの列聖に際してバチカンのサン・ピエトロ広場で撮影されたペドリート人形の写真が複数のニュースサイトに掲載された（Lapeña 2012; Catholic World Report 2012）。

多くの人が人形を欲しがり注文が殺到した一方で、これをよく思わない人たちもいた。あるコラムニストは、ペドリート人形はカトリック信徒として不快に感じる、おもちゃのような人形は聖人を貶めるものであり、このような人形を祭壇に置いて祈る人が出てきたら問題だと述べている（Arcellana & Pascual 2012）。こうした批判のなかで、ペドリート人形の制作者側は、この人形はあくまで教育媒体であって、祭壇に置いて崇敬対象にしたり、司祭に祝福をもらったりしてはいけないと繰り返し喚起している（Lapeña 2012; Pareja 2012）。[*5]

このように、従来の聖像と異なるかたちで、聖人を現代的に親しみやすいキャラクターにすることは、カトリック信者の間で人気を得るのと同時に反感も引き起こすのである。

事例3 「あなたは聖人を拝んだの？」

二〇一二年、筆者がアテネオ・デ・マニラ大学のフィリピン文化研究所の研修旅行に参加したとき、一緒に参加していたある女性とのエピソードである。アテネオはイエズス会の設立・運営する大学であるが、多様な宗教・教派の人がおり、その人はおそらくプロテスタントと思われた。お互いの宗教的背景は特に知らないなかでの雑談で、筆者がフィリピンの聖画像についてフィールド調査していると言うと、彼女は「それであなたは聖人を拝んだの？」と聞いた。聖人に敬意は払っているが拝むわけではないので、「拝んではいない」と言うと、彼女は「あなたが聖人を拝んでいなくてよかった」と言った。

この「聖人を拝む」という言い方からは、複層的な意味合いが読み取れる。まずは、聖人の「像」を文字通り拝むという行為だ。また、像ではなく人物としての「聖人」を礼拝するという意味にもとれる、さらに聖人を崇敬対象とみなすことも含まれる。この「聖人を拝む」という言い方は、像とそれが表すものが区別されない表現になっている。像を拝むことはすなわちプロトタイプ（原像）である聖人を拝むことであり、原像としての聖人を拝むことは、聖人の存在とそれに対する崇敬を認めることだからである。上述の会話は英語でなされたが、タガログ語の「サント（スペイン語からの借用語に由来）」には、「聖人」と「聖人の像」の二つの意味がある。

また、「聖人を拝む」という言い方自体に、彼女が像と聖人に否定的な立場であることが現れている。カトリックであれば、「Do you worship saints?（聖人を拝みますか）」ではなく、「Are you devoted to saints?（聖人の取り次ぎを願って祈りますか）」と言うだろう。先に述べた崇拝と崇敬という言葉と同様に、聖人とその像をめぐっては言葉遣いの端々にまで発話者の立ち位置が現れてくるのである。加えて、この事例からは、民衆カトリシズムの担い手だけでなく、プロテスタント信徒と思われる知識階層の人からみても、フィリピンのカトリックの聖人崇敬の概念は像と不可分という認識があることがわかる。

これらの事例からは、聖人とその像が過去と現代の日常のなかで存在感をもっている文化における、像とその聖性をめぐる二面性がうかがわれる。先に述べたように、キリスト教の歴史のなかでは聖画像論争や聖像破壊およびそれに対する聖画像崇敬の強化などがあり、フィリピンの植民地時代においても、反乱のなかでスペイン人の教えの欺瞞性を「血が出ない（生きていない）」像を敬うことに求める例があったように、聖画像は、物質性と超越性、破壊と崇敬との間をゆれうごく存在であった。同様に現代においても、モノにすぎない像が、モノであるがゆえに、それが聖性の媒体、つまり崇敬対象たりうるかという問題が折にふれて顕在化するのである。

おわりに

以上で、フィリピンにおける聖画像崇敬について、「美術か崇敬対象か」、「イメージと聖性」、「物質性と聖性」という三つの観点からみてきた。

まず、スペイン植民地時代をとおして定着したカトリックの聖画像は、歴史的・芸術的な文化遺産の一部となると同時に、現代においても人びとの生活に根づき、崇敬の対象となる宗教的造形物である。世界の多くの地域において、近代化の中で宗教的造形物が美術作品としての鑑賞の対象という新たな意味づけを付与される現象は、フィリピンにおいても例外ではない。近代的な概念である「美術」や「文化財」の登場により芸術化されることは宗教的な聖性の剥奪とも言え、芸術的価値という新たな聖性の付与によって、これらの造形物に対する視点や扱いに変化が生じる。しかしながら、信じる人びとにとっては依然として宗教的な存在でもあり続けている。

次に、聖画像の聖性は、初めから担保されているわけではなく、人びととの関わりのなかで生成されていく。「バランガイの聖母」の事例でみたように、由来譚や解釈によって意味が与えられ、信じる人びとが奇跡を体験することによって聖性と崇敬を獲得していくのである。

しかし聖画像は、多くの人びとの熱心な崇敬の対象となると同時に、歴史のなかで、また現代においても、その物質性があばかれることにより、聖性に疑問が付される場面が生じている。ここには、モノをそれをとおして神の力を体験する媒体となりうるとするか、それとも、偶像として否定し、「モノはモノにすぎない」とするかという、絶え間ない衝突がおこっている。また、聖画像に聖性を見出す人びとの間でも、ペドリート人形の事例に見られるように、ふさわしいとされるかたちを逸脱しているとみなされると抵抗を呼び起こす。これらの事例は、カトリックが多数派として語られがちなフィリピンにおいて、異なる教派の人びとの存在と聖画像をめぐる彼らの反応、およびカトリック内部の多様性を描き出している。

なお、このような物質性と聖性との相克のせめぎあいは、フィリピンに限ったことではなく、様々な時代や場所にみられるものである。では、どうすればそうした対立を超える視点を示すことができるのであろうか。ラトゥール（2017: 154-213）は、聖像破壊を論じるなかで、聖像破壊者の様々な類型にふれたうえで、像の超越性を否定しそれを破壊するという態度もまた近代人の理性や科学への信仰つまり一つの物神崇拝なのだとして相対化する。同様に、杉本（2014: 13-17）も、宗教の世俗化や有形化を論じる上で、有形の儀礼よりも無形の信仰を優位におく思考枠組み自体が近代プロテスタント的な考え方であり、それが研究者の側のバイアスとなりうることを指摘している。モノと精神の二元論およびモノに対する精神の優位という枠組みを相対化したうえで物質性と聖性の問題を考えていく必要があるだろう。

冒頭で登場したパナイ島イロイロの「カンデラリアの聖母」は、教会に据えられた石造りの像であると同時に、朝早くに広場の井戸で子供を水浴させる美しい女性として地元の人たちの心的風景のなかで生動している。物質性と超越的な存在のあいだを行き来する、こうしたあり方のなかに、モノと聖性をめぐる両義性がみてとれるのではないだろうか。

注

1　とりわけ崇敬を集める像を称揚し権威づける行為として、教皇庁からの公式認可による戴冠（canonical coronation）がある。フィリピンの聖母像の公式認可による戴冠について詳しくは、古沢（2021b: 74, 76-77）を参照。

2　なお、本章では登場しないが、似た言葉の「聖像画」は、正教会のイコンを指して用いられることがある。

3　民衆カトリシズム（folk Catholicism）とは、フィリピンの在来の精霊信仰にもとづく民衆的な慣習とカトリック信仰とが合わさって生まれたものとされる。これに関する先行研究の概要は、東（2011: 75-78）に詳しい。

4　Doctrina Christiana は、一六世紀末から宣教に用いられた書物で、「キリスト教の教え」の意。同様のものが日本のキリシタンにも伝わり、「どちりな・きりしたん」などと呼ばれる。

5　司祭が聖画像や祈りの用具を祝福することは、カトリックにおいて準秘跡の一つと位置づけられ、祝福を受けたモノは神を礼拝するために用いるモノとして聖化される。

参考文献

〈日本語文献〉

秋山聰 2009『聖遺物崇敬の心性史——西洋中世の聖性と造形』講談社。
東賢太朗 2011『リアリティと他者性の人類学——現代フィリピン地方都市における呪術のフィールドから』三元社。
内島美奈子、山尾彩香編 2017『キリスト教の祈りと芸術——装飾写本から聖画像まで』西南学院大学博物館。
碧海寿広 2018『仏像と日本人——宗教と美の近現代』中央公論新社。
川田牧人 2003『祈りと祀りの日常知——フィリピン・ビサヤ地方バンタヤン島民族誌』九州大学出版会。
川田牧人、水野千依、喜多崎親 2018『〈祈ること〉と〈見ること〉——キリスト教の聖像をめぐる文化人類学と美術史の対話』三元社。
新カトリック大事典編纂委員会編 1996、1998、2002、2009『新カトリック大事典』（全四巻）研究社。
杉本良男 2014「再定義からナショナリズムへ：ポスト・ポスト時代の人類学的宗教研究」杉本良男編『キリスト教文明とナショナリズム――人類学的比較研究』風響社。
福岡アジア美術館編 2003『生活とアートⅢ　フィリピンの聖なる像サント』福岡アジア美術館。
古沢ゆりあ 2021a「聖なるものの時・場所・かたち――フィリピンの聖母崇敬の実践から」『季刊民族学』175: 74-82。
―― 2021b『民族衣装を着た聖母――近現代フィリピンの美術、信仰、アイデンティティ』清水弘文堂書房。
山形孝夫 2010『聖母マリア崇拝の謎――「見えない宗教」の人類学』河出書房新社。
ラトゥール、ブリュノ 2017『近代の〈物神事実〉崇拝について――ならびに「聖像衝突」』荒金直人訳、以文社。

※聖書からの引用は、新共同訳によった。

〈外国語文献〉

Arcellana, Juaniyo and Federico D. Pascual Jr. 2012. 'Pedrito' Doll a Pinoy Boy Version of Barbie. *Philstar.com* October 23, 2012.（https://www.philstar.com/opinion/2012/10/23/859795/pedrito-doll-pinoy-boy-version-barbie　二〇二〇年一一月二九日閲覧）
Bautista, Julius J. 2010. *Figuring Catholicism: An Ethnohistory of the Santo Niño de Cebu*. Quezon City: Ateneo de Manila University Press.
Belting, Hans. 1994. *Likeness and Presence: A History of the Image Before the Era of Art*. E. Jephcott, trans. Chicago and London: University of Chicago Press.
Buendia, L. A. 2010. Nuestra Señora de la Candelaria: A Legend. L. A. Buendia and M. J. R. Sumagaysay, *Jaro and the Nuestra Señora de la Candelaria*, pp. 1-2. Iloilo City: Libreria Candelaria.
Catholic World Report. 2012. New Filipino Saint Becomes New-media Star. *Catholic World Report* October 19, 2012.（https://www.catholicworldreport.com/2012/10/19/new-filipino-saint-becomes-new-media-star/　二〇二〇年一一月二九日閲覧）
Flores, P. D. 2015. The Zobel Nexus. *Kritika Kultura* 24: 182-205.
Gatbonton, Esperanza Bunag. 1979. *A Heritage of Saints: Colonial Santos in the Philippines*. Manila/Hongkong: Editorial Associates.
Gell, Alfred. 1998. *Art and Agency: An Anthropological Theory*. Oxford: Clarendon Press.
Jose, Regalado Trota and Ramon N. Villegas. 2004. *Power+Faith+Image: Philippine Art in Ivory from the 16th to the 19th Century*. Makati

City: Ayala Foundation.
Lapeña, Carmela G. 2012. Pedrito Dolls to Inspire Children to be Saintly. *GMA News Online* October 24, 2012.（https://www.gmanetwork.com/news/lifestyle/content/279478/pedrito-dolls-to-inspire-children-to-be-saintly/story/　二〇二〇年一一月二九日閲覧）
Lynch, Frank. 2004[1975]. Folk Catholicism in the Philippines. In *Philippine Society and the Individual: Selected Essays of Frank Lynch*, pp. 207-218. Quezon City: Institute of Philippine Culture, Ateneo de Manila University.
Pareja, Jessica Ann R. 2012. Many Still Want to Own Pedrito Doll. *Philstar.com* December 2, 2012.（https://www.philstar.com/the-freeman/cebu-news/2012/12/02/878561/many-still-want-own-pedrito-doll　二〇二〇年一一月二九日閲覧）
Sapitula, Manuel Victor J. 2014. Marian Piety and Modernity: The Perpetual Help Devotion as Popular Religion in the Philippines. *Philippine Studies: Historical & Ethnographic Viewpoints* 62(3-4): 399-424.
Zóbel de Ayala, Fernando. 1963. *Philippine Religious Imagery*. Quezon City: Ateneo de Manila.
Zulueta. Lito. (ed.) 2007. *The Saga of La Naval: Triumph of a People's Faith*. Quezon City: Dominican Province of the Philippines.

第2章　「多文化共生」のシンボルとしての聖像
――ベトナムから持ち込まれたキリスト像の例

野上恵美

はじめに：「奇跡のキリスト像」の誕生

一九九五年一月一七日に起こった阪神・淡路大震災は、現在もなお甚大な被害をもたらした災害として人びとに語り継がれている。六四三四人の命を奪った震災は、被災者に苦難をもたらしただけでなく日本全国に衝撃をもたらした。「戦後初の大震災」とも言われた出来事は、人びとの意識に大きな変化をもたらした出来事でもあった。連日、テレビや新聞を通して映し出される被災地の様子を見て、「被災地で力になりたい」[*1]と思い立ちボランティアを志願する人びとが全国各地から被災地に集まった。震災直後の一年間で一三八万人が被災地で活動し、後に一九九五年は「ボランティア元年」と呼ばれるようになった。被災地支援から始まったボランティア活動に対すとなった。

る意識の高まりは、一九九八年に制定・施行された「特定非営利活動促進法（NPO法）」成立の直接的なきっかけとなった。

また、阪神・淡路大震災時の被災外国人支援活動をきっかけに、外国籍住民との共生が社会的課題として顕在化した。震災では約二〇〇名の外国籍住民の命が失われただけでなく、その後の外国籍住民の生活にも困難が生じたことから、外国籍住民の生活支援を行うNPOがいくつも立ち上がった（吉富 2008: 90）。その中の一つに、神戸市長田区にあるカトリックたかとり教会[*2]（以下、たかとり教会）に拠点を置く特定非営利活動法人「たかとりコミュニティセンター（以下、NPOたかとり）」がある。NPOたかとりは震災当時の被災者支援活動を出発点としており、現在は「多文化共生のまちづくり」を理念に掲げて様々な活動を展開している。

NPOたかとりの理念として位置づけられている「多文化共生」には、「外国人」「障害者」「高齢者」など様々な属性を持つ人びとが主体的に関わり合うという意味が込められている。NPOたかとりは活動拠点を教会敷地内の建物に拠点を置いているが、二〇〇一年に法人格を取得して自立的な運営を行っている。

NPOたかとりが「多文化共生のまちづくり」を理念に掲げる背景には、活動拠点がある地域特性と大きく関わっている。この地域は、歴史的に在日コリアンや奄美群島からの移住者、そしてベトナムからの移住者（以下、日本に生活基盤を長年置いている者をベトナム系移住者と記す[*3]）といった、様々な事情により自分たちが属していた国家や地域を離れ、移り住んできた人びとを受け入れてきた。

そのような地域特性上、NPOたかとりが活動拠点を置くたかとり教会には、ベトナム系移住者をはじめ、ベトナムにルーツを持つ人びとが多数集まる。平日はほぼNPOたかとりのスタッフしか出入りしない教会敷地内は終日静かだが、日曜日になると敷地内は人と車でごったがえしベトナム語の会話が飛び交う。現在、教会に所属を置く信者の半数以上がベトナム系移住者であり、さらには子育て世代や若者世代が多いことから、日曜日の教会は活気のある教会へと姿が変わる。

平日と週末とでは様子がまったく異なるたかとり教会敷地内の片隅には、周囲の状況の変化の影響を受けることなくキリスト像がひっそりとただずんでいる（写真1参照）。キリスト像の前に立ち目線を上げると、遠くを見つめながら大きく手を広げているキリストと出会う。教会にキリストの姿があることを不思議に感じる人はいないだろうが、ペンキで彩られたキリスト像を目にした人は「何か違うな」と感じるかもしれない。この教会に設置されている色鮮やかな衣を纏ったキリスト像は、阪神・淡路大震災が起きる数年前にベトナム系移住者が自分たちの信仰の拠りどころを求めたことがきっかけで、ベトナムから数ヶ月かけて船に乗って海を渡ってやって来たのである。

ところが、震災によってこのキリスト像は、「奇跡のキリスト像」として全国的に注目を浴びることになる。震災時、キリスト像の後ろで火災の火の手が止まったことが「奇跡」の物語として、焦土に立つキリスト像の写真とともに国内外で報道された。この報道がきっかけとなり、たかとり教会にボランティアを志す人びとが多数訪れるようになったと言われている。神戸新聞によると、報道後半年余りで四〇〇〇人以上のボランティア志願者が教会を訪れた。*4

「奇跡のキリスト像」が集めたのは人だけではない。「力になりたい」と思ったとしても現地まで足を運ぶことができない人たちは、たかとり教会に衣類や食料などの救援物資を送った。多数のボランティアと救援物資が集まったこの教

写真1　カトリックたかとり教会に設置されているキリスト像（筆者撮影・日本、兵庫県神戸市・2020年）

会は被災者支援ボランティア活動の拠点の一つとなり、後のNPOたかとりの活動の原点となった。

ベトナムからたかとり教会に持ち込まれたキリスト像は、被災者支援活動を出発点とする「多文化共生のまちづくり」を展開するNPOたかとりを語る上で象徴的な役割を担っており、教会だけでなくNPOのシンボルとしても国内外の人びとに認知されている。毎年、NPOたかとりには国内外から視察のため訪問者が訪れるが、訪問者の中にはキリスト像の近くに集まり撮影を行う者もいる。晴れている時は、青空とキリスト像が纏う緑色の衣とのコントラストが美しく、見栄えの良い写真が出来上がる。ベトナムから持ち込まれたキリスト像は、なぜベトナム系移住者以外の人びとの心もつかむようになったのだろうか。

本章では、まずたかとり教会にベトナムからキリスト像が持ち込まれ、設置に至るまでの過程について明らかにする。次にベトナムから日本へ持ち込まれたキリスト像が、「多文化共生」のシンボルとして不特定多数の人びとに受け入れられていくことについて日本社会の文脈から考察を試みる。とりわけ、聖像（キリスト像）が持つ宗教性の変容という観点から、キリスト像が持つ役割の変化について分析を行っていく。

なお、本章におけるたかとり教会やNPOたかとりの記述については、出典が記載されていない場合は筆者のフィールドワークにもとづくものである。筆者は二〇〇五年からNPOたかとりの構成団体のひとつである任意団体のスタッフとして関わっており、二〇〇八年から二〇一〇年にかけては教会で行われるミサや行事に可能な限り参加した。現在も任意団体のスタッフとして教会のベトナム系移住者と交流を続けている。

1 移民と宗教：日本における移民と宗教に関する研究を中心に

ここでは、日本における移民と宗教に関する研究を中心に整理し、移民にとって宗教がどのような役割を果たしてきたかについて概観した上で、ベトナム系移住者が持ち込もうとしたキリスト像に着目する理由について記述する。その際に、これまで日本の移民研究においてあまり着目されてこなかった移民が持ち込んだ宗教的なモノ（聖像）の役割の変容に焦点をあて、宗教的なモノの意味が受け入れ社会で変化していく過程を捉えることにより、モノをとおして移民の宗教が受け入れ社会に何をもたらしたのかを考えてみたい。

これまで移民と宗教に関する研究は、宗教が移民の受け入れ社会での定着にどのように関わってきたかについて考察を深めてきた。それらの研究は大きく二つにわけることができる。一つ目は、移住社会の宗教や宗教施設が持つ移民への社会的役割についての研究、そして二つ目は、移民が母国で信仰していた宗教や宗教的実践が持つ移民への役割についての研究である。

移住社会の宗教や宗教施設が移民に対してどのような社会的役割を果たしてきたかについて、白波瀬は欧米の状況を次のように紹介している。アメリカでは移民にとって宗教は「社会的地位を確保したり」、「社会階層を上昇させたり」、「市民としてのスキルを高めたり」する役割を果たしており、移民が宗教活動に参加することによって「アメリカ人になる」という側面があるという（高橋・白波瀬 2018: 14）。

この指摘は日本におけるベトナム系の宗教施設においても当てはまる。たとえば、兵庫県にあるベトナム系寺院では、日本人を招いて日本語教室を開催している。また、同じく兵庫県内にあるカトリック教会でも、日本人信者で教員経験者がベトナム系移住者の子供たちに教科学習支援を行っている。とりわけ、日本にやって来たばかりのベトナム系移民の場合、定住後しばらくは日本社会との接点が限定的になってしまうことから、宗教施設の中で日本人との接点を得ることは重要である。

さらに、宗教や宗教施設が、非常時に置かれた移民にとって支援セクターとしての役割を果たすこともある*5（徳田 2015）。たかとり教会も、震災前から教会に通っていたベトナム系移住者の避難先の相談窓口としての役割を果たしてきた（徳田 2015: 118）。このように移民にとって移住社会の宗教や宗教施設は、移民が生活基盤を獲得していくうえで非常に重要な役割を果たしている。

次に、移民が母国で信仰していた宗教や宗教的実践は、移民に対してどのような役割を果たしてきただろうか。在日コリアンの宗教的実践である「チェサ（儒教式祖先祭祀）」や「クッ（シャーマニズム的な儀礼）」は、彼らの日本社会への同化が進む現在においても、依然として民族的儀礼として行われていることが示されている（飯田 2002: 210-219）。また、筆者はたかとり教会やベトナム寺院において、ベトナム系移住者が母国での宗教的実践を維持しようしていることを明らかにした（野上 2010）。

在日コリアンとベトナム系移住者にとって、母国で信仰していた宗教や宗教的実践を維持することは精神的な安寧を得ることにつながる。移民が宗教的実践をとおして精神的な安寧を得ることができるのは、同じ母語や習慣を有している人同士が集まることにより、民族的紐帯を顕在化できるからである。

民族的紐帯をより顕在化するために、複数人が同じモノを身につけることがある。たとえば、たかとり教会では月に一度、ベトナム系神父によるベトナム語ミサが行われるが、一部のベトナム系女性信者たちは民族衣装であるアオザイを着用して教会にやってくる。彼女たちは、ベトナム語のミサの日以外にも復活祭やクリスマスなど行事がある時は、アオザイを着用することが多い。アオザイを着用して高らかな声で聖歌を歌う姿を眺めていると、ベトナム系移住者が信仰者として善く生きようとする意識を強く持っていると同時に、民族的帰属意識を強く持っていることが感じとることができる。言い換えると、彼らは「ベトナム人」であるという帰属意識を教会に持ち込むことによって、信仰者として善く生きていることを示しているように見える。

また、後述するように、ベトナム系移住者の中でとりわけ難民として日本に渡ってきたカトリック信者は、カトリックを信仰することが迫害の原因となっていたことから、カトリック信者であることが現在のベトナム政府と反対の立場をとる政治的思想を持つ同志という意味合いも含んでいる。

筆者はこれまでのフィールドワークを通して、アオザイ着用の事例だけでなくベトナム系移住者が民族意識を伴う信仰心を大切にしようとする場面にたびたび遭遇してきた。そうであるからこそ、彼らがベトナムからキリスト像を持ち込みたいと思うのは、当然のことのように思われる。それでは、信仰の拠りどころであるキリスト像が、別の文脈で不特定多数の人びとに受け入れられていることを、彼らはどのように受け止めているだろうか。もしかしたら、快く思っていない者もいるかもしれない。

ところで、移住社会で母国とまったく同じような信仰の形を守り抜くことは困難であるだけでなく、周囲の者との間に摩擦や軋轢を生じさせかねない。それでは、ベトナムから持ち込まれたキリスト像に新たな意味が付与され、日本社会に受容されることは移民が自分たちの宗教的実践を維持するためには、ある程度「仕方のないこと」なのだろうか。そこで、本章では、ベトナム系移住者が母国から持ち込んだキリスト像に新たな意味が付与される過程を追うことにより、その過程における彼らの宗教的実践のあり方について再検討する。

2　ベトナム系カトリック信者の宗教生活

ここでは、ベトナムからキリスト像が持ち込まれることになった背景を知るために、ベトナム系移住者の宗教的実践に焦点をあて、彼らの宗教生活について明らかにする。はじめに、ベトナム系移住者が難民として海外に移住することになった歴史的背景の概略をたどり、在外ベトナム系カトリック信者の宗教性の特徴について言及する。そのうえで、たかとり教会におけるベトナム系移住者の宗教的実践について記述し、彼らの宗教的実践がベトナムを想起させるモノと密接に関わっていることを提示する。

現在は多数のベトナム系移住者が日本で生活していることが広く知られているが、ある程度まとまった規模のベトナム系移住者が日本に生活基盤を持ち始めた時期は、一九八〇年代頃まで遡る。一九七五年に三〇年間続いたベトナム戦争が終結し、南北に分断されたベトナムは北ベトナム側の共産主義政権によって一つの国家として統一された。統一前まで南ベトナム側で生活をしていた人びとは、共産主義政府による政治に将来の不安を抱え、「非合法的」な方法で国外脱出した。これらの人びとは「インドシナ難民」[*6]と呼ばれ、とりわけベトナムから木造の漁船に乗って国外脱出を試みた人びとは「ボートピープル」と呼ばれた。そのなかには、多数のカトリック信者が含まれていた。

国外脱出を選択したカトリック信者は、国内移動を経て国外脱出に至った経験をもつ者がいる。南北ベトナムに分断された一九五四年に北ベトナムから南ベトナムへ一〇〇万人の移動があったが、その多くがカトリック信者であったと言われている（グエン 1995: 226）。自身もベトナムからフランスへ移住したレ・フー・コアは、フランス在住のベトナム系カトリック信者は「政治活動は行わないが、ベトナム民族主義の魂を強烈に保っている」と述べている（レ 1989: 290）。レが述べている「ベトナム民族主義」的な傾向は日本のベトナム系移住者に見られる宗教的実践からも垣間見ることができる。たとえば、難民として日本にやって来たベトナム系移住者の中には、現在のベトナム政府に対して強い拒否感を持っており、ベトナム共和国（南ベトナム）時代の国旗を自宅に掲げている者もいる。

難民として移住してきたベトナム系移住者がたかとり教会に通うようになったのは、一九八〇年代初期の頃だと言われている。その直後から、全国に分布するベトナム系カトリック信者のための共同体が結成され、たかとり教会に通うベトナム系移住者は共同体の活動において中心的な役割を担った。[*7]共同体では、ベトナム語による機関紙の発行、ベトナム語母語教室の開催、八月一五日の「聖母の被昇天の日」にあわせたサマーキャンプなどが実施される。「聖母の被昇天の日」には、普段はたかとり教会の小聖堂に設置されているアオザイを着たマリア像がみこしにのせられ、信者達に披露される。[*8]

そして、月に一度は自身もベトナム系である神父をたかとり教会に招き、ベトナム語のミサを行っている。ベトナム語のミサが行われる日は、普段の日曜日以上にベトナム系移住者が集まるだけでなく、いつもは普段着でミサに参加するベトナム系移住者の女性達のうち数名は、民族衣装のアオザイを着用して教会にやって来る。色鮮やかなアオザイを身につけたベトナム系女性信者達が、日本の教会で歌われる聖歌と音調が異なるベトナム語による聖歌を朗々と歌い上げる様子を眺めていると、ベトナムの教会に身を置いているような気持ちになる。

毎年クリスマスのシーズンが近づいてくると、ベトナム系男性信者の教会内での動きが目立つようになる。例年一一月末頃になると、男性信者達によってクリスマスのモニュメントの制作が始まる。彼らは、平日の夕方や週末に集まり、趣向を凝らしたキリスト降誕の場面を表した馬小屋の模型作りに勤しむ（**写真2参照**）。いつからベトナム系移住者によって馬小屋作りが始められたのかは不明だが、筆者がたかとり教会に通うようになった二〇〇五年以降は毎年行われている。年々、モニュメント規模が大きくなるとともに趣向が凝らされるようになり、ある年は馬小屋の背景がニューヨークの夜景を影絵のように描かれていた。馬小屋作りに関わっていたベトナム系男性信者によると、「ベトナムではもっと派手」なモニュメントが作られるとのことだった。二〇一八年の年末から二〇一九年の年始にかけてのベトナム滞在時に教会を訪れたところ、男性信者が話していたとおり非常に大がかりなモニュメントとイルミネーションが設置されていた。

写真２　クリスマス時期に作られる馬小屋
（筆者撮影・日本、兵庫県神戸市・2020年）

馬小屋の模型はキリスト像の近くに設置され、旧暦の正月が明けた頃に片付けられる。クリスマス期間の数日間、女性信者達は教会の食堂に集まって ***Giò Thủ***（ジョー・トゥー、豚の耳などが入ったハム）と ***Bánh tét***（バイン・テット、バナナの葉に包まれたおこわ）作りに勤しむ。ハムとおこわは正月用の食べ物として用意される。また、宗教的な行事ではないが、たかとり教会では「旧正月」や「中秋節」といったベトナムの伝統行事も行われており、ベトナム系移住者による民族色の濃い実践がみられる。

カナダのベトナム系コミュニティについて文化人類学的分析を行った小野澤（1989）は、移住者による民族色の濃い宗教的実践は「民族伝統の肯定的な追求」であると述べている（小野澤 1989: 340）。移民の宗教的実践に民族性を見出そうとする論点は、移民が移住社会で完全に同化してしまうのではなく、いかにして「私達の文化」を維持継承しているのかを考えるうえで有効である。しかしながら、彼らが様々な場面で展開する実践の根底にある思考をすべて民族性に帰結させてしまうことは、移民が内在している宗教性を軽視してしまいかねない。宗教性とは信仰心を基盤とする思考を指し、どのような宗教生活を送るかということと密接にかかわっている。

これまで、たかとり教会に集まるベトナム系移住者から、自分達が望む宗教生活を送る場所として日本は「寂しい」という話を何度が聞いた。それはどういうことかと質問すると、ベトナムにいた頃と比べて神の存在を感じる機会が少ないという。それでは、神の存在を感じられるようにするためにどんなことをしているのかと再び質問すると、あるベトナム系移住者は、「教会の近くに身を置くこと」、「教会に足を運ぶこと」、そして「宗教的なモノを家に置くこと」により、常に神の存在を身近に感じる生活を送れるようにしていると答えた。

「教会の近くに身を置くこと」とは、教会の近くに住むことを意味する。ベトナム系移住者にとって、教会は何かあった時にすぐに駆け付けられる場所にあることが重要なのである。震災時、自宅で被災した男性は揺れが収まるやいなや、家から脱出し真っ先に教会に駆け付けたという。教会の状況を案じる気持ちと教会に行けば同胞に会えるかもしれないという期待が彼を教会に向かわせた。時間の経過とともに、同じような思いで教会に出向かったベトナム系移住者が集まり、そこで互いの無事を喜びあった。ベトナム系移住者にとって、教会とは日常生活の中に溶け込んでいる場所なのである。

次に、「教会に足を運ぶこと」とは、ミサに参加するということである。月曜日から土曜日まで勤務している人が多いベトナム系移住者にとって、ミサが行われる日曜日は唯一ゆっくりと過ごすことができる貴重な日である。だからこそ、ミサに参加するために教会に足を運ぶのである。ミサに参加することにより、神の前で日々の生活を省みて気持ちを新たにして次の一週間に備えるのである。

最後の「宗教的なモノを家に置くこと」は、リビングなど人が集まる部屋に祭壇を作りキリスト像やマリア像などを祀ることである。家以外にも車のダッシュボードに視野を妨げない大きさの聖像を取り付けたり、バックミラーに十字架やメダイをぶら下げたりしている。

上記に示した三つの特徴（教会の近くに身を置くこと、教会に足を運ぶこと、宗教的なモノを家に置くこと）で表される宗教生活は、ベトナムではより鮮明に表れる。ある年、ベトナム系移住者女性に帯同し、彼女のホーチミン市にある生家を訪問した時、[*9]すぐに家の前を通る道路の向かい側に大きな教会があることに気がついた。教会周辺に住んでいるほとんどがこの教会の信者であるという。しばらくすると教会の方から大きな鐘の音が鳴り響き、やがてスピーカーを通して神父による説教が聞こえてきた。この教会では毎日一日四回ミサが行われている。この教会に通う信者は、早朝、仕事や学校へ行く前にミサに参加し、家に戻ると再びミサに参加するという生活をほぼ毎日送っている。家の中に入ると、祭壇はもちろん壁の至るところに「宗教的なモノ」が飾られていた。カレンダーはその家の家族が通う教会が作成しているもので、キリストやマリアが描かれている。カレンダーだけでなく同じくキリストやマリアが描かれているポストカードのようなものがいくつも貼られていた。このような生活が当たり前であったら、日本に来た時に「寂しい」と感じることは無理もないことだと思った。

ベトナム系移住者にとってたかとり教会は大切な場所であることには違いないが、ベトナムの教会に設置されているような色鮮やかな聖像が設置されていないことから、自分たちにとって望ましい宗教生活を送ることができないと感じていた。神の存在を身近に感じたいから、たかとり教会にベトナムのキリスト像を持ち込むことを熱望し、実現させた。

次節では、ベトナム系移住者の宗教生活にとって必要不可欠なモノ（ベトナムのキリスト像聖像）が、どのような経緯を経て不特定多数の人びとにとっての「多文化共生」のシンボルに変化したのかをみていく。

3 「多文化共生」のシンボルとしてのキリスト像*10

3−1 たかとり教会の歴史と現在の様子

キリスト像が設置された経緯について紹介する前に、たかとり教会の歴史について簡単に触れておく。たかとり教会のはじまりは一九二七年に遡る。当時、フランス人神父が一軒家で布教活動を行っていた。その一九二九年に聖堂が建設され、徐々に信者が増えていった。一九三五年には、たかとり教会に所属する信者数は日本人、在日コリアンを合わせて五〇〇人になった。当時は、チマチョゴリを着て教会に出入りする者もいたという。一九五〇年から一九六五年までは、韓国語の話せるスイス人神父が主任司祭を務めていた。阪神・淡路大震災までは、月に一度韓国人神父によるミサが行われていた。

一九五二年には、教会敷地内に幼稚園が発足し、一期生として六〇名の園児を受け入れられた。一九八七年に廃園するまでにおよそ二三〇〇人の卒園生を送り出した。廃園を迎える直前頃からベトナム系移住者が訪れるようになり、徐々に多くのベトナム系移住者が通う教会へと姿を変えていく。建物の外観は震災によって以前と変わった。現在の建物は、著名な日本人建築家が設計したことで知られており、国内外を問わず建築家や建築を学ぶ学生が見学にやって来る。教会施設において最も特徴のある建物は屋根がプリンのような型をしている（**写真3**参照）。教会の入り口には、日本語、韓国語、ベトナム語、ポルトガル語、スペイン語で教会名が書かれた透明のアクリル板が設置されている。

たかとり教会を構成する信者の多くは、ベトナム系移住者と日本人信者と在日コリアン信者である。二〇一三年一一月の時点で、たかとり教会に所属している信者数七三七人のうち三四二人がベトナム人信者であり、そのうち難民として来日してきた者は半数以下になると言われている。[*11] たかとり教会の事務局で話を聞いたところ、日本人信者のおよそ三分の一が高齢のため教会に来ることができないらしい。また、日本人信者の中には震災時に他地域へ転居し、名前だけが残っている者が多いとのことだった。一方で、ベトナム系移住者は増加傾向にあり、特に若い人が多く、子供の数も増加しているとのことだった。

写真３　特徴的な聖堂の屋根（筆者撮影・日本、兵庫県神戸市・2020 年）

毎週日曜日に行われるミサは「主日のミサ」と呼ばれ、信者達は「ミサにあずかる」という。主日のミサには二〇〇名超ほどの信者が集まるため、ミサ開始時刻の数十分前から教会周辺は騒がしくなる。ベトナム系移住者の多くは教会周辺に住んでいるにもかかわらず、自動車と自転車で来る者がほとんどである。理由を尋ねると、たいてい「赤ちゃんがいるから」「ベトナム人は歩く習慣がないから」という答えが返ってくる。

一時期、教会周辺での自動車と自転車の路上駐車が目立ったため、近隣住民から苦情が出た。その後は主日のミサの日になると、当番制でベトナム系男性信者が車と自転車の誘導と周辺道路の見回りを行うようになった。教会に車が入ってくると、ベトナム系男性信者は手際良く駐車位置を指示していく。駐車スペースとなるのは中庭なので、駐車のための枠線が設定されていない。ベトナム系男性信者の誘導のもと、中庭にはパズルのピースのように車が縦横にぴっちり並ぶ。

当番は、遅れてやってくる者のために待機しておかなければならず、ミサの始まりを告げるオルガン音が聞こえても聖堂に中に入ることができない。当番は、中庭からミサの様子をうかがう程度で、ほとんどの時間を教会入り口前で過ごすことになる。車の入りが落ち着いた頃、当番は近くの自動販売機で缶コーヒーを買い、入り口近くに設置されているベンチに腰かけて、煙草を吸いながらミサが終わるのを待つ。そして、ミサが終わると、再び細心の注意を払いつつ手際よく車を誘導する。

聖堂に入ると神父を取り囲むように多くの信者達が着席しており、熱気が伝わってくる。夏場は冷房が入っていても暑く、そのため聖堂へ入る扉の近くにうちわが用意されている。ミサの始まりを告げるオルガンを鳴り響くと、ざわざわとした人の話し声はぴたっと止み、聖堂が一気に厳かな雰囲気に包まれる。しばらくすると、時間の経過とともに乳児の泣き声が聞こえたり、じっと座っていることに飽きた子供がごそごそと動きだしたり、離れて座っている母親のもとへ移動しようとする。ミサが終わると、聖堂内は信者たちの話し声で再び賑やかになる。聖堂の出入り口近くの中庭に設置されているキリスト像は、信者たちの出入りを見守るようにたたずんでいる。

たかとり教会に拠点を置くNPOたかとりは、スタッフも見学者が訪問した際に必ず見学者をキリスト像の前に集めて、「奇跡のキリスト像」のエピソードを盛り込みながら、震災当時の様子とNPOたかとりがここ(教会)にある意義を熱く語る。今やキリスト像は、NPOたかとりの活動理念である「多文化共生」を説明するうえで欠かせない存在となっており、見学の最後にはキリスト像の前で記念撮影を行うことが定着している。

震災時に記されたボランティア活動日誌によると、ボランティア活動は早朝から深夜におよぶこともあった。

厳しい寒さの中、がれき処理や家屋の解体を一日中行い、疲れた体をひきずるようにして教会に戻ると、薄暗がりの中で両手を広げたキリスト像がただずんでいる。ボランティアにとって、自分の帰りを待ってくれている癒しの存在だったかもしれない。その後も、キリスト像はＮＰＯたかとりの歩みに寄り添うかのように存在しつづけ、時間の経過とともにＮＰＯたかとりの成り立ちを語るうえで自分たちの活動理念を体現するキリスト像として紹介されるようになっていった。このような時間の経過を得て、キリスト像は、ＮＰＯたかとりとともにある像であるかのように、「多文化共生のシンボル」「復興のシンボル」として、ＮＰＯたかとりに足を運ぶ人たちに認知されている。

しかしながら、もともとはベトナム系移住者がキリスト像設置の要求をした際、日本人達は様々な理由から反対したという経緯がある。次項では、キリスト像の設置に関わった神父の語りにもとづいて、設置の経緯までについて記述する。

3−2　キリスト像設置の経緯

ベトナムから船で持ち込まれたキリスト像は色鮮やかな緑色の衣を纏い、手を広げて見下ろすようにたたずんでいる。像の台座には、「互いに愛し合いなさい」という聖書から引用された言葉が、日本語、ハングル語、ベトナム語で記されている。

午後の決まった時間になると、高齢のベトナム系女性信者が像に向かって祈りを捧げる姿をみかけたり、夕方になる頃には中年のベトナム系女性信者が教会にやって来て、キリスト像の周辺を取り囲むようにしておかれているプランター植物の手入れをしている女性の姿をみかけたりする。また、結婚式や教会の行事の際には、華やかなアオザイを身にまとまったベトナム系女性信者やビール缶を持ったベトナム系男性信者たちがキリスト像の前で写真をとり、それぞれのFacebookにアップしている。そこには、像をとりまく人びとの様々な活動がみてとれるのであるだけでなく、ベトナム系移住者にとってこの像は思い入れの強いものであることがうかがえる。

これに対して、NPOたかとりの見学に訪れた日本人もキリスト像の前で写真撮影をしていることから、この像は決してベトナム系移住者のためだけのものではないことがわかる。しかしながら、キリスト像はベトナム系移住者による強い要望が発端となり設置されたものである。それでは、なぜベトナムから持ち込まれたキリスト像が「多文化共生」のシンボルとして存在しつづけているのだろうか。

その点について考察するために、当時、主任神父としてたかとり教会に常駐し、キリスト像の設置に深く関わったK神父から、設置の要望が出てから実現するまでの経緯を語ってもらった。[*12] 一九九一年四月七日、K神父はたかとり教会に赴任した。前任の神父（故人）から残されたいくつかの引き継ぎ事項の中に、「キリスト像の設置」が含まれていた。実は、設置をめぐって巻き起こった「すったもんだ」の後の赴任だった。

では、その「すったもんだ」の内容について触れておく。当初、難民として来日したベトナム系移住者は、自分たちの信仰のよりどころとして周囲をみおろすような大きなマリア像の設置を希望した。しかしながら、教会にはすでにマリア像があるので、設置について他の信者から反対の声があがった。当時の教会は平屋で瓦屋根の建物であったため、数メートルにもなる高さの像を設置することは、景観がそこなわれるおそれがあった。さらに、偶像崇拝を助長することになりかねないという懸念もあり、像の設置そのものに対して反対する声もあった。そこで前任の神父が仲裁に入り、設置を希望する信者とそれに反対する信者をとりもつことによって、最終的には高さを調整して等身大のキリスト像を設置することになった。

前任の神父によって設置が認められた後に赴任したK神父に託された課題は、衣の色が真っ赤（当時）に色づけされたキリスト像をどこに設置するかということだった。ベトナム系移住者は、「教会に来たらキリスト像に迎えて入れてほしいから」と、入り口から真正面に見える位置での設置を希望した。それに対して、日本人信者は、長屋の瓦屋根の建物に似合わないので「隅でいい」という意見を出した。そこでK神父は、ベトナム系移住者にはキリスト像を信仰の拠りどころとしてではなく、教会内の「多文化共生」のシンボルとして設置することを認めてもらうように説得した。一方で、日本人信者には、キリスト像の設置を偶像崇拝にあたるとして頑なに拒否するのではなく、同じく教会内の「多文化共生」のシンボルとして受け入れるように説得した。

設置から数年度、表面の劣化によりキリスト像の塗り替えが行われた際、K神父の意向で衣の色が赤色から現在の緑色に塗り替えられた。K神父は緑色を共生のシンボルカラーと考えており、信者が教会内で共生できることを願っていた。*13

ところが、設置から三年後の一九九五年にこのキリスト像は予期せぬ事態に見舞われた。阪神・淡路大震災に遭い、奇しくも「奇跡のキリスト」として、教会外からの人びとの注目を集めることになったのである。日本カトリック司教協議会・難民定住委員会が、出版物や報道紙に掲載されたインドシナ難民に関する記事をアーカイブ化したウェブページ『チョットいいこと』に、キリスト像に関する記事が掲載されているので一部引用する。なお、引用文ではインドシナ難民について「ベトナム難民」と記載されている。

キリスト像は残った

焦土の広い空の下、キリスト像は残った。神戸市長田区海運町、JR鷹取駅の南東側に変わり果てた焼け跡が続く。その一角に両手を広げた高さ3メートルほどのキリスト像だけが、立っている。カトリック鷹取教会の聖像で、ベトナム難民の信者たちが母国から取り寄せていた。ベトナム戦争、母国脱出、そして震災と3度のかん難に遇ったが「頑張れば、きっとよくなるよ」と、〝復興シンボル〟の前で、再起を誓っている。

教会は、17日未明の地震でまず倒壊。さらに火の手が東側の町工場と住宅の混在地が燃え出した。消防車がようやく来て神父もホースを持ったが、ほとんど水は出ず焼失。教会の北と東一帯はがれきの山になった。そして延焼を食い止めるように両手を広げたキリスト像だけが残った。

3年前に、ベトナム人信者が母国に発注。教会の信者は日本人、韓国、朝鮮人、ベトナム人で、台座に「互いに愛し合いなさい」と、聖書の言葉を刻んだ。

（『チョットいいこと　五七号』より一部抜粋）

K神父は、キリスト像の「奇跡」を否定しつつも、キリスト像を通して教会が様々な人びとへ開かれていくことは、これまでとは異なる宗教のあり方として肯定的に捉えている。さらに、「開かれた教会」であることこそ、現代社会における教会として望ましいあり方としている。このようなK神父の発言の背景には、一九六五年に開かれた第二バチカン公会議[*14]（一九六二年～一九六五年）で打ち出された「従来の教会の体質からの脱皮」、「開かれた教会」、「対話の教会」、「貧しい人びとの教会」があることから、K神父はキリスト像が多くの人びとに受け入れられることは、むしろ宗教者として望ましいことだと受け止めている。

しかしながら、K神父自身がキリスト像の設置について語る時、「すったもんだ」という表現を用いているように、教会内の「多文化共生」のシンボルとしてキリスト像を設置するに至るまでの道のりは、決して平坦なものではなかった。異なる文化的背景を持つベトナム系移住者と日本人信者の「共生」のために、彼らの話に耳を傾けることが「開かれた教会」への第一歩であった。

おわりに

難民として日本にわたってきたベトナム系移住者が、自分たちの信仰の拠りどころを求めてベトナムから持ち込んだキリスト像は、「ベトナムから日本への移動」と「震災という予期せぬ事態」によって、本来持っていた意味とは異なる二つの意味が付与された。一つ目は、ベトナムから日本への移動を通して、キリスト像にはベトナム系移住者と日本人信者と在日コリアン信者の教会内での「共生」のシンボルとしての意味が付与された。そして、二つ目は、震災時に焼失をまぬがれたことにより、「奇跡のキリスト像」として震災で疲弊した不特定多数の人びとを惹きつけ、地域の「復興」のシンボルとしての意味が付与され、やがて教会に拠点を置くＮＰＯたかとりの活動理念である「多文化共生」のシンボルとして変化していった。

震災の火災によって建物がほぼ全焼した敷地内に大きく手を広げてたたずむキリスト像に、ベトナム系移住者だけでなく被災者支援ボランティアとして集まった人びとも希望を見出したのかもしれない。ボランティアが一日の作業を終え、教会に戻ってくると、キリスト像が大きく手を広げてたたずんでいる。やがて、信者ではない人びともキリスト像を目にするたびに、そこ（教会）に迎え入れられているような安らかな気持ちになることができたのではないだろうか。そのような気持ちが多くのボランティアに共有されることによって、キリスト像は「復興のシンボル」、「多文化共生」のシンボルになっていたのではないだろうか。

しかしながら、神父からの聞き取りからは、キリスト像の設置に端を発する異なる文化的背景を持つ信者間の共生の歩みは、キリスト像の表情のように穏やかで友好的なものではなかったことがわかった。むしろ、信者間の思惑がぶつかり合い、摩擦や軋轢が生じていた。そこで神父に求められた役割は、神父と信者の間に存在する絶対な主従関係によって信者を言い聞かせることではなく、両者の言い分に耳を傾け、キリスト像設置に向けて互いに折り合いをつけることであった。

ここまで述べてきたキリスト像の設置から現在までに至る過程を、キリスト像が日本社会の「多文化共生」の文脈に絡めとられ、「多文化共生」のシンボルとして変化していく過程としてのみ捉えることは適切ではないと考える。なぜなら、ベトナム系移住者が自分たちの「信仰のよりどころ」としてのキリスト像の設置のために、神父や日本人信者に自分たちの思いを訴えつづけた当時の人びとの声は、今でもキリスト像に込められている。キリスト像の前で静かに祈り続けるベトナム系女性信者の姿は、キリスト像は今もベトナム系移住者にとって精神的な安寧を得るための宗教性を帯びた像であり続けていることを示している。

震災という予期せぬ出来事によってもたらされたキリスト像の「奇跡の物語」が社会に広がり、キリスト像は様々な人びとにとって思い入れのある像となったが、それによって決して宗教性を失ったわけではない。キリスト像が宗教性を失うことなく、同時に非宗教性を帯びたモノとして存在しているのは、キリスト像が移民であるベトナム系移住者によってもたらされたからではないだろうか。ベトナム系移住者は移民であるがゆえにキリスト像に付与された新たな意味を甘受することで、自分たちの信仰のよりどころを獲得することができ、維持しているのではないだろうか。

ベトナム系移住者が自分たちの信仰のよりどころを持ちたいという情熱があったからこそ、様々な思いを持つ人びとの声がキリスト像に集約され、新たな意味を持つキリスト像の「創造」[*15]を可能にしたのである。ベトナム系移住者の情熱によってもたらされたキリスト像に、新たな意味づけがなされることは、現代のカトリックが目指す「開かれた教会」の実現へと続いているのではないだろうか。つまり、ベトナムから海を渡ってやって来たキリスト像が日本のカトリック教会の扉を大きく開き、様々な人びとを教会に引き寄せたのだ。

最後に、近年たかとり教会に集まるベトナムにルーツを持つ人びとの多様性について言及しておく。教会に集まるすべてのベトナムにルーツを持つ人びとがキリスト像を多文化共生のシンボルとしてみなしているわけではない。また、昨今ベトナムから日本へ移り住む理由が多様化しており、教会に集まるすべてのベトナムにルーツを持つ人びとがキリスト像に対して同じくらいの情熱を持っているわけではない。このことから、ますます多様化する教会内の共生に、キリスト像がどのような影響を及ぼすのかについて、今後の課題として考えていきたい。

謝辞

研究の遂行にあたっては、カトリックたかとり教会および特定非営利活動法人たかとりコミュニティセンターの関係者のみなさま方に多大なご協力をいただきました。心より感謝申し上げます。

注

1　神戸新聞ＮＥＸＴ「データで見る阪神・淡路大震災」ボランティア１６７万人が被災地へ（https://www.kobe-np.co.jp/rentoku/sinsai/graph/p6.shtml　二〇二〇年一一月七日閲覧）。

2　震災当時の名称は「鷹取教会」だったが、二〇〇五年に現在の名称に変更した。本章では混乱を避けるため、表記を「たかとり教会」に統一する。

3　ベトナム系移住者とは、ベトナムにルーツを持ち、期間の長短に関わらず日本に生活基盤を置いている人びとを指す。ベトナム国籍を有しているかどうか、自身がベトナムから日本へ移住してきたかどうかは問わない。このような定義の背景には、日本在住の「ベトナム人」の多様化がある。なお、本章ではベトナム系移住者のカトリック信者を示す際も「ベトナム系移住者」という表現を用いる。

4　神戸新聞ＮＥＸＴ　連載・特集「もろびとこぞりて　鷹取ボランティア物語　（１）ダチづくり　顔見知りなら行動違った」（https://www.kobe-np.co.jp/rentoku/sinsai/11/rensai/200504/0005563212.shtml　二〇二〇年一一月七日閲覧）。

5 二〇二〇年一二月の原稿執筆時、COVID-19の影響によって在留期間が過ぎても帰国できないベトナム人が多数いたが、ベトナム人僧侶たちは行き場を失った人びとを寺院に受け入れ、帰国支援を行っていた例が報告されている。

6 同時期に、ベトナムの近隣国であるカンボジアとラオスも政変により難民が発生したことから、三国からの難民を総称して「インドシナ難民」と呼ぶ。

7 ベトナム系移住者によるカトリック共同体の歴史については戸田（2001）に詳細が記されている。

8 一八世紀にベトナム皇帝がカトリック信徒への迫害を続けていた頃、中部のクアン・チ省ラ・バン（地名）に避難したカトリック信徒の前にアオザイを着た女性（マリア）が現れたという伝説がある。カトリックたかとり教会では、ベトナム系カトリック信徒によってアオザイを着たマリア像が持ち込まれた。

9 二〇一八年一二月二九日から二〇一九年一月六日にかけて訪問した。

10 本節の内容は二〇一八年に出版された高橋典史、白波瀬達也、星野壮編著『現代日本の宗教と多文化共生――移民と地域社会の関係性を探る』に収録された拙稿「異文化をつなぐカトリックの媒介力――神戸市・たかとり教会の事例から」を加筆修正したものである。

11 二〇一三年一一月一五日に行った聞き取りにもとづく。

12 聞き取りは二〇一七年三月五日の午後、たかとり教会内にある教会事務所で行った。

13 神父は自身が緑を共生のシンボルカラーと考える背景に、レオ・レオーニの絵本『あおくんときいろちゃん』の存在があると二〇一七年の聞き取りで語った。絵本は、仲良しの「あおくん」と「きいろちゃん」が交じり合って、それぞれが緑色になるというストーリーである。

14 公会議とは、カトリック教会において教義・教会規律などについて審議決定するために開く最高会議のことである。第二バチカン公会議は、一九六二年一〇月一一日から一九六五年一二月八日の間に、四会期にわけて開催された。教会の歴史が始まってから二一回目の公会議として位置づけられており、現代のカトリック教会を方向づけた「画期的な会議」と言われている。

15　「創造」を括弧付きで用いたのは、キリスト像に込められる意味について日本人（社会的マジョリティ）側からの立場によってのみ論じる意図がないことを示すためである。

参考文献

〈日本語文献〉

飯田剛史 2002『在日コリアンの宗教と祭り』世界思想社。

小野澤正喜 1989「トロント市におけるベトナム系コミュニティの二重構造の分析」綾部恒雄編『カナダ民族文化の研究――多文化主義とエスニシティ』pp. 297-346、刀水書房。

カトリック難民定住委員会 1994『海を越えて来た仲間たち――インドシナ難民定住記　チョットいいこと　No.1～50』カトリック難民定住委員会。

グエン・ディン・ダウ 1995「一信者の五〇年――キリスト教」坪井善明編『ヴェトナム（暮らしがわかるアジア読本）』pp. 218-224、河出書房新社。

神戸新聞ＮＥＸＴ 2011「データで見る阪神・淡路大震災 ボランティア　１６７万人が被災地へ」(https://www.kobe-np.co.jp/rentoku/sinsai/graph/p6.shtml　二〇二〇年一一月七日閲覧)。

―― 2020「連載・特集　もろびとこぞりて　鷹取ボランティア物語（１）　ダチづくり　顔見知りなら行動違った」(https://www.kobe-np.co.jp/rentoku/sinsai/11/rensai/200504/0005563212.shtml　二〇二〇年一一月七日閲覧)。

白波瀬達也、高橋典史 2018「「宗教と多文化共生」研究がめざすもの」高橋典史、白波瀬達也、星野壮 編著『現代日本の宗教と多文化共生――移民と地域社会の関係性を探る』pp.11-24、明石書店。

徳田剛 2015「被災外国人支援におけるカトリック教会の役割と意義――東日本大震災時の組織的対応とフィリピン系被災者への支援活動の事例より」『地域社会学会年報』27: 115-126。

戸田佳子 2010『日本のベトナム人コミュニティ――一世の時代、そして今』暁印書館。

野上恵美 2010「在日ベトナム人宗教施設が持つ社会的意味に関する一考察――カトリック教会と仏教寺院における活動の比較」

『鶴山論叢』10: 41-56。
吉富志津代 2008『多文化共生社会と外国人コミュニティの力――ゲットー化しない自助組織は存在するか?』現代人文社。
レ・フー・コア 1989『フランスのベトナム人』山井徳行、池田年穂、藤田康子、藤田衆訳、西北出版。

第3章　観光と巡礼の町で生まれたアッシジ刺繍

笠井みぎわ

はじめに：「聖なるもの」としてのアッシジ刺繍

近年、日本で修道院巡りに関する書籍が商業出版され（柊・早川 2012; 丸山 2013）、その手引きにもとづいて、日本では非キリスト教信者の人びとが、癒しやリラックス効果を求め、トラピスチヌ修道院などの宗教関連施設で修道女や信者によって手作りされている、お菓子やスリッパ、メダイなどのいわゆる「修道院グッズ」を購入する例が増えている（笠井 2015）。キリスト教グッズ愛好者や手芸愛好家の間では、「聖なるもの」という新たな価値に着目し、信仰と結びついた手仕事が、商品の一つとして位置づけられている。

筆者は信仰に対する意識と手仕事の実践がどのような関係にあるのかに着目し、二〇一三年から二〇一四年にかけて、信仰実践として日本聖公会の教会刺繍制作に携わる女性信徒たちに聞き取り調査および参与観察を行ってきた。教会刺繍とは、中世の頃より視覚的にキリスト教の教義を伝える役割を担っていた教会装飾品を指す（笠井2015）。それもあり、女性信徒たちは聖公会の司祭が着用する祭服、並びにミサの際に使用する聖杯や聖卓に施す刺繍を殊更に重視し、そこに施す刺繍には色やデザインの規定を厳格に設けていた。また、「教会刺繍とは、お金にはならないところに価値がある」ため、「売らない、出来栄えに美しさを求めない、またミサの時以外に公開しない」ことが重要であり、そのことによって教会刺繍の聖性、つまるところ教会刺繍が教会刺繍である所以が保たれると認識していたことも判明した。

しかし、前述した修道院グッズへの興味関心が高まりつつある現状を鑑みると、教会刺繍もまた、今後「聖なるもの」としての価値を持ち、商品として消費される可能性がある。本章で取り上げるアッシジ刺繍もまた、ミサで使用される教会刺繍としての側面と観光客に向けて販売される商業用の刺繍としての側面も担っている。

ここで一度、聖遺物の聖性についての特徴について触れておきたい。キリスト教中世に「黄金や宝石よりも価値がある」と形容された聖遺物について、秋山は次のように分類している（秋山2013: 16）。

① 聖なる人の遺体、遺骨、遺灰等
② 聖なる人が生前に身にまとったり、触れた事物
③ ①ないし②の聖遺物に触れた事物

ここでの「聖なる人」とは信仰のために命を落とした使徒や殉教者の他、キリスト教に大きな貢献をしたとみなされた教皇や司教のことである。この聖遺物の中で最も高く価値づけられるのが①の「聖なる人の遺体、遺骨、遺灰等」で、特別な力を宿すとされ尊重された。さらに興味深いことに聖性はウィルスのように伝播し、聖人たちが生前に身につけたもの、触れたもの、その遺体に触れた事物までもが聖性を帯びるものになる（秋山2013: 16-

19）。

聖遺物とは「存外あやふやなもの」であり、それが帯びる聖性とは、記憶と結びつけられていたために、その聖性の根拠となる「謂《い》われ」をいかに効果的にもたらすかが、新たに発見された聖遺物への崇敬に影響を与えていた。そのため、聖遺物が聖性を獲得するためには、聖職者による「演出」の有無が重要であり、聖性伝達の媒介者として聖職者の役割はきわめて重要だった（秋山 2013: 205-206）。

一方本章では、聖人の遺体や遺灰そのものでもなく、遺体との接触もないため聖遺物としてのカテゴリーには属さないが、キリスト教信仰と結びついた手仕事であるアッシジ刺繡について考察する。それは、上述した「聖なるもの」としてのカテゴリーにローマ・カトリックの総本山であるイタリアで生成され、伝承されてきたアッシジ刺繡が属すと考えるからである。

アッシジ刺繡とは、名称の語源でもあるイタリア中部のアッシジ地方という地域で継承されてきた刺繡である。アッシジはイタリアの守護聖人、聖フランチェスコ（伊：Francesco d'Assisi、ラテン語：Franciscus Assisiensis）が生まれ、亡くなった場所である。アッシジ刺繡は二〇世紀初頭に観光客向けに組織的に制作・販売が開始された当初から日本聖公会の教会刺繡とは異なる意図を持って制作されてきた。教会刺繡としての機能を持ちながらも、一方で信仰実践というよりはむしろ、巡礼地アッシジを訪問する観光客への販売を目的に制作されてきた。以上の点に着目しながらこれから考察を進めることとする。

アッシジでは近代から現代にかけて、観光客の嗜好の影響を受け、刺繡のデザインが大きく変化している。したがって、本章においてデザインの変化を分析することにより、信仰および共同体の表象の変容を考察し、近代から現代にかけて信仰が商品化される背景を指摘することができると考える。

西欧では、女子教育・嗜みの一つとして、家庭内で母から娘へと刺繡技術や図案が伝承されてきた歴史的な背景があり、アッシジ刺繡もその慣習に則って制作されてきた。近年の商品化に関連したデザインの変容に着目することで、女性が継承してきた信仰の脱表象、あるいは再表象の現状についても考察することができると考える。

1 聖なる町アッシジとアッシジ刺繍の関係

本研究の調査地はイタリアの中部ウンブリア州ペルージャ県に位置するアッシジである。アッシジの人口は約二万八千人（イタリア国立統計所二〇一六年現在）、周囲を山に囲まれ、スバシオ山の中腹、海抜四五〇メートルの丘の上に位置しており、市全体を一一世紀に建設された城壁が取り囲んでいる。年間平均気温が一三・九度、年間平均最高気温が一八・一度、年間平均最低気温が九・八度と、一年を通じて穏やかな気候である。地元の特産品としては、オリーブオイルやワイン、イノシシの肉の他、陶器や織物、アッシジ刺繍が有名である。*1

また、一二世紀に清貧を説いた修道士、聖フランチェスコが生誕し、亡くなった土地としてよく知られている。今日のように、アッシジが聖地として名前が知られるようになった背景には、二〇世紀初頭にアッシジの郷土史家であり、市長でもあった、アルナルド・フォルティーニ（一八八九〜一九七〇）が戦略的に観光地としてのアッシジのイメージを確立させたからである（Ronci 2005）。一九二六年、聖フランチェスコが亡くなったと伝えられている年から、丁度七〇〇年後にあたる年に、フォルティーニは、『アッシジの聖フランチェスコの新しい人生（*la Nova vita di san Francesco d'Assisi* (1926)）』を上梓し、聖フランチェスコの生涯とその軌跡について詳細に執筆した（Ronci 2005）。それから一三年後の一九三九年に、聖フランチェスコはイタリアの守護聖人に任命され、世界的に有名な巡礼地アッシジが誕生した。以来アッシジは、一年を通じて約一〇〇万人の巡礼者や観光客を惹きつける町へと成長を遂げた。*2 アッシジに足を運ぶ巡礼者・および観光客の最大の目的は、町の北西に位置する聖フランチェスコ聖堂と、東端に位置する聖キアーラ聖堂、さらに、アッシジ市内からおよそ七キロ下った、行政区のコムーネ*3

としてはアッシジに属しているサンタ・マリア・デッリ・アンジェリに位置する聖マリア・デッリ・アンジェリ（Santa Maria degli Angeli）聖堂を訪れることである。聖マリア・デッリ・アンジェリ聖堂は、聖フランチェスコが最後に息を引き取った場所であると伝えられている。二〇〇〇年にこの二つの聖堂とともに他のフランチェスコ会関連施設が「アッシジ、フランチェスコ聖堂と関連修道施設群」としてユネスコ世界遺産にも登録されている。

現在アッシジ市内で働いている労働者（ホテル従業員、土産物店店員、スーパーの店員、レストラン従業員）の多くは、観光を収入源にしているが、アッシジ市内に居住している人は少ない。労働者の多くはアッシジ市近郊の町、サンタ・マリア・デッリ・アンジェリ、スペッロ、バスティア、ペルージャなどから働きにきている。聞き取り調査の結果、彼らがアッシジ市内に居住しない理由として、市内には大型のスーパーやショッピングモールがないので、安い食材を手に入れるのが困難であること、アッシジ市内の家賃が他の町と比べて高額であること、アッシジは山頂付近にあるため、他の町にでかけなければいけない時に交通の便が悪いことがある。アッシジの季節ごとのイベントである、クリスマスの出店や夏の野外コンサートなどを準備する際には、コムーネの一員としてサンタ・マリア・デッリ・アンジェリの住民もイベントの補助メンバーとして参加している。彼らは、アッシジ市内出身の住民のことを男性ならアッシサーノ（assisano）、女性ならアッシサーナ（assisana）と呼び、サンタ・マリア・デッリ・アンジェリ出身の住民のことは男性ならアンジェリーノ（angelino）、女性ならアンジェリーナ（angelina）と呼び、自らの出身地を明確に区別している。

2 アッシジ刺繍の歴史と変遷

2-1 聖性をおびたアッシジ刺繍のイメージ

アッシジ刺繍という名称は、キリスト教徒や教会、修道女をしばしば連想させる。それはこの刺繍が、アッシジのシンボルである聖フランチェスコの名前を取って、別名フランチェスコ刺繍とも呼ばれていたことと関連する。さらに、修道女と貴族の女性が教会の伝承物や修道院の建物の装飾から図案を起こし制作・販売を開始した。この点は、聖遺物がいかにつくり出され、効果的に印象づけられる手段について秋山が論じている点と一致している。その手段としては、まず奉遷記や奇跡録といったテクスト、「口コミ」、信徒の五感を刺激する展観行事や祝祭行列などの儀礼や演出の導入、教会堂の構造や装飾、などの手段があるが、さらに聖遺物に聖性ないし聖性らしさを付与し、人びとを惹きつけるためには、「視覚的魅力を有した造形イメージの役割」は看過できないものだった（秋山 2013: 205-206）。

こういった既存の聖遺物の持つ特徴と一致する「聖性のイメージ」が付与されることによって、アッシジ刺繍の販売にブランド価値が効果的に用いられ、その売り上げに影響を与えてきたことが推察できる。一方で、イタリア国内でのアッシジ刺繍の知名度よりも、海外での知名度の方が高いこともまた、この刺繍の不思議な特徴としてあげられるだろう。

アッシジ刺繍に関する書物はイタリア語で出版されたものは、*GUIDA PRATICA PER L'INSGNAMENTO DEL PUNTO DI ASSISI RICCHISSIMA RACCOLTA DI DISEGNI ARTISTICI ACURA DI* Chiara Cernetti BATTISTELLI（Vignati 1925）（アッシジ刺繍の教授法実践ガイド、キアーラ・チェルネッティ・バッティステッリ編。芸術的デザインの膨大なコレクション）がある。アッシジ在住のバッティステッリがアッシジ市内で個人所蔵されていた図案や、工房で所蔵されていた図案を採集し、それらを一九二五年にヴィニャーティが再編し出版した本である。アッシジ刺繍の簡単な歴史概要と、一九二五年までに制作されたアッシジ刺繍の図案、技法、使用していた刺繍糸の色がおさめられている。

しかし、アッシジ刺繍の知名度を上げたのは、主に欧米から観光に来た手芸愛好家達によってである。アッシジ刺繍に関する書物の中で最もよく知られているものは、ドイツの刺繍作家、エヴァ・マリア・レズナーが一九八八年に執筆した刺繍技法に特化した技術入門書、*ASSISI EMBROIDERY*（アッシジ刺繍）である。本書は原本であるドイツ語が英語に翻訳されたもので、現在でも増版されている。アッシジ刺繍が海外からの刺繍愛好家を獲得し、彼らの好みに応じて制作をしていたということが、このレズナーの著作によって推し量られるだろう。それでは、そのアッシジ刺繍がどのように歴史的に歩んできたのかを見てみよう。

2-2 アッシジ刺繍の歴史

一六世紀のルネサンス時代、イタリアでは活版印刷が登場し、手芸書のパターン・ブックが制作され、編み物やレース、装飾品の普及に影響を与えた。またこの時期多くの刺繍学校やレースの専門学校などが設立された（Cesaretti 2003: 3）。一八世紀中頃から一九世紀後半、バロックやロココ美術に対する反動から、古代ギリシャやローマへの回帰を基調として、新古典主義への熱が高まり、多くの人が地域に伝承されてきた伝統品を保護することに関心を払うようになる（Cesaretti 2003: 3）。一八六一年にイタリアが統一されると、新政府は本格的に産業育成政策として製鉄、造船、自動車製造などの基幹産業を推進すると同時に水源が豊富で人口が密集している北部で絹の生産を拡大し、経済を活発化させた（Federico and Junguito 2014: 4-6）。

この当時、国の貴重な資産として、イタリアの伝統工芸品の保護と生産にも目が向けられ、学校や協同組合が国内各地に設立された。一九三〇年五月二二日に、工業化の遅れていたイタリア中部のローマで、国民共同組合の団体として「イタリア女性産業団体（Associazione industriale femminile）」が設立された。この団体はブラッツァ・

サルヴォニャン・コーラ伯爵夫人の、手仕事が職人の技術に崇高さを与えるものだという信念のもと設立された。それを機にローマで一連の産業団体の運動に拍車がかかり、それに連動してアッシジでも「イタリア女性産業団体」の組織化が始まった。アッシジでは、マリア・バルトルッチ・ロッシとマリアトレッリ・ファイーナという二人の女性の働きかけによって、町に伝わる伝統的な刺繍技法と教会内に残されていた伝承物とを組み合わせ、それまでになかったまったく新しい刺繍を作り上げることに成功した。組織のさらなる発展によって、アッシジの町は高品質で、独自性があるアッシジ刺繍の生産・販売の拡大に成功した。刺繍の販売促進のため、主に女子修道院で刺繍講習会が行われるようになり、刺繍の技術習得を目的に若い女性たちが参加するようになった（井上1998, 1999; Cesaretti 2004: 62-65）。

第二次世界大戦後に、アッシジのコムーネに属すサンタ・マリア・デッリ・アンジェリ近辺で再び刺繍講習会が行われるようになった。一九七〇年代に機械刺繍の登場によって、手刺繍は一時期衰退の危機にあったが、講習会にかつて参加していた女性職人たちがアッシジ刺繍職人の養成強化対策に取り組んだことで、現在にいたるまで手刺繍でのアッシジ刺繍制作は維持されている（Cesaretti 2004: 62-65）。また、こういった運動の背景には、刺繍制作が女性の家内労働として義務づけられてきたという歴史（Schneider 1980）も関係していると言えるだろう。刺繍に限らず、針仕事は女性たちにとって人生そのものの選択肢に関わる必要不可欠な技能だった。職探しや婚姻関係を結ぶ際に、針仕事の出来不出来がその後の人生に与える影響は大きく、結婚後も針仕事の技能の優劣によって母や妻としての力量や価値を判断されていたからである（Shcneider 1980）。つづいて、伝統的なアッシジ刺繍を特徴づける技法やデザインなどの要素について見てみよう。

2-3　アッシジ刺繍の技法

アッシジ刺繍とは、布目を正確に数え、図案を埋めていく区限刺繍の一種である（井上1998: 181; Cesaretti 2003: 3）。

アッシジ刺繍は、プント・スクリット(Punto Scritto、英語名ではランニング・ステッチ)、とプント・クローチェ(Punto Croce、英語名ではクロス・ステッチ)という二種類の技法で制作されている(Cesaretti 2003)。

筆者が参与観察によって得た技法の知識によると、アッシジ刺繍を制作する際に特に注意しなければならないのは、必ず三目ずつ針を進ませるということ、布目を数え間違えないようにするということ、刺す時は常に表のデザインだけでなく、裏も綺麗な状態に仕上げることを意識するということだった。しかし、この三目の規則は制作者によってまちまちであり、四目で刺す人もいる。この三目で刺すか四目で刺すかということがアッシジ刺繍のオリジナリティーに大きく関わると考えている人が少なからずいることが、調査によって明らかになった。この布目の問題については後に詳しく述べることとする。

素材と道具

アッシジ刺繍の制作には刺繍を施す土台布に「アッシジ刺繍専用の布(tela di punto assisi)」であるリネンを使用する。大抵の場合、布地の色は白、もしくは生成りの無地である。

使用するのはDMC[*4](ディー・エム・シー)の綿糸のアブローダーの二五番、もしくは一六番である。図案の輪郭を縁取るために用いられる糸の色は、黒・もしくは濃茶色、図案の背景に使用する糸の色は、茶・青・赤・黄色・緑のいずれかである。これらの色は、いずれもアッシジ刺繍の専門学校として設立したアカデミアが推奨している色である。また、この色の規則もまた、布目の規則と同様に人によって異なる。茶色、もしくは青色が最も古典的なアッシジ刺繍の色だと主張する人もいる。

しかし、必ずしも販売店でその規定が受け入れられているわけではない。DMCの糸は高価格なため、現在販売目的で制作されているアッシジ刺繍にDMCの刺繍糸が使用されることはほとんどない。アッシジ内で唯一のアッシジ刺繍専門店の職人兼オーナーのイザベラは、イタリア製のリトルト・フィオレンティーノ・アンカー(ritorto fiorentino anchor）やセシア（sesia）というメーカーの刺繍糸を使用していた。この糸はサンタ・マリア・デッリ・アンジェリの手芸品専門店で購入することができる。

針は布に針が引っかからないように「先が尖っていない針（l'ago di senza punto）」を使用する。アッシジ刺繍を制作する際に刺繍枠は使用しない。刺繍枠とは、刺繍をするときに布がずれないように固定するものである。アッシジ刺繍専用の布を両手ではさみ、制作をする。布の素材はリネンであるため、すべりにくい。そのため、布を刺繍枠で固定する必要がないからである。

用途

アッシジ刺繍の制作品には、以下のような用途がある。カーテン、テーブル・クロス、ベッド・カバー、祭壇覆い、祭服、小物入れ、クッションカバー、テーブル・センター、ナプキン、絵画、ブック・マーク、ポプリ、子供用衣服、子供用エプロン、家具や食器の上などにかけるほこりよけに装飾目的でアッシジ刺繍が施されている。しかし、カーテン、テーブル・クロス、ベッド・カバー、祭壇覆い、祭服は一九二〇年代から一九八〇年代には制作・販売されていたが、現在は制作されていない。子供用衣服、子供用エプロンは現在でも制作されているが、ミシンで刺繍が施されたものと手で刺繍が施されたものとが混在している（Vignati 1925）。

2－4　固有名詞がついた宗教的なデザイン「ヤーコパ・デイ・セッテソーリ」と「聖ルフィーノの壺」

制作者一七名への聞き取り調査、および文献調査によって、制作される刺繍のデザインの中に、二種類の固有名詞を持つデザインを確認した。現時点では、この二つのデザイン以外に固有名詞を持つデザインを確認することはできていない。興味深いことにこの二つのデザインは、アッシジ市内で目にすることができ、人びとによく知られているモノから着想を得ており、二点ともに宗教的な意味があるということが明らかになった。

写真1　聖ルフィーノ教会の扉の彫像
（筆者撮影・イタリア、アッシジ・2017年）

写真2 「聖ルフィーノの壺」の図案
（筆者撮影・イタリア、アッシジ・2017年）

一つは「ヤーコパ・デイ・セッテソーリ（Jacopa dei Settesoli）」という名称の図案で、もう一つは「聖ルフィーノの壺（vaso di san rufino）」という名称の図案である。「ヤーコパ・デイ・セッテソーリ」とは、一二世紀の聖フランチェスコの死に際して、フランチェスコの遺体を布で包んだと伝えられているローマのセッテソーリ家の貴婦人だったヤーコパを指す。その布に施されていた刺繍こそが最古のアッシジ刺繍であるという伝説がある。現在聖フランチェスコ聖堂の宝物館に所蔵してある教会の祭壇の後ろにかける垂れ幕ドッサル[*5]からヤーコパがデザインをもじって刺繍したとも言い伝えられているが、実際にはそのような歴史的な事実はない。

一方、「聖ルフィーノの壺」は、アッシジ市内の聖ルフィーノ教会の石の扉に彫られ、向かい合わせになった二羽の孔雀と壺の彫像を元に、図案を起こしている。聖ルフィーノ教会は一一世紀に建設され、その後一二二八年に新たに建設された教会で、三世紀に殉教したアッシジの町の守護聖人聖ルフィーノの遺体が奉られている。アッシサーノ達にとっては、聖フランチェスコ聖堂よりも、聖ルフィーノ教会が重要であるという声も聞く。また、この二つのデザインを用いたアッシジ刺繍は、一九八〇年代頃まではベッド・カバー（三メートル×一・五メートル）やテーブル・クロス（二メートル×一・五メートル）など大型の商品として制作され、販売されていた。

2－5　アッシジ刺繍の秘匿性と聖性の関係

聖遺物と聖性の関係に呼応する現象が、非売品のアッシジ刺繍の制作者と聖職者の間でも見られた。イタリアで調査した一七名の制作者のうち、非売品のアッシジ刺繍を制作している制作者は一七名中、一四名にものぼった。制作者達は主に自分の趣味や喜び、家族のために刺繍を制作している。完成させた制作品の中には、自身の家族から継承した秘伝の図案もあるため、それらを人目に触れないように自宅のたんすや衣裳ケースに保管していると話していた。しかし、その秘密の図案が施された制作品を公開する日が一年の内に二度ある。一度目は六月の「花祭り」に執り行われる聖体拝領の日で、二度目はイースターの四六日前に行われる「灰の水曜日」[*6]と呼ばれる大斎日である。筆者も調査中に目にしたが、花祭りの際、司祭が花で描かれた聖画の上を歩く道路に面して、表向きは虫干しのためという理由で、いく枚もの大型のアッシジ刺繍が家々の軒下に吊るされていた。

「灰の水曜日」の日にアッシジでは司祭が町の住民の家々を訪問し、信者の額に灰で十字を描く儀式を行う。その際、司祭に見てもらうために普段はしまい込んでいるアッシジ刺繍の制作品を室内に飾る習慣がある。それは家族と司祭のみが共有する空間であり、近所同士の間柄であってもその空間に立ち入ることはできない。普段、生活空間として使用されている自分の家が、聖職者の出現によって「聖なる空間」へとその瞬間だけ変化するのである。金子は「聖なる空間」とは他の俗なる空間から断絶された聖なるものが体験されている場所のことであると述べている（金子 1994: 100）。「聖」とは神の絶対的な尊厳であり、人間を含むあらゆる世界からの隔たりを意味している（金子 1994: 3-4）。その聖性を補助する役割として使用されているモノが、代々家族にだけ伝えられてきた図案が施されたアッシジ刺繍である。アッシジ刺繍のモノとしての機能は、この瞬間だけ外側の俗なる世界と「聖なる空間」である自分の家との間に目に見えない結界をはることである。そして「聖なる空間」を演出するアッシジ刺繍には先に述べたヤーコパ・デイ・セッテソーリや聖ルフィーノの壺のような聖フランチェスコや教会の装飾をヒントに誕生したモチーフが施されている場合が多い。

次に、各々の制作者が持つアッシジ刺繍へのイメージに関する事例を見てみよう。

2-6　アッシジ刺繍の名称と人びとの持つモノへのイメージ

アッシジ刺繍という名称は、「アッシジ」という固有名詞が含まれているため、アッシジの町が持つ聖性のブランド・イメージが定着している。この名称に関して、制作者達の話から、実際にはよく知られているアッシジ刺繍（Il Punto Assisi）という名称の他に、フランチェスコ刺繍（Punto Francescano）など、二通りの名称があることがわかった。[*7] これは制作品に対して、各々の制作者が担う立場や制作する意図、対象の差異が名称の好みに反映されているためだった。それでは、具体的にそれぞれの名称に制作者がどのようなイメージを持っているのか、また何目で制作しているのかについて述べることにする。

事例1　フィオーナ（五〇代、女性、アカデミアの校長兼市庁舎勤務）[*8]

フィオーナは、特にこだわりがなくどのような名称であっても自分にとっては一緒だと答えていたが、彼女自身はアカデミアの校長であることからも、学校と同じ名称であるアッシジ刺繍という名称で呼んでいた。母親からアッシジ刺繍の技法を習得し、以前はアッシジ刺繍を制作していたが、現在はコムーネ内の仕事や母親の介護のため、時間がないので制作していない。筆者が調査を開始した二〇一六年九月以降、フィオーナが行ってきたアッシジ刺繍に関する活動は、制作よりもむしろアッシジ刺繍の知名度を広めるための広報活動である。たとえば、聖人フランチェスコの死を記念する日（二〇一六年一〇月三〜四日）や無原罪のマリアの御宿りの日（二〇一六年一二月八日）、ミモザの日（二〇一七年三月八日）の祝祭日には、アッシジ市内で大きなイベントが催されるため、その都度アッシジ刺繍と題した展覧会をコムーネ広場に面した市庁舎で開催していた。展覧会では主にアッシジ刺繍の制作者達から借り受けた制作品をウンブリア産の陶器として有名なデルータ焼きの壺やマッピーナ（mappina）と呼ばれる陶器の房飾り、錬鉄、楽器のリュートと一緒に展示し、アッシジの町の伝統工芸品の一部として紹介していた。展示作品は、タツノオトシゴやグリフォン、タイタンなどのグロテスク様式のデザインとともに、聖フランチェスコや聖キアーラ（伊：Santa Chiara、ラテン語：Sancta Clara）の図案が施された作品、ヤーコパ・デイ・セッテソーリ、サン・ルフィーノの壺などの宗教的な図案の作品も展示されていた。

事例2　イザベラ（五〇代、女性、アッシジ刺繍職人兼・アッシジ刺繍専門店のオーナー）

親子三代続くアッシジ刺繍職人である。病気がちだった母親が父親と若い頃に離婚してしまったために、母親にかわってアッシジ刺繡職人だった祖母が彼女と兄を育てた。幼少の頃は刺繡を販売店に持ち込みで売る祖母に連れられて、サンタ・マリア・デッリ・アンジェリからアッシジ市内によく来ていた。二〇〇六年に聖キアーラ聖堂のすぐ近くにアッシジ市内で唯一の職人が経営する工房兼アッシジ刺繡専門店を開店した。自分はアッシジ刺繡職人の中では異質な存在と認識されていると述べていた。その理由は、本来のアッシジ刺繡ではない三目と四目で刺繡をし、刺繡糸の色も大胆に変更して制作しているからである。博物館に展示するアッシジ刺繡と実際の生活で使用するアッシジ刺繡はまったく別物だと考えているため、伝統的な色のみを推奨するアカデミアの方針には疑問を持っている。宗教色が強いという理由でフランチェスコ刺繡（フランチェスコ刺し）という名称を好まないため、店内の制作品には、彼女が考え出した独自のデザインも多くある。他の店にデザインが盗用されることを危惧し、店内での写真撮影は禁止されている。

事例3　ルチアーナ（七一歳、女性、筆者の刺繡の師であるアカデミアの刺繡教師）

アカデミア・プント・アッシジの設立時からのメンバーで、アッシジ刺繡の講師を務めて二〇年になる。それ以前は自宅で家族や自分の楽しみのためにアッシジ刺繡を制作していた。アッシジの名前がついた「アッシジ刺繡」という名称で呼んだ方が自分にとっては馴染みがあると述べる。ルチアーナの幼少期には、刺繡といえば女の子が習得すべき技法であるという見解のため、男の子で針を持つ子は少なかった。二年ほど前から夫の病のため、終日家にいることが多くなった。年に数回行われるコムーネ主催の刺繡フェスタには必ず自身の作品を出品している。彼女が人生の中で刺繡を販売したのはアメリカからやってきた女性に自身が制作した大型のテーブル・クロスをどうしてもゆずってほしいと懇願され、その時はお金を受け取ってしぶしぶ手渡すことにしたその一度だけである。自宅に自身の制作品も含めて姑、叔母などから受け継いだ四〇点の作品を所蔵している。人生の節目に大型の作品を制作している。

事例4　アルメーノ（七八歳、男性、アッシジ刺繍職人）

調査の中で唯一接触することができた男性のアッシジ刺繍職人である。アッシジ刺繍の制作販売の最盛期である一九七〇年代から現在にいたるまで、男性の刺繍職人は稀有な存在である。アッシジ刺繍を制作・販売する家庭だったため、性別が男性であるにもかかわらず、幼少の頃から刺繍をしていた。現在は出店で土産物品と一緒にアッシジ刺繍も販売しているが、それらはすべて刺繍職人の女性が持ち込んだものである。高齢のため、彼自身は現在刺繍制作をしていない。アルメーノが刺繍をしていることは誰もが知っているわけではない。たまたまアルメーノの店に並んでいた刺繍を見てそのできをほめたイザベラがアルメーノの自宅に招かれ、制作した刺繍や図案を見せてもらった。そのことがきっかけで、イザベラははじめてアッシジ刺繍の男性職人の存在を知ることになった。「アッシジ刺繍」という名称の方が観光客がイメージしやすいので、そちらを好んで使っている。

事例5　ミケーラ修道女（七〇代、女性、フランチェスコ会に所属する修道女）

ミケーラ修道女はアッシジ出身で孤児だったため、修道院で育てられた。アッシジ刺繍の技術は修道院の年配の修道女から学んだ。販売・あるいは教会への奉納のために教会刺繍としての機能を持つアッシジ刺繍を制作していたので、教会への奉納品は、ヤーコパ・デイ・ソッテ・ソーリなど大型の制作品が多かった。ドラゴンやタツノオトシゴなどのデザインも制作したことがあったが、教会には似つかわしくないデザインなので、そのデザインを奉納したことはない。「フランチェスコ刺繍」という名称を好む理由は、自身が聖人フランチェスコとともに人生を歩んできたからだと述べていた。

事例6　ラウラ（七〇代、女性、土産物店店主）

五〇年以上アッシジ市内で土産物店を経営している女性店主である。アッシジ刺繍の名称に関しては、聖フランチェスコが生まれ、亡くなった土地であり巡礼地であるアッシジで制作される刺繍なのだから、フランチェスコ刺繍と呼ぶのがふさわしいと述べていた。キリスト教徒だが、日曜日もやすむことなく必ず店をあけ、夏場は午前一〇時から午後七時まで、冬場は午前一〇時から午後五時まで働いている。夫が亡くなってからも一人で働き、息子と娘を育てた。土産物店で制作・販売しているアッシジ刺繍は比較的小型制作品である。ポーチ、ポプリ入れ、ブック・マーク、ほこりよけ（三〇センチ×五〇センチ×五〇センチ）などがある。ポプリやブック・マークには、アイーダという綿布に紫やピンク、水色の刺繍糸を使用していた。聖フランチェスコと聖キアーラのデザインのポプリ入れが売れ筋の商品である。しかし、この店ではアッシジ刺繍よりもむしろ聖フランチェスコを象った木彫りの人形、ロザリオ、聖フランチェスコが署名代わりに記したと言われているタウと呼ばれるTの形に似ている文字をオリーブの木で彫った商品の方がよく売れている。

事例7　コルツィアーリ（七〇代、女性、元国語教師）

アッシジ刺繍に関する本を執筆し、アカデミアの元メンバーである。現在は一人でアッシジ刺繍の展覧会を開催している。アッシジ刺繍について述べるときは必ずアッシジ刺繍という名称を使用すると述べていた。一方で、フランチェスコ刺繍という名称は非常に宗教色が強いので好まないと述べていた。彼女にとってアッシジ刺繍は、生まれ育った町やその文化が凝縮された人生そのもので、現在のアッシジは聖フランチェスコのイメージばかりが先行し、信仰深い町である点のみがクローズ・アップされすぎていると述べていた。観光客たちはアッシジのシンボルとして有名な聖フランチェスコ聖堂と聖キアーラ聖堂にだけ訪れ、町の中心部はおろか店に入ることもしない。アッシジ刺繍のデザインに関しても、アカデミアが展示するデザインは常に繰り返しばかりで、刺繍のデザインの多様性が多くの人に伝わらない状態にあると述べていた。しかしその原因はめずらしいデザインを隠そうとするアッシサーノ達の特質にあるとも話していた。アッシサーノ達はアッシジ刺繍をもっと開けた場所に提示するべきであるという考えを持っている。

以上の七名の事例から制作者のうち半数以上がアッシジ刺繍という名称を好んでいるが、フランチェスコ刺繍という名称を好む制作者もいること、また「伝統的な」アッシジ刺繍を特徴づけていた要素や技法は現在のアッシジ刺繍制作に必ずしも用いられていないことが判明した。そのことから、現在のアッシジ刺繍に対するイメージは、インフォーマントの立場や年齢、生育歴によって重層的であることが言えるだろう。それでは、具体的に現在の観光客向けに制作されているアッシジ刺繍の変遷について見ていこう。

3　ポップ化した「聖なるモノ」

3-1　アッシジ刺繍用の布の変化

一九二〇年代から八〇年代に制作されていたアッシジ刺繍と現在販売されているアッシジ刺繍を比較すると、デザインが簡素になり、使用する布の目が粗くなっていることが明らかになった。現在販売されているアッシジ刺繍専用のリネンの布と、一九八〇年代に販売されていたリネンの布の織り糸とカウント数の状態を比較分析すると、一九八〇年代の布は一インチ（＝二・五四センチ）あたり三〇カウントであるのに対して、現在の布は、一インチ）三一カウントに変化している。一九八〇年代頃までに生産されていた布の織り糸は経糸と緯糸の太さが均一で、織り糸がつまった状態である。それに対して、現在の布の経糸と緯糸の太さは均一ではなく、織り糸の中に太い糸と細い糸が混在している。そのため、布目に隙間があき、一インチ内に使用される織り糸の数が多くなっている。また、一九八〇年代の布を手に取ると分厚く重みがあるのに対して、現在販売されている布は薄く軽くなっている。したがって、一九八〇年代の布に比べて、現在の布の品質は変化している。また現在は、アイーダというアッシジ刺繍用専用の布ではない布が制作品に使用されている。アイーダとはクロス・ステッチ専用の布で、素材は綿である。アッシジ刺繍専用の布と比べると、非常に安価で手に入るため、ポプリやブック・マークなどの小物の商品に使用されている場合が多い。一九二五年に出版されたアッシジ刺繍の図案集（Vignati 1925）には、ポプリ入れやブック・マーク、アイーダについての表記はなかったため、比較的最近になって使用されるようになった布だと推測できる。本節では、こういった従来制作されてきた「聖なるもの」としてのアッシジ刺繍とは区別したポップ化した「聖なるモノ」として、この制作品の出現と旧来のアッシジ刺繍との接点、差異について論じていくことにする。

3－2　刺繍糸の色の変化：宗教と関係のない色の使用

アカデミアが運営するアッシジ刺繍のサイトには、伝統的な刺繍糸の配色として、青・赤・茶色が明記されている。にも拘らず、現在アッシジ市内で開催されるイベントや市内の土産物店でも、一九二〇年代から一九八〇年代には見られなかったベージュ・紫・ピンク・白・淡い緑の色が一緒に組み合わされ、二色の糸を使用するというアカデミアの規定からは外れた、単色の色づかいのアッシジ刺繍も陳列されている。アッシジ市内で唯一の工房兼アッシジ刺繍専門店のオーナーで刺繍職人のイザベラもまた、こういった従来のアッシジ刺繍のイメージを覆すようなデザインを考案し、使う糸の色や種類も実験的に様々なものを試している。イザベラのこういった制作に対する姿勢にはモノトーンを基調にしたモダンな雰囲気を持つ現代の家の内装を想定せずに、伝統的な色やデザインに固執した作品には買い手がつかない、という理由がある。伝統工芸品としてアッシジ刺繍を継承していくためには、現代の生活の中でいかにアッシジ刺繍を活用してもらえるのかを考え、常に消費者のニーズを探る必要がある。

また、観光客の国籍もアッシジ刺繍の色を決める時に重要な判断材料になる。たとえば、イザベラの店で最も重要な顧客のアメリカ人は、青色や紺色などを好む傾向があるが、二〇一三年にローマ教皇に着任したアルゼンチン出身のフランチェスコ教皇の影響で、近年アッシジへの訪問が増加しているアルゼンチン人は、赤や黄色などの原色、また、日本人は白・ベージュなどの薄く淡い色を好む。ヨーロッパ圏内からの観光客に比べて、イタリアに滅多に来訪することができないアメリカやアジア、南米など遠方からの観光客の方が、より多く高額な刺繍を購入する傾向にある。こういった様々な国籍の観光客の趣味・嗜好に応じて、職人たちが図案のデザインや刺繍糸の色を変化させているため、次第に宗教色が強いデザインが減少していったと考えられる。

3-3 ユーロの導入による影響

現在七〇代の二名の土産物店の店主兼刺繍職人によると、一九二〇年代から一九八〇年代にはベッド・カバー（三メートル×一・五メートル）やテーブル・クロス（二メートル×一・五メートル）が制作・販売されていた。その中にはヤーコパ・デイ・セッテ・ソーリやサン・ルフィーノの壺といった宗教色の強いデザインも施されていた。現在ではその制作品には、三〇〇〇ユーロから六〇〇〇ユーロ（二〇一七年度現在、約四〇～八〇万円）ほどの値段が付けられている。一九六〇年代から一九八〇年にかけて購買者の多くは主にアメリカ人やイギリス人だった。ドルやポンドがリラ（イタリアの通貨）と比較して価値が高かったため、イタリアで販売されている工芸品は、アメリカ人やイギリス人にとって比較的購入しやすかった。

しかし、二〇〇〇年からのユーロの導入によってインフレが進んだために、工賃や材料費がかさむ大型の制作品が作られることはなくなった。現在は、最も大型の制作品でもテーブル・センター（五〇センチ×八〇センチ）や、ほこりよけ（六〇センチ×一メートル）などにとどまっている。アメリカやイギリスからの観光客の他、近年では中国、韓国、日本、南米などの観光客もアッシジにやって来るが、四から五ユーロのポプリ入れ（四センチ×五センチ）や一五ユーロほどのブック・マーク（一八センチ×三センチ）を購入し、高価なアッシジ刺繍を購入することはほとんどないからである。

　施される図案に関しては、以前のような宗教色の強いデザインは激減している。グリフォンやドラゴン、タツノオトシゴなどの図案は、現在でもよく使用されているが、以前に比べて複雑な図案から簡略化した図案がより多く制作されている。たとえば、ハイヒールを履いてダンスしているグリフォンのほこりよけ（六〇センチ×一メートル）やアニメやイラストのキャラクターを彷彿させるような聖フランチェスコと聖キアーラのデザインのポプリ入れ（サイズは四センチ×五センチ）などがある（写真３）。こうした制作品は、修道院やアカデミアの展示会で展示される聖フランチェスコが施された絵画用の刺繍と比較すると、図案はかなり簡略化されており、親しみやすささえ感じさせるデザインである。色やデザインを変化させたこうしたポップ化したアッシジ刺繍の出現には、物価上昇などの社会変化とともに、制作者自身の信仰心や、観光客の嗜好の変化が反映されていると考えられる。しかし、この影響からアッシジ刺繍が聖フランチェスコとの接点を失くして聖性との関係を絶っているかといえば、一概にそうとも言えない。

　ポップ化した図案の中にも、写真３のように可愛らしく、ユーモラスな表情の聖フランチェスコと聖キアーラはかなり人気で、ちょっとした旅の記念にと購入する例があるので、鳥や花の刺繍が施されたポプリ入

写真３　ポップ化した聖フランチェスコと聖キアーラの図案が施されたポプリ（筆者撮影・イタリア、アッシジ・2016年）

れよりも大量に制作されていた。販売価格は、どの販売店でも二・五ユーロから五ユーロほどだった。

聖人をポップ化するという一連の試みの中で、このポプリの商品はほんの一例である。他にも聖フランチェスコを模したビールジョッキやキーホルダーなどの商品は各販売店で販売されている。他の商品と同列に販売されているポプリの事例から、アッシジ刺繍という名称は同じであっても、販売用のアッシジ刺繍はもはや、秘匿性のある家庭や修道院で制作されているものとは別物と捉えることができるだろう。現在のアッシジ刺繍の制作は、組織運営の中で行われているわけではない。加えて、アッシサーノであっても毎週日曜日にミサのために教会に行く習慣もなくなってきている。長年同じ町に住むアッシジ刺繍の制作者同士も、専業主婦や職人、修道女など異なる立場にあり、制作に対する動機も人によって様々であるため、お互いをよく知らないという状況にある。

したがって、各制作者が定義するアッシジ刺繍は、制作者の出身地や生育暦、職業、経済状況、性別、アッシジの町に関するイメージの捉え方によっても異なる。その定義の差異が制作品のサイズ・素材・デザイン・技法に表れている。アッシジという一つのコミュニティの中で、アッシジを巡礼地のイメージとして捉えている人、あるいは巡礼地のイメージとして捉えることに抵抗がある人、またそのなかでも土産物品として制作・販売に従事する制作者、家内用、展示用に制作する制作者、など、各々の生き方や制作品へのアプローチが重層的に重なりあって、今日のアッシジ刺繍は存在しているのである。

おわりに：新たな「聖なるモノ」として誕生したアッシジ刺繍

以上に考察してきたように、アッシジの町の観光をこれまで支えてきたのは、聖フランチェスコに伴う聖性のイメージである。そのアッシジという聖なる場所で展開している、現在のアッシジ刺繍の制作・販売をめぐる状況は、町のイメージおよび作り手の多様化とともに変化している。旧来の価値観のもとで制作されたアッシジ刺繍を好み、非売品を制作・販売している制作者達の多くは職人ではない。その制作者達が糸の色や図案を何目で刺すかということにこだわりを持つのは、自分たちの生まれ育った町の歴史として存在し、一九二〇年代に確立されたアッシジ刺繍こそが、現在のアッシジの町のイメージそのものであると考えているからだろう。彼らが元からある「伝統的な」デザインを変化させることを拒む背景には、聖フランチェスコとともに歩んできたアッシジの町のイメージそのものを大きく変えることによって、町の聖性が失われることを危惧しているからとも考えられる。アッシサーノ達は、当たり前のように聖性があるという認識のもとで暮らしてきたので、信仰心が反映されている「伝統的な」「聖なるもの」としてのアッシジ刺繍に抱く安心感を、新しく改案され制作・販売されているアッシジ刺繍には感じられないのではないだろうか。

しかし一方で、モノを売ることで生計を立てる職人にとっては、新たな顧客を獲得するためには旧来のデザインや糸の色を変化させることは不可避である。そのため、時代のニーズを敏感に感じ取り、観光客が欲している新しい「聖性」の形を汲み取った結果、旧来の「聖性」を帯びた「聖なるもの」とは性質が異なるまったく新しい「聖なるモノ」の一つとして現在のアッシジ刺繍が誕生したと考えられる。

アッシジ刺繍というモノの変遷とその名称へのイメージを鑑みると、この刺繍が聖性とまったく無関係なモノとして町の中で存在していくことはできないだろう。現在のアッシジ刺繍は、旧来の伝統的な聖性のイメージと、新しい「聖なるモノ」としてのイメージが混在する中で揺れ動いた状態に置かれているが、それはアッシサーノ達がこれまで持ち続けてきた聖性のイメージと、現在の観光客・巡礼者がアッシジに抱く聖性のイメージとの間にずれが生じていることを意味してもいる。現在の観光客が求める聖性には、刺繍のデザイン、布、糸の品質はおろか、制作者の出身地や制作場所についても特に決まりはない。極端なことを言えば、アッシジという場所で販売されていれば、そのモノ自体にすでに聖性は付随すると判断され購買されている。したがって、現在のアッシジ刺繍に求められる聖性の判断基準はアッシサーノ達ではなく、観光客であるアッシジ外部の人びとによってなされている。新しい価値観にもとづいて創造された「聖なるモノ」とセットになった聖性なのである。

しかし、今後想定されるさらなる展開として、現在観光客向けに制作されている「聖なるモノ」としてのアッシジ刺繍がアッシジ内部のアッシサーノ達が執り行う「花祭り」や「灰の水曜日」などの宗教行事の際に、儀礼を遂行する機能を持ち、家という空間を「聖なる空間」へと変化させうるのかについては、聖性についての価値観が変化している過程からもさらなる考察が必要だろう。

また、アッシサーノ達の間でもアッシジの町へのイメージが多様化しつつある。以上に考察したアッシジ刺繍とアッシジの町の持つイメージの変遷から、人びとが求める現在の新しい「聖なるモノ」の一端が見えるのではないだろうか。

注

1　アッシジ公式サイト（http://www.comune.assisi.pg.it　二〇一六年三月二八日閲覧）。

2　二〇一五年一二月三一日現在 SERVIZIO TURISMO COMMERCIO SPORT - STATISTICHE DEL TURISMO

3　イタリアでは、日本のように市町村のような人口規模による区分けがないため、基礎自治体は最小単位であるコムーネで表されている（工藤 1999: 107）。

4　一八世紀に創業したフランスの刺繍糸専門の老舗会社。
5　アッシジの聖フランチェスコ教会の宝物館には、一四世紀前半にビザンチン帝国から贈られたと言い伝えられるドッサル（dossale）と呼ばれる教会の祭壇の後ろにかける垂れ幕が所蔵されている。このドッサルのデザインは、現在のアッシジ刺繍のデザインのモデルとして用いられたと言われている（井上 1999）。ドッサルには、黄色い絹の綾織地に、首を向き合わせている二匹のグリフォンと鳥が刺繍されており、すみには豹が刺繍されている（飯塚 1976: 31-32）。六世紀のギリシャやビザンチン帝国の刺繍にも同じく空想上の生き物であるグリフォンやライオン、翼のあるドラゴン、孔雀、鷲、鳥などが、別の生き物の半身などとよく組み合わされて描かれている（飯塚 1976: 30-31）。
6　「イースターの前の六主日を除いた四〇日間連続の大斎日。この期間に肉を断つ断食が行われる。この日が「灰の水曜日」と呼ばれるのは、中世から西方教会では、痛悔者が頭上に祝別された灰をかぶり、後期には是認が額に灰の印をうけて懺悔の印としたからである」『キリスト教大事典』改訂新版 p. 673
7　Punto はイタリア語で「一つ刺す」という意味もあるため、日本語に訳すと「アッシジ刺し」とも言える。
8　インフォーマント七名の年齢は二〇一七年三月現在である。

参考文献

〈日本語文献〉

秋山聰 2013（2009）『聖遺物崇敬の心性史――西洋中世の聖性と造形』講談社。
飯塚信雄 1976『西洋の刺繍――歴史の中にその美を求めて』日本ヴォーグ社。
井上拓子 1998「アッシジ刺繍の表現方法とデザインについて」『和洋女子大学紀要』38: 181-190。
――― 1999「アッシジ刺繍の表現法とデザイン（第2報）」『和洋女子大学紀要』39: 155-164。

笠井みぎわ 2015「神様への手紙——日本聖公会の教会刺繍」『京都文教大学紀要論文』9: 32-58。
—— 2017「「アッシジ刺繍」——女性が継承する針仕事」『人権と部落問題』902: 58-63。
金子晴勇 1994『聖なるものの現象学——宗教現象学入門』世界思想社。
工藤裕子 1999「地方自治制度」馬場康雄、岡沢憲芙編『イタリアの政治——「普通でない民主主義国の終わり?」』pp. 99-117、早稲田大学出版部。
日本基督教協議会文書事業部キリスト教大事典編集委員会 1988（1963）『キリスト教大事典改訂新版』第9版、教文館。
柊こずえ、早川茉莉 2013『修道院のお菓子と手仕事』大和書房。
丸山久美 2012『修道院のお菓子——スペイン修道女のレシピ』地球丸。

〈外国語文献〉

Cesaretti, Bartolucci Raffaello. 2003. *Il punto assisi tavole edite e inedite di un ricamo antico.* Bastia: Grafiche diemme.
———. 2004. *Il punto assisi storia di un ricamo antico.* Bastia: Grafiche diemme.
Federico and Junguito.2013.The Ripples of the Industrial Revolution: Exports, Economic Growth and Regional Integration Initaly in the Early 19th Century. Working Papers In Economic History. Universidad Carlos III de Madrid.
Ronci, Emilio. 2005. *Arnaldo Fortini e la nova vita di san francesco d'assisi.* Assisi: Minerva.
Vignati, Luigi. 1925. *Guida pratica per'linsegnamento del punto di assisi richissima racolta di disegni artistici a cura di* Chiara Cernetti BATTISTELLI. Milano: Unitas
Schneider, Jane. 1980. Trousseau as Treasure: Some Contributions of Late Nineteenth-Century Change in Sicily. In Eric B. Ross (ed.) *Beyond The Myths of Culture Essays in Cultural Materialism,* pp. 323-356. New York: Academic Press.

〈ウェブサイト〉

アカデミア・プント・アッシジのサイト（http://www.accademiapuntoassisi.com　二〇二〇年一〇月二八日閲覧）
アッシジ公式サイト（http://www.comune.assisi.pg.it　二〇一六年三月二八日閲覧）
イタリア国立統計研究所（ISTAT :Internazionale Staistica Italia）（http://www.istat.it/it/files/2013/01/Umbria_completo.pdf　二〇一六年一月九日閲覧日）
観光客統計調査（SERVIZIO TURISMO COMMERCIO SPORT - STATISTICHE DEL TURISMO）（http://www.regione.umbria.it/

documents/18/3111438/Domanda+e+offerta+turistica+dei+comuni+-+anno+2015/f750a79c-f048-4f6b-b458-dc145008ea55　二〇一七年三月二八日）
コムーネ・ディ・アッシジ（http://www.assisiaccessibile.it/default_eng.asp　二〇一六年二月五日閲覧）
刺繍用品専門店ＤＭＣイタリア公式サイト（https://www.dmc.com/it/p-dmc-storia.html　二〇二〇年一月二日閲覧）

コラム1　人の道具と神の持ち物——弁才天の持物に注目して

鳥谷武史

日本の寺院では、様々な仏像や仏画に出会うことができる。そこには様々な神仏が祀られており、それらを区別するにあたっては、付随する文書あるいは文献史料がない場合には作品そのものの特徴から、いずれの神仏を表現しているのかを特定する。その際に重要になってくるのが、髪型や体形のほか装束や持物といった要素である。とりわけ、持物については個々の神仏によっておおよその決まりがあり、その特徴を記した儀軌（神仏の特徴を記した文献）にも、それぞれの手に何を執るかが明確に示されている。つまり持物は、神仏の性質を視覚的に表すモノなのである。

ところで、現代でも七福神の一柱としてよく知られる弁才天は、もともと仏教の守護神である。古代に中国大陸から海を渡ってきた時点では、七世紀に成立したとみられる二本あるいは八本の腕を有する像があり（以下それぞれ二臂・八臂とする）、前者は琵琶のような楽器を執り、後者はそれぞれの手に一つずつ持物を執る姿とされている。

二臂の像は、もとより楽器を弾く姿である。現代においても七福神の一人として琵琶を持った姿を目にすることがあるため、そのままのかたちを残しているように見えるが、平安時代以降に描かれてきた絵画を確認してゆくと、楽器そのものが変化していることがわかる。

『大日経』に弁才天の持物として「費拏《ひだ》」と書かれているものは、古代インドでもちいられたヴィーナという弦楽器のことである。しかし、大陸において経典の注釈が進むなかで、「費拏」は「琵琶」となり、明確に琵琶であることが示されるようになる。

したがって、二臂の弁才天は、日本に伝えられた時点において、すでにヴィーナを弾く神ではなく、琵琶を弾く神になっていたのである。このような変化が起きた原因の一つとしては、ヴィーナという楽器そのものが日本へ渡来しなかったことも重要である。たとえば、古代日本に生息していなかった象や虎といった生物は実物とは異なる姿で表されたが、同じことがこのヴィーナから琵琶への変化にもいえよう。つまり、実物が日本になかったからこそ、大陸で生まれたイメージをそのまま踏襲したのである。

大陸から日本にもたらされた初期の弁才天は、楽器の首の部分を持ち上げるように、やや高い角度で構え、立膝で座すという姿であった。

楽器としての琵琶について、平安時代の日本においては、二系統が存在した。宮中での雅楽を中心に用いられる楽琵琶《がくびわ》と、琵琶法師が寺院や市中での世俗的な曲に用いた盲僧琵琶《もうそうびわ》である。楽琵琶については、俗体の人物が右手で琵琶を抱え、水平もしくは斜め下へ向けた首を左手で支えて構える。他方、琵琶法師は、首を斜め上に持ち上げるような構えで盲僧琵琶を弾じている。*1 これら二系統の琵琶は、演目のみならず、楽器や奏法も異なっていたであろうことが文献や絵画から推測される。

また、平安時代末期、貴族のあいだで楽琵琶が発展し、琵琶の秘曲を伝えることを目的とした秘曲伝授《ひきょくでんじゅ》の儀式が行われるようになる。仏堂において仏教儀礼の形式を踏襲したものと考えられており、その際に本尊とされたのが、琵琶を持物とする弁才天（図1）であった。

そうした秘曲伝授の本尊に用いられたと思しき弁才天像としては、文永三年（一二六六）に鶴岡八幡宮の舞楽院（ぶがくいん）に安置されたとみられる彫刻像や、奈良県岡寺などに所蔵される絵画像があげられる。これらの弁才天像は共通して、琵琶の首を真横もしくは下方へ下げるようなかたちで構えており、膝を立てずに座す姿になっている。すなわち、秘曲伝授の場において本尊とされた弁才天は、大陸よりもたらされた当初の姿から変化が生じていたのである。

このような変化は、日本で用いられていた琵琶の奏法や楽器が、弁才天の姿に影響を及ぼしたと推測することができよう。すなわち、琵琶の秘曲伝授の本尊とするにあたって、異国風である姿や楽器を、当時の日本の人びとが弾ずる奏法や楽器に近いかたちに作り変えたのである。

一方、奈良時代に大陸より日本へもたらされた八臂の弁才天は、それぞれの手に弓・矢・刀・鉾・斧・長杵・鉄輪・羂索といった持物を執っている。大陸から渡来した経典そのままの姿を日本でも受容したことは、二臂の弁才天と共通している。

図1　琵琶を執る二臂弁才天像
（出典：サントリー美術館編『女神たちの日本』（1994）p. 24）

これら当初の持物は、もともと武具として用いられており、軍神としての性格が強かったものと考えられる。しかし現代においては、弁才天は七福神で思い浮かべるような福神として信仰される場合が多い。こうした変化は、日本において起きたも

図2　福徳具を執る八臂弁才天像
（出典：奈良国立博物館編『神仏習合：かみとほとけが織りなす信仰と美』（2007）p. 204）

のである。

中世日本のある史料では、弁才天の持物が鉾・法輪・弓・宝珠《ほうじゅ》・剣・棒・鑰《やく》・矢という組み合わせとされており、刀・斧・鉄輪《てつりん》・羂索《けんさく》が、剣・鑰・法輪・宝珠へと置き換わっている（図2）。この新たに加わった持物について、剣と宝珠は主に幸福と豊かさをもたらし、法輪は仏法を象徴するものである。とりわけ、鑰は書物や食料を納める蔵の鍵をさし、直接的に富をあらわすことから、世俗的な生活用具が神仏の能力を規定する一要素として、持物に加えられたことを示している。また、一六世紀頃より「弁財天」と表記する史料が増えはじめることも、福神的性質の表れとみることができよう。すなわち、軍神から福神への変化は、手に持つモノの置き換えによって表現されてきたのである。

シルクロードを経て日本に受容された弁才天は、持物が様々に変化してきた。二臂の弁才天については、大陸における変化を第一段階、日本における変化を第二段階とするならば、第一段階の変化は、日本にヴィーナというモノがなかったことにより、そのまま修正されることなく享受され、第二段階の変化は、日本に存在するモノの特徴を組み込んだことにより生じたと解釈することができよう。一方、八臂の弁才天はもともと軍神であったが、日本の中世を境に、福神としての性質が強調されるようになった。持物に表された幸福と豊かさをしめすモノは、その変化を象徴する要素である。

弁才天を例に考えてみると、持物の変化がそのイメージ形成に大きな役割をはたしてきたといえよう。人が神をイメージする際に、まず想起するのは人間界のモノであり、必要に応じて置き換えすら行われた。本来持物として描くべきモノを見たことがなかったために、やむをえず既知のモノに代えて描くという、いわば受動的な置き換えがなされる一方で、信仰する神に新たな性質や利益を付加させるために、用途や効能を象徴する持物を持たせ、意図してその姿を変えるという、能動的な置き換えもなされた。そこで神の持物として描かれたのは、その神を信仰する人びとが生活する社会で用いられていたモノであった。神の世界と人の世界は一見隔絶されているようにみえるが、モノを介して繋がってきたのである。

注

1 猪瀬千尋氏は、日本撰述経典および図像を比較し、琵琶の大きさおよび持ち方が変化し、像の正面性が強調される点について指摘している。猪瀬千尋 2011「弁才天を記す基礎文献についての分析――西園寺妙音堂本尊の究明に向けて」『比較人文学年報』8: 67-88。

第二部
モノの蓄積と処理

第4章　蓄積されるモノと聖性のありか
——チベットの宗教実践の事例から

小西賢吾

はじめに

儀礼をはじめとする宗教実践の場には、様々なモノが登場する。それらは、非日常的な時空間の一端を構成し、その場に参与する人びとの感覚に様々な影響をおよぼす。宗教実践のフィールド調査において、多くの研究者はまずそこで登場するモノを記録し、それがいかなる名称や意味を持っているのかを調べようとする。かつての象徴人類学的な儀礼論は、シンボルとしてのモノが表す意味を出発点としていた。そして、シンボルが人びとの感覚におよぼす影響を捉え、シンボルを用いて儀礼を遂行することが文化・社会の形成といかに連関しているのかが主要な関心になった（竹沢 2007: 175-202）。

一方で、宗教実践に関わる現地の人びとすべてが、必ずしも個々のモノの意味や来歴をつぶさに把握しているわけではない。筆者の関心は、それにもかかわらず、モノが非日常的な場における聖性のよりどころとなるように感じられるのはなぜなのか、という点にある。

本章はチベット、ボン（ポン）教徒の宗教実践において登場するモノに注目し、モノが「聖なる」空間の形成といかに関わっているのかを明らかにする。とくに、モノが宗教実践を通じてやりとりされ、蓄積されることの意義について考えてみたい。

チベットの僧院の内部に足を踏み入れると、モノが壁から柱、天井にいたるあらゆる場所を埋め尽くしていることに気づく。それは、見る者を圧倒するような感覚を引き起こす。筆者のフィールドである中国四川省のチベット社会では、近年の経済成長に伴って物質的な豊かさが飛躍的に増大した。そして、物質中心主義的な価値観とは一見対極にあるような宗教実践の場にも、大量のモノがあふれている。筆者がはじめてフィールドを訪れた二〇〇五年に黒い瓦葺きであった僧院の屋根は、二〇一七年には黄金色へと変わり、堂内にも極彩色の装飾が施されてまばゆいばかりに輝いている。こうした事態を、どのように理解すればいいのだろうか。

チベットの宗教は、膨大なテクストベースの教義と、多様な尊格からなる神がみの体系を大きな特徴とする。教義や儀軌（儀礼の手順）を記述したチベット語文語は難解であり、文語のリテラシーを持つ僧侶たちでさえ、長い時間をかけて習得していく。とはいえ、文語をほとんど解さない大多数の人びともまた、日々の生活の中で礼拝や諸儀礼に積極的に参与している。そこで人びとを惹きつけ結びつける要素として、モノの存在を位置づけることができる。宗教実践の場におけるモノに着目することで、教義や図像にかかわる知見の蓄積と、人びとがモノとともに経験していることのギャップをいかに埋めるのかが、本章のねらいの一つである。

1　あふれかえるモノをとらえる視座

1−1　仏教徒の実践とモノ

本章でとりあげるボン教は、七世紀のチベットへの仏教伝来以前からの流れをくむ宗教である。*1 一一世紀以降は仏教との相互影響の中で継承されてきた。ボン教徒が日常的な実践で使用するモノには仏教と共通する意匠も多く用いられているため、仏教徒の実践とモノに関する基礎的な論点をおさえることが、議論を準備するために有効だと考えられる。

「仏教徒であること」の根幹をなしているのが、三宝（チベット語：コンチョク・スム）への帰依である。現代のボン教徒にとっても、三宝への帰依は重視される。「ボン」ということばは多様な意味を持っているが、この文脈では仏教の法（ダルマ、チベット語：チュー）と同一視される。

仏教にまつわるモノは、第一に帰依の対象として、位置づけられてきた。チベット語では、帰依の対象である法（ボン）は、ブッダの身口意（身体・ことば・心）をあらわすクテン、スンテン、トゥクテンに分けられている。クテンはブッダの身体をあらわす図像、すなわち仏像や仏画であり、スンテンはブッダのことばがおさめられた聖典、トゥクテンはブッダの心がこめられた仏塔を指す。インドの仏教徒の間では二世紀ごろまで礼拝の対象としての仏像は制作されず、仏舎利をおさめた塔が主な礼拝の対象であった（佐和 1968）。時代が下り、教義が複雑化するにつれて、実在の人物としての釈尊の象徴にとどまらない多様なモノが出現してきた。こうした帰依の対象としてのモノは、規模の大小にかかわらず、宗教実践の場の中核として欠かすことができない。

その一方で、宗教実践にかかわるモノは必ずしもその場に固定されているわけではなく、人びとのやりとりを通じて移動したり蓄積したりする流動的な側面をもっている。儀礼の場に人びとはモノを持参し、逆にモノを受け取る。この一連の過程がどのように解釈されるのかは、教義や現地の社会的文脈に依存している。

文化人類学的な仏教徒研究では、仏教に関わるモノが出家者の共同体（サンガ）と在家信者を媒介することが注目されてきた。仏像や経典、仏塔といったモノを僧院に贈与、いわゆる寄進や布施することは、在家信者にとっての善行であり、功徳を積む行為であるとみなされる。こうした行為を通じた積徳は、究極的には輪廻からの解脱、実践レベルでは現世と来世の幸福につながるという論理が共有されている。*2

仏教に関わるモノの生産と流通は、こうした善行と積徳の文脈から理解することができる。たとえば、長谷川（2015）は、ミャンマーに移住した華僑が本国の寺院に仏像を寄進し、トランスナショナルな仏教徒ネットワークをつなぐ事例をとりあげている。こうした積徳を軸とする実践は、個人の救済のみならず、地域社会の構造とも連関しているとされてきた。すなわち、僧院へどれだけ財を贈与するかは、僧院をとりまく在家コミュニティにおける地位の問題と関連するとされてきた。

同じように、ネパール東部のシェルパ社会における僧院の建設と社会変容を扱ったオートナー（Ortner 1989）は、経済的な富を得た人びとが僧院のパトロンになることで社会的威信を獲得していくプロセスを描いている。また、本章と調査地域を同じくするシュレンプ（Schrempf 2000）は、儀礼を僧院と世俗社会の関係の軸と位置づけ、どれだけ寄進を行うかが人びとの村落における地位と連関していることを論じている。

これに対して、近年の人類学的なモノ研究は、モノをたんなる社会関係の反映や、文化的意味が書き込まれた記号と捉える還元主義を超えた視点や研究方法を模索してきた（床呂 2018: 270）。モノのやりとりを善行と積徳のロジックから捉え、そこに社会関係の構築を見いだす視点からこぼれおちるものは何だろうか。本章は、儀礼の空間に「モノが大量にあること」から出発し、それがどのように蓄積され、どのように人びとを動かしていくのかに着目することで、モノと聖性との関係を明らかにしようとする試みである。

写真1　堂内を埋め尽くすクンリの供物（筆者撮影・中国、四川省松潘県・2009年）

1-2　モノの蓄積

宗教実践にかかわるモノが実際に安置されている場に目を向けると、モノ自体の存在が、「宗教的な」空間の形成に大きく寄与していることがわかる。僧堂内外の装飾は仏教用語で荘厳《しょうごん》とよばれる。荘厳は、もともと仏国土や仏の説法の場所を美しく飾ること、また仏・菩薩が福徳・智慧などによって身を飾ることを意味し、転じて仏像や寺院の内外を飾ることを意味するようになった（中村ほか編 2004: 521）。

儀礼が行われる際には、もともとの装飾に固有の供物や道具が加わり、堂内はまさにモノで埋め尽くされた状態になる。たとえば、ボン教の死者追善儀礼の一つである「クンリ」の際には、多様な供物で足の踏み場もないような状態が現出する。

こうしたモノのすべての「意味」を現場で把握することは困難を極める。個々のモノの名称や意味について、儀礼の担い手である僧侶に問いかけると、多くの場合はその儀礼の基盤となる教義テクストを読むように薦められる。また、帰依の対象や儀礼に用いるモノについては、図像学的な研究にもとづく成果が多く出版されているため、こうした書物を参考にすることも多い。*3 これらの知

写真２　尊格をかたどった供物ツァツァ
（筆者撮影・中国、四川省松潘県・2009年）

見を援用することは、モノをシンボルとして捉え、その意味からチベットの宗教世界を描こうとするベクトルをもっている。

こうした「シンボルとしてのモノ」を探求する方向について考えさせられる事例にフィールドで遭遇した。儀礼に用いるモノの正しい名称や意味を、それにふれる人びとが必ずしも知っているわけではない、という事例である。以下にエピソードを紹介しよう。

インフォーマントであるワンジェ（五〇代男性）の家での一場面。村はずれに建設中のチョルテンに納めるために、粘土を型に入れて固めて作るツァツァと呼ばれる像を家族皆が準備している。これは世帯ごとに作成するもので、すでに二〇〇〇個以上が段ボール箱に入れて保管してある。型は村内に所有している世帯があり、そこから借りてくる。ところが、この像に彫られているのは何?と尋ねると、ワンジェの娘ドマは、「わからない。何だったっけ……」といい、その他の家族も知らない様子である。

そこでワンジェの母であるランツォに聞いてみることにした。ランツォは僧院の巡拝を毎朝欠かさず、家の中でも信仰心が篤いと思われている。しかしランツォも思い出せないようであり、筆者が思いつきで様々な尊格の名を口に出していくと、思い出したように「そう、ナムバル・ジェルワだよ！」と答えた。他の家族も彼女のことばに同意したようだ。

筆者もノートにナムバル・ジェルワと書いたが、後で念のため、ワンジェの弟で僧侶のトンドゥに確認したと

ころ、ナムバル・ジェルワではなく、シェーラプ・ギェンツェンとチャンマであった。(中国四川省松潘県、二〇〇九年八月九日)

これは、筆者が二〇〇五年以来調査を続けている中国四川省松潘県S村で、二〇〇九年に建設されたチョルテン(供養塔)の中に納める供物を準備する一場面である。チョルテンの建設は、一九八〇年代以来の宗教復興の中で重要な位置づけを持つ一大事業であった。この建設については別稿(小西 2015b)で詳しく扱ったが、まさにモノを塔の内部に大量に投入することがチョルテンの「村を守る」とされる力と密接に結びついている。この事例は、宗教にかかわるモノが必ずしも「正しく」把握されていなくても、モノが人びとをつなぎ、動かしていることを示唆している。

以下では、調査地のボン教僧院が一九八〇年代以降に再建された過程をモノの動きを軸にして記述し、人びとがモノを僧院に持ち寄ることがどのような効果をもたらすのかを考えていきたい。

2 モノからみる宗教復興

2−1 調査対象の概要

チベット高原の大部分は、一九四九年の中華人民共和国建国以来、中国政府の直接統治下に入った。社会主義的近代化は、従来の社会構造や生活様式、特に宗教実践を軸とする生活に大きな変革を迫った。一九五九年のチベット自治区設立にいたる混乱の中で、多くのチベット人がヒマラヤ山脈を越えてインドやネパールへと逃れ、世界中に拡散した。そして、チベットの社会は、中国領となったいわゆるチベット本土と、チベット高原の外側の難民社会に大きく二分されることになった。

一九五〇年代以降の中国では宗教活動が徐々に制限を受け、とくに一九六六年から七六年の文化大革命を中心とする時期には宗教活動が公的領域から消滅した。この時期に破壊された僧院は、改革開放後の一九八〇年代以降に再建され、政府の管理を受けながらもその活動を存続している。そして、一九九〇年代以降の急速な経済成長は、人びとの暮らしや僧院の経済的基盤にも大きな影響を与えてきた。

本章の主要な調査地は、チベット高原東部、シャルコク地方(四川省松潘県)のS僧院であり、以下の記述は、筆者が二〇〇五年から二〇一七年にかけての延べ一八ヶ月の調査を通じて得られた資料にもとづいている。S僧院は一二六八年に創建されたボン教の僧院であり、約八〇名(二〇一七年時点)の僧侶を擁する。僧院の周囲には、S村をはじめとしていくつかの集落(デワ)が存在する。集落は総称してラデ(神・村)と呼ばれ、一九四〇年代以前はラデと僧院からなるショカが地域共同体の単位であった。シャルコクにはかつてショカが六つ存在し、それぞれのショカを治める世襲の領主ゴワ(頭人)がいた。シャルコクの人びとは、交易の仲介者としての役割を担い、キャラバンを組織するゴワのもとには莫大な富が集まっていたといわれる。

ラデは隣接する僧院に僧侶を輩出し、モノや金銭の寄進を通じて僧院を経済的にも支えてきた。世俗の人びとによる寄進は、仏教用語で布施と呼ばれ、布施をする人びとはジンダ(施主)とよばれる。布施は積徳につながる善行であるとされ、布施を受けた僧侶達は、儀礼などの実践を通じて、人びとの現世と来世の利益に貢献するということでそれに応えるという関係が構築されてきた。

人びとが僧院を支えるという構図がもっとも鮮明にあらわれるのが、僧院の改築や再建である。一二六八年に創建されたS僧院は、二〇世紀初頭までに五回にわたり戦乱や災害によって破壊されたが、そのたびに人びとの手によって再建されたことが伝わっている(Tshul khrim dpal 'byor 2006)。一九五〇年代以前は、僧院長の選出をはじめ、僧院の運営にはゴワが大きな影響力を持っていた。それは、富を所有するゴワが僧院の最大のパトロンであったことと密接に関係している。

ところが、一九四九年の中華人民共和国成立後、ゴワは社会主義的近代化の中で急速にその力を失い、世俗の政治権力はパトロンから宗教の管理者へと変質した。一九五〇年代後半から七〇年代にかけての混乱期において僧院は破壊され、僧院の中心でなる集会堂（ドゥカン）は解体され、その木材は近くの町に運ばれて、映画館に転用された。文化大革命終結後、一九七〇年代末からはじまった改革開放によって宗教復興の機運が高まったが、それは僧院をほぼゼロから作り直すことを意味していた。

2-2　モノの集積過程としての宗教復興

僧院の再建は、それに必要なモノを集め、組織していく過程と捉えることができる。一九八〇年代初頭、S僧院の活動は空き地に建てられたテントから再開した。そこには、まず儀礼を行うために最小限の道具や、経典類が持ち寄られた。こうしたモノの多くは、文化大革命の最中に様々な場所に隠されていた。当時を知る僧侶達は、時にそれらを地中に埋蔵して隠していた、と回想していた。

僧院にとってもっとも重要なモノの一つは、毎年チベット暦二月に行われる大規模な儀礼「マティ・ドゥチェン」に登場する宗教舞踊「チャム」の仮面である。S僧院では演目にあわせて、約三〇種類が存在する。一九五〇年代以前に使用されていた仮面は、破壊をまぬがれて隠され、儀礼の再開とともに再び使用されることになった。その後仮面は新調されたが、以前使われていた仮面は僧院のドゥプカンと呼ばれる堂に安置されている。ドゥプカンは、僧院の中で最も神聖な場所であるとされ、僧院を守護する護法尊が祀られる。限られた者以外の立ち入りが禁じられ、撮影も一切許可されない。大規模な儀礼の際には複数のベテラン僧侶がここに籠もり、儀礼の場全体を守護するために経典を読誦する。古い仮面は、ドゥプカンの天井近くの梁に掲げられ、堂内を睥睨するような印象を受ける。この仮面に僧侶達は畏怖の念を抱いていることを語っている。チャムは単なる舞踊ではなく、密教儀礼を通じて様々な尊格が顕現する場とされるため、それに用いられるモノも聖なる存在と結びつけて捉えられる。

仮面とともに、かつての僧院長の遺骨も僧院に持ち寄られた。特に、二人の遺骨がそれぞれクドゥンと呼ばれる小型の塔の中に納められて、最も大きな集会堂の中に安置されている。そのうち第一五代僧院長のアンガ・テンパツルティム（一八四七〜一九三二）は、S僧院を現在の場所に移設し、強力な神通力を持っていたと伝わる人物である。また、もう一方の第一七代僧院長テンジン・ロドゥ・ジャムツォ（一八八九〜一九七五）は中央チベットのメンリ僧院で研鑽を積み、一九四〇年代から一九五〇年代にかけて本格的な学堂を設立して多くの弟子を育て、文革中に逝去した人物である。二人のクドゥンは、年々装飾が追加されていく僧院の中でも変わらない姿で安置されている。仮面や遺骨といった、僧院の歴史に関わるモノが、宗教実践の場の中核として位置づけられ、ここを中心に様々なモノが集まってくることになる。

こうしたモノを納める外郭となる僧院の建物を再建するためには、資材となる大型の木材を集めることが不可欠であった。まず、ラデの村長たちの働きかけによって、集団生産体制下において公社の倉庫として使用されていた建物を解体し、木材が提供された。これに僧侶達が自ら切り出してきた木材を加えて、僧院の中心となる集会堂を一九八五年ごろに再建することができたのである。

一九八〇年代当初は、僧院の再建や運営に必要な資金を集めることは容易ではなかった。当時の様子を知る者は、僧院長自らがシャルコクの北に位置するゾルゲやアバなどの草原に住む牧畜民のもとを訪れてバターや羊毛を分けてもらい、町で換金して僧院の運営に当てていたと述懐する。これは当時の経済状況をうかがい知ることができるエピソードであるが、一九五〇年代以前も僧院に十分な寄進ができたのはゴワや一部の裕福な地主に限られていたといわれる。一九八七年にパンチェンラマ一〇世が提唱した「以寺養寺」は、僧院が寄進に頼らず自給自足できることを目指した指針であったが、実際には一九九〇年代末以降、ラデをはじめとする僧院周辺の地域社会が経済発展を遂げることで、僧院の活動が活性化するケースが見られるようになる。

シャルコク地方の経済成長の引き金になったのは、隣接する九寨溝と黄龍の自然保護区が一九九二年にユネスコ世界自然遺産に登録されたことである。これを機に周辺地域では観光地化が進み、中国国内有数の観光地へと変貌した。並行して、二一世紀初頭から本格的に展開した西部大開発は、インフラ整備を中心とする公共事業の増加によって雇用と現金収入の機会をもたらし、急速な経済成長へとつながった。二〇〇三年に開港した九寨黄龍空港はこの代表例である。多額の現金収入を得ることになった世俗の人びとは、そのかなりの部分を宗教実践に投入することになった。

人びとを介して僧院に流入した富は、僧院の施設の拡充を促した。一九八〇年代当初は集会堂のみだった僧院は、二〇〇〇年代前半に入り、ドゥプカンやニェルカン（僧院の管理委員会が入る建物）、人びとが僧院を巡拝するための屋根付きの回廊、その周囲の僧侶が住む僧坊などが徐々に加わり、一九五〇年代当時の姿を取り戻しつつあった。これらに加え、一から新築される建物も見られるようになった。

たとえば、僧侶教育のための施設が集会堂背後の丘に建設された。講堂や瞑想のための施設、学僧の居室などを含んだ建物の集合体が出現し、僧院をめぐる景観は重厚さを増した。後にこれらの施設は集会堂の隣にも移設された。また、二〇〇五年に建設されたナムバル・ジェルワ堂にはボン教の祖師シェンラプ・ミボの化身の一つである尊格ナムバル・ジェルワを中心におびただしい数の尊格が祀られている。また、僧院に隣接する村々には巨大なチョルテン（供養塔）が建設され、人びとからは多くの供物が持ち寄られた。

こうした中で、僧院の中心となる集会堂の増改築の機運が高まり、二〇一二年ごろから、一度再建された建物を解体する作業がはじまった。内部に安置されていたモノを一時的に別の場所へと移した後、数年をかけて大改装が行われ、その装飾は質量ともに大幅に増加した。二〇一七年八月二九日から二日間にわたり行われた完成記念の儀礼は、S僧院の復興が完成し、新たな段階へとはいったことを内外に示す節目でもあった。この儀礼については次節で詳しくとりあげる。

以上をまとめると、一九八〇年代からの宗教復興は、宗教実践に関わる建物から仏像にいたる大小のモノが一貫して増加し、蓄積していった過程だとみることができる。以下では、よりミクロな宗教実践の場におけるモノの配置や使用から、モノの蓄積と聖性の関わりについて論じていきたい。

3　モノからみる儀礼の過程

3―1　儀礼実践におけるモノ

僧院の建物には、わずかな明かり取りの窓が設けられているのみで、中は昼間でも薄暗い。そこに一歩足を踏み入れると、様々なモノで埋め尽くされていることに気づかされる。近年では蛍光灯が設置されていることも珍しくないが、バターランプのほのかな明かりに浮かび上がる仏像や供物などの色彩は、見る者になにか日常とは異なった場にきたことを感じさせる。

宗教実践に関わる多様なモノについて、ここではモノの意味が共有されている範囲という視点から二つのカテゴリーを考えてみたい。一つは、儀礼の専門家や職能者、主に僧侶によって作成されるモノである。こうしたモノの作り方や意味は一部の人びとにしか共有されず、僧侶の中でも修行の段階によって差がみられる。個々の儀礼にはテクストに則った固有の手順があり、それに従って準備が行われる。テクストによっては、灌頂を受けた上での伝授や、理解に高度な知識が必要な場合があり、すべての僧侶がそれを理解できるわけではない。

このカテゴリーでは、たとえば密教儀礼の際に作成されるマンダラを挙げることができる。マンダラは、基本的に儀礼の本尊となる尊格に対応して多くのバリエーションがあり、その都度、彩色した砂を用いて作られ、儀礼が終わると破壊される。また、ツァンパとバターなどを練って作られるトルマと呼ばれる供物も、その形状や色などに詳細な規定がある。トルマは、事前に祭壇に並べられ、儀礼の進行とともに屋外に投げ捨てられる。この行為は動物や悪鬼などをふくむ衆生に施すために行うこととして説明される。フィールドワークの中でこうしたモノの意味を問うたとしても、簡潔な答えが返ってくることはまれであり、原典テクストを参照するようにアドバイスされることが少なくない。

もう一つのカテゴリーは、宗教実践にかかわるすべての人びとが実際に触れ、使用するモノである。儀礼を遂行する上では周縁的な存在であることが多いが、時に大量にやりとりされ、見た目に大きな存在感を発揮する。たとえば、最も基本的な供物「カタ」は、白く細長い絹布であり[*4]、チベット系の人びとが暮らす地域では、宗教用品を扱う店で簡単に手に入れることができる。カタは相手に敬意や歓迎の意を示すためにやりとりされる。もっとも一般的には、両手で捧げ持って目の前の相手の首にかける、というように使用する。高僧との謁見の場合には、高僧がカタを両手でうけとり、捧げた者の首にかけ直すという流れになる。このプロセスを通じて、相手との「つながり」がモノを介して実感される。カタを捧げる行為は、神仏に対しても行われる。そのため、しばしば仏像の前や聖地にも捧げられ、その場に蓄積していく。僧院に世俗の人びとが参詣する機会には、仏像などの前にうずたかく積まれたカタの山が出現する。

高僧と謁見する場合には、カタとともにシュンドゥ（守り紐）と呼ばれる紐が授与されることが多い。色は赤が多く、首に結びつけたあとに結び目に息を吹きかける。これもまた、つながりを視覚と触覚を通じて実感できるモノである。授与されたシュンドゥはできるだけ外さない方がよいとされる。そのため、シュンドゥは首や腕に蓄積していく。汚れて色が黒ずんでも身につけ続ける者も多い。

大規模な儀礼は、上で述べた二つのカテゴリーのモノによって支えられている。僧侶達は堂内で多様なモノを作成し、所定の方法に従って取り扱う。それに対して、堂外では多様なモノのやりとりをみることができる。多様な供物が僧院にもたらされるとともに、それに対して僧院からモノが人びとに授与される。S僧院で行われる大規模な儀礼、とくにチベット暦二月に行われる「マティ・ドゥチェン」では、寄進の額に応じてウドゥ(宝傘)やギェンツェン(勝幢)と呼ばれる絹布製の吹き流し状のカラフルな装飾品が授与される。いずれもボン教やチベット仏教で聖なるシンボルとされる。こうしたモノは、人びとが自宅に持ち帰り、儀礼を行う部屋であるチュカンの天井からつり下げておく。

また、本尊に捧げられる供物のうち、ツァンパとバターで作られたツォクと呼ばれる供物は儀礼の後「おさがり」として分け与えられる。数百人の参列者全員に行き渡るだけの量はないので、手に入るだけでも幸運であるといわれる。作成後一週間以上が経過したツォクからは饐《す》えたにおいがただようが、これを筆者に分けてくれた僧侶によると「味は気にせず少量でも一気に飲み込むとよい」という。

「マティ・ドゥチェン」では、二週間にわたる儀礼の最後に、丸薬が授与される。この直径五ミリメートルほどの丸薬は、儀礼の名称でありボン教の代表的なマントラの一部でもある「マティ」と呼ばれ、複数のチベット薬を調合して作られている。赤と青の二色があり、それぞれボン教の尊格シェンラプ・ミボとチャンマを象徴するとされる。ただ、その効力は薬効成分によって保障されるわけではない。マティは、儀礼の中心となるマンダラ「マティ・リンチェンジョンメー・キンコル」とともに堂内の厨子の中に納められ、そこから五色の糸が居並ぶ僧侶達の手元に伸びる。約二週間の儀礼を通じて延べ数万回のマントラを唱える僧侶達とこの丸薬はまさに物理的につながった状態にあり、その成果としてマティは効力を獲得するとされる。すでに西洋医療が浸透したシャルコクにおいて、マティは命の危機に瀕した時に効果を信じて飲むモノという宗教的な意味を色濃く帯びて人びとに受け入れられており、それを手に入れようと長蛇の列ができる。

人びとが僧院に贈与するモノは、先述したように善行としての「布施」の論理に組み込まれている。それに対して、僧院から授与されるモノから人びとは「チンラプ」を得ることができると考えられている。チンラプは「加持」や「加持力」と訳されることが多いが、聖なるモノや場所、人物などとの接触を通じて伝達されるある種の力だと受け止められている。たとえば、聖地を訪れることはその場所にあるチンラプを得ることができると考えられている（村上 2021）。また、高僧に頭を触れてもらうなどの身体的接触や、先述したようにカタやシュンドゥを授与されること、またツォクやマティといったモノを通じて、チンラプは伝達される。チンラプは、善行や功徳といった行為ベースの概念に対して、モノ自体が持つ性質にフォーカスした概念であるといえる。

3-2　蓄積されるモノと儀礼の過程

ここでは、二〇一七年八月に行われたS僧院集会堂の完成記念儀礼[*5]の過程をモノのやりとりに焦点を当てて記述し、それが場の非日常性の生成といかに関わっているのかを考察する。

完成記念儀礼は二日間にわたり、いずれも集会堂を中心に行われる。一日目はS僧院とラデの人びとのみが参加し、二日目は他地域の僧侶や政府の幹部などが参加する大規模な式典がある。集会堂の前にはチャムなどにも使用される広場があり、ここに絨毯や椅子などが配置されて式典が行われる。参列する人びとの多くはラデの出身者であるが、普段は成都などの都市部で暮らしている者も含まれている。広場の周囲にはテントが立てられ、参列者からの寄進の受け付けや、飲食の提供などが行われる。行事全体の運営は、管理担当の僧侶と、有力な施主達によって行われる。供物の準備や読経などは専ら僧侶たちが執り行い、寄進されたモノは儀礼の場に蓄積される。

一日目の朝九時ごろから、施主である人びとは僧院に集まり、寄進の受け付けが始まる。人びとが持ち寄る現金は、カタに包まれて授受される。その場で金額を数え、帳簿に氏名とともに記入する。当日持参されるモノで目立つのは、儀礼などに用いられる大型の法具である。たとえば、高さ一メートル以上ある金属製の立体マンダラの枠や、木製で蓋と足のついた豪華なバターランプ、小型の金属製仏像、装飾の施された椀、儀礼用のラッパなどがカタをかけられてテントの脇に並ぶ。このほかに代表的なのは茶葉である。茶葉の寄進は、儀礼期間中の僧侶の飲料を提供する意味がある。チベット地域では発酵茶を固めた団茶を煮出して飲むことが多い。市販されている紙パッケージのほか、伝統的な竹製の籠も見られる。人びとがテントの周りに列をなすのと並行して、その場のモノもまた増加していく。

テントの後方には、寄進への返礼として授与される様々な記念品が段ボール箱に詰められて雑然と置かれている。寄進の受け付けが終わった者は、僧侶からカタを首にかけてもらい、記念品を受け取る。中でも、新しい集会堂の写真が金色の背景とともにプリントされたタテ約三〇センチ、ヨコ約四〇センチの木製のプレートはずしりと重みがある。さらに、新たに編集・出版された僧院の年代記の冊子*6、小袋に入った粉末のチベット薬、僧院長の顔写真が入ったストラップが、僧院の名称が印字された不織布製の袋にセットされて配布される。チベット語と漢語で併記された寄進の証明書には、チベット語ではショレン（'byor lan　領収証）と書かれているが、漢語では「功徳証書」と書かれており、寄進が功徳を生み出すというロジックが端的に表われている。

記念品を受け取った人びとは、別のテントに移動して待機する。ここでは飲料水やゴツェ（食紅と干しナツメで赤色が配された蒸しパン）とカプセ（揚げ菓子）、果物などの軽食が提供される。給仕は若い僧侶が担当し、僧院が施主をもてなす、という構図をみることができる。

一一時頃、人びとは一度僧院の入り口に集合し、僧侶に続いて列をなして集会堂へと向かう。僧侶たちは、それぞれ寄進されたモノを手に抱えている。施主たちは、手に記念の木製プレートを掲げながら順に進む。モノを基準においてみると、儀礼でやりとりされるモノがここで集会堂にすべて集まることになる。

集会堂では、僧侶が読経する中、人びとがカタを手に捧げ持って巡拝する。僧侶の座席を取り囲むように回廊状の通路が設けられている。チベットの僧院では、僧侶は本尊の像に相対するのではなく横を向くように着座する。僧院長とロポンが座る二つの宝座は、本尊を背にして並ぶ。[*7] その両側を挟み込むように、かつての僧院長の遺骨をおさめた二つのクドゥンが安置される。改装後のきらびやかな装飾の中で、古びた外見を持つクドゥンは異彩を放ち、見る者に特別なモノであるという印象を与える。

ボン教徒の巡拝方向は、仏教徒と反対の反時計回りである。入り口から僧侶達を左手に見て進んでいくと、壁際にならんだ尊格の像を目にする。とくに目立つのは、正面（内陣）に配置された本尊シェンラプ・ミボをはじめとする五体の像である。その周囲には、ボン教の大蔵経であるカ・カテンの膨大なテクストが納められている。また、正面に向かって両側の壁沿いにはそれぞれ八体、入口側の壁にはそれぞれ一体、計一八体の大型の像が配置されている。これ以外にも壁には多くの小型の像がはめこまれており、その数は少なくとも二〇〇体以上にのぼる。目を上に向けると、シェンラプ・ミボの生涯を描いた一二枚の壁画や、天井までくまなく描き込まれた装飾が目に入る。大型の像の前には、その尊格の名称と寄進者の名前がチベット文字で併記されたプラスチック製のプレートが置かれている。巡拝する人びとは装飾の豪華さと膨大な数の像、また寄進者を示すディスプレイを目にしながら進んでいくことになる。この日寄進されたモノは、正面中央に位置するシェンラプ・ミボの像の前に集積されており、人びとが捧げたカタがうずたかく積み上がっている。巡拝を終えた人びとは、集会堂の前に集合し、ロポンから感謝の意を込めた講話を聞いた後に解散する。

人びとが寄進するモノは、カタをはじめとして近隣の「宗教用品」を看板に掲げる店で容易に入手することができる。一方で、大型の仏像や絢爛な装飾を施した高級品は、都市で購入することもある。[*8] たとえば四川省の省都成都市のチベット人街にはネパールからの輸入品をはじめとする高級品を扱う店が複数あり、チベット高原各地から買い求めに訪れる客がみられる。

僧院に寄進されたモノの総額を正確に現金換算することは困難であるが、通時的にみるとそれらは質・量ともに増加している。一九五〇年代以前の僧院を知る老僧は、かつては僧院の儀礼に十分な寄進をすることができたのは地主や領主など、一部の世帯に限られると語っていた。ラデのほとんどの世帯が現金やモノの寄進を行うことができるようになったのは、経済成長が進んだ二〇〇〇年前後以降のことである。

経済成長に伴う変化は、儀礼とは一見関係のない部分でもみることができる。八月二九日の午後、僧侶達が乗用車にカタやカラフルな布を用いて装飾を施していた。これは、翌日の主賓である高僧、アク・ティメーを迎えるために使用される。筆者が記録している限り、アク・ティメーが前回S僧院の儀礼に参加したのは二〇〇六年に行われたゲシェー学位の授与式であるが、このときにはフォルクスワーゲンの普通車で送迎が行われた。これは当時の現地では高級車に属していたが、それから一一年が経過した今回はレクサスのRV車が使用された。価格は一四〇万元（当時のレートで約二〇〇〇万円）前後するといわれ、ホテル経営で財をなした僧院関係者の持ち物だという。[9] [10]

八月三〇日の儀礼は、僧侶たちが村の入り口で外部からの来客を出迎えるところからはじまる。来客はシャルコクをはじめとする他のボン教僧院の僧院長や政府関係者など多岐にわたっている。レクサスをはじめ、高級車が列を成す光景は、僧院が富の集積される場所であることを改めて示唆している。この日は、特別に披露されるチャムの衣装を着た若い僧侶をはじめ、すべての僧侶が整列して車列を迎え、降りてきた人びとの首にカタをかける。

前日の儀礼が、隣接する集落の人びとを中心に行われてきたのに対して、この日は外部の人びとに向けて完成が披露されることに特徴がある。堂内での儀礼よりも、来賓によるスピーチや記念撮影などの式典的要素に多くの時間が割かれている。その中でのハイライトは、僧院再建の功労者が顕彰される場面である。貢献があった僧侶や俗人が選ばれ、僧院から約一メートル四方の大きな額に入れられたシェンラプ・ミボのタンカが授与される。

最後に、集会堂で僧侶たちが読経を行う中、儀礼に参列した人びと全員が再び内陣を巡拝する。人びとはカタだけではなく、手に現金の束を持って進む。多くが一〇元（二〇二四年現在のレートで約二一〇円）札の新札で、居並

写真3　僧院の応接室に掲げられた様々な額（筆者撮影・中国、四川省松潘県・2017年）

ぶ一〇〇人以上の僧侶一人一人に手渡していく。現金の一部はカタとともに祭壇の前にも置かれ、そこには前日から引き続いてうずたかいカタの山が出現する。

以上で見てきたように、大規模な儀礼は大量のモノがやりとりされる場として捉えることができる。寄進された多くのモノや現金は、誰もの目にとまるような形でディスプレイされ、儀礼の場の構築に寄与している。その中には本来儀礼の遂行とは関係のないモノも少なからず含まれるが、それらが質・量ともに圧倒的な規模で存在していることそのものが儀礼の場の非日常性に寄与していると考えられる。

3-3　儀礼のあとのモノ

儀礼の遂行のために用いられるモノ、とくに供物は儀礼が終わると廃棄される。歓待のための食物も同様である。それに対して、僧院に寄進されたモノや、人びとに授与されたモノは残り、特定の場所に蓄積していく。

たとえば、もっともやりとりが多いカタは、たいていの家にストックがある。改まった場には新品を用いるが、日常的な挨拶に使用する場合は、使い古しでも人びとはそこまで気にすることはない。

宗教実践にかかわるモノが蓄積されているのが、各世帯にかならず設けられているチュカンである。チュカンは、仏間に相当する部屋で、毎日の礼拝や僧侶を招いての儀礼などが行われる場である。壁や天井には僧院と同じような極彩色の装飾がなされているが、費用がかかるので家の新築当初は白木が剥き出しになっており、徐々に塗装をしていくことが多い。毎朝取り替えられるバターランプや水などに加えて、僧院から授与されるモノや、高僧の写真、仏像などが安置される。こうした側面から、チュカンはその世帯が関与する宗教実践とともに成長していく場だと捉えることができる。

毎年の年中儀礼に際して僧院から授与されるギェンツェンやウドゥは、天井から吊しておく。そのため、この数が多いと、毎年僧院に寄附をしている世帯であることをうかがい知ることができる。この他にも僧院から授与されたモノはかならずチュカンに収められる。落慶法要の記念品も例外ではない。長年のインフォーマントである僧侶トンドゥの自宅のチュカンには、授与されたばかりのシェンラプ・ミボの額装タンカが掲げられていた。

筆者は調査者として様々な世帯のチュカンを目にする機会があったが、本来チュカンはプライベートな空間で、客間とは離れた場所にある。そのため、僧侶を除いては家族以外の者が出入りすることはほとんどない。したがって、チュカンに蓄積されるモノは、他人の目に触れたり儀礼に使われることはほぼないといってよい。僧院に蓄積されるモノが、多くの人の目に触れることで聖性を発揮するのとは対照的に、ここでは個人的な祈りの空間が構築されていく過程をみることができる。共通しているのは、モノの個別性よりも「大量に集積していること」が大きな意味を持つようになることである。

僧院の事務を司る管理委員会の部屋でも似たような現象をみることができる。部屋の壁には、政府から交付された「宗教活動拠点」認定証をはじめ、おびただしい数の記念プレートや額が賭けられている。集会堂の落慶法要の際に授与された木製のプレートは、その片隅に安置されるが、空間を構成する背景の一部になったように見え、他の額と見分けがつきにくい。落慶法要を記念するモノとしての存在感は後退し、僧院の対外的な窓口としての部屋の意匠に取り込まれるのである。

おわりに

本章では、宗教とモノの関わりについて、モノの蓄積という観点から考えてきた。儀礼には様々なモノが必要とされるが、それは大きく二つに区分される。一つは儀礼の遂行に最小限必要なモノである。チベットの宗教においては、それはしばしばテクストベースで定められている。こうしたモノを所定のやり方で作り、配列し、操作することによって儀礼が遂行される。ところが、実際の儀礼、とくに本章でとりあげたような、儀礼の専門家である僧侶以外の多くの人びとが参与する場においては、それに加えて多くのモノがやりとりされる。それが、もう一つのカテゴリーである、儀礼の場に持ち寄られたり、人びとに授与されたりする様々なモノである。こうしたモノの存在がもたらすある種の「過剰さ」が、宗教実践の場における聖性とどのように結びついているのかを、本章では扱ってきたといえる。

宗教実践をめぐるモノのやりとりは、教義や社会的文脈にもとづいて解釈される。僧院とその活動にモノや現金を寄進する行為は、一義的には善行を為し功徳を積むための布施という文脈で理解されていた。布施を行うことは、来世を含む将来のよりよい生活という形での返報を期待する行為である。それに対して、チンラプ（加持）はモノや場所自体に宿る力に焦点を当てた概念であり、儀礼への参与を通じてより即時的な効果を期待することと関係している。

布施として僧院に贈与されるモノと、僧院から人びとが受け取るモノだけを比べると、前者の量が後者を上回る。

これまで論じられてきたように、何をどれだけ僧院に贈与するのかは、施主個人の社会的地位とも連関している。集会堂の中の仏像の前に施主の名前が記されていること、また僧院再建の功労者が大観衆の前で表彰されることなどは、それを如実に物語っている。こうした側面は、僧院と世俗社会間の贈与におけるいわば収支バランスを調整しているとも考えられる。布施や加持といった概念は、世俗社会と僧院の互酬的な関係を構築し支えてきたのである。

本章は、モノが社会関係を構築する側面と、儀礼の場においてモノが聖性を喚起する側面を架橋しようとすることを試みてきた。モノ自体の重みや大きさ、見た目の豪華さ、そしてそれらが大量に蓄積されていることによって、その場に集まった人びとは圧倒されるような感覚を抱く。そこでは、儀礼の教義的な裏付けや、世俗の社会関係よりも、空間の非日常性が共有されていくのである。

一九八〇年代から二〇一〇年代にいたる僧院再建の過程を通じて、僧院にはモノが蓄積され続けてきた。それを後押ししたのは、世俗社会の経済発展に伴って人びとが物質的な豊かさを手にしてきたことであった。こうしたモノの増殖の背景の一つには、儀礼にかかわるモノの商品化による入手の容易さ（岡田 2014: 263-264）を考えることができる。一方、本章が主に焦点を当ててきたのは、市場原理とは異なるところでそもそも宗教実践を成り立たせてきたある種の「過剰さ」であった。儀礼の場には、儀礼の遂行に最小限必要な質・量をともに超えるだけのモノが集まる。

チョウ（Chau 2008）が漢族社会の寺院の事例から論じるように、儀礼の場におけるこうした過剰さは人びとの感覚に直接働きかける。聖性は個々のモノの意味や文脈をこえて、身体を媒介として喚起され、共有される。ケイは同様のプロセスに着目し、モノとモノの連関が発揮するエージェンシーが民間信仰のエコロジーの自己更新を促すと論じる（ケイ 2023: 468）。こうした議論を踏まえると、本章の事例はモノの蓄積によって喚起される聖性が、人びとにさらなる宗教実践への参与、とくにモノの寄進＝布施を促していく過程であったと考えることができる。

こうした布施のインフレーションは、僧院再建を過去の再現にとどまらせることなく、より豪華で過剰な姿に展開していく原動力になったと考えられる。

物質中心主義的な価値観とは一見対極にあるようにみえるチベットの宗教実践の場に、なぜこれほどのモノがあふれているのか。本章はこの素朴な問題意識から出発している。宗教実践をめぐるモノのやりとりを支えるメカニズムは、世俗の人びとがモノを持てば持つほど、それが僧院に贈与され蓄積されることを促していた。これがどれほど一般化可能なのかについては慎重な検討が必要である。少なくとも、シャルコク地方において、二〇世紀中盤の断絶を経て僧院と世俗社会の関係が再構築される過程を支えてきた要素として、人びとがモノを媒介として宗教実践へ参与してきたことを位置づけることができる。そのため、現代中国の急速な経済発展によってもたらされた物質的な豊かさが、宗教施設の豪壮さへと容易に転移したのである。そこには、個別のモノの教義的意味づけを越えて、モノの存在そのものが人びとを突き動かすという営みを見いだすことができる。

注

1 チベットの宗教は、インドから伝来した仏教を大きな軸としながら、多種多様な「土着」の神格や思想などが複雑な相互関係のもとで習合して成立した。現在、体系化された宗派として知られるのはチベット仏教四大宗派（ゲルク派、カギュ派、サキャ派、ニンマ派）であり、これにボン教を加えて五大宗派と呼ばれることもある。ボン教の成立の経緯についてはいまだ研究が進んでいない部分も多い。少なくとも、「ボン」ということばが表す対象として、（1）仏教伝来以前にチベット高原に存在したとされる死者儀礼や占いなどの実践と、（2）一一世紀以降に成立したより体系化されたもの、そして（3）より断片的な土着の実践が区別されている（Kværne 2000）。本章で主に扱う（2）はユンドゥン・ボン（卍ボン、永遠なるボン）と呼ばれる体系であり、チベット仏教諸宗派との相互影響のもとで教義が形成され、遅くとも一五世紀までには出家者の共同体としての僧院が成立した。二一世紀初頭の時点で、中国国内に僧院二一八ヶ所（Karmay and Nagano（eds.）2003）が存在していた。

2　小西（2015a）では、ボン教徒における善行と功徳の概念について概観している。

3　ボン教のタンカ（仏画）については、元旦平措編（2010a）、Bon brgya dge legs lhun grub rgya mtsho et al. eds.（2011）、ボン教のマンダラについてはTenzin Namdak et al. eds.（2000）、ボン教のチョルテン（仏塔）についてはMenyag Geshe Namdak Tsukphu（1998）、元旦平措編（2010b）など、まとまった図録と解説が出版されている。また、博物館の展覧会やコレクションと連動したカタログにも、豊富な図版と解説が収録されている（Kværne 1995; Karmay and Watt（eds.）2007; 長野編 2009など）。

4　近年は化繊製のものも多く、色にもバリエーションがある。

5　この儀礼の全体像とその背景については別項を参照（小西 2019）。写真については小西（2021）にも多く掲載している。

6　もともとTshul khrim dpal 'byor（2006）として出版されていたのを再編集した書物である。

7　僧侶の称号で、ボン教僧院では僧侶教育を統括し僧院のナンバー２としての役割を果たすことが多い。

8　本章では紙幅の関係上扱うことができないが、ネパール製の仏像は高く評価される。その一方で、ボン教のゲシェーがかぶる帽子など、特定のモノは中国側の品質が高いとされ、ネパールにも流通している。

9　アク・ティメーはシャルコクから北に一〇〇キロほど離れたゾルゲに住むボン教の化身ラマであり、広域に影響力を持つラマである。一九八〇年代以来、S僧院の再建を支えてきた人物でもあり、節目となる儀礼にはかならず参加してきた。

10　この詳細については小西（2015b）を参照。

参考文献

〈日本語文献〉

岡田浩樹 2014「複製化し、増殖するブッダ——韓国仏教の物質化、ポップカルチャー化と忍び込むフェティシズム」田中雅一編『越境するモノ（フェティシズム研究2）』pp. 251-273、京都大学学術出版会。

ケイ光大 2023「「聖なる堆積」——中国広東省梅州市の香花派におけるモノとモノの連関」『文化人類学』88 (3): 452-472。

小西賢吾 2015a「「善行」に包摂される功徳——チベット、ボン教徒の「ゲワ」概念と社会動態」長谷川清、林行夫編『積徳行と社会文化動態に関する地域間比較研究』CIAS Discussion paper No.46、pp. 115-122、京都大学地域研究統合情報センター。

——— 2015b『四川チベットの宗教と地域社会——宗教復興後を生きぬくボン教徒の人類学的研究』風響社。

——— 2019「宗教復興とグローバル化を経た「辺境」のいま——四川省松潘県のボン教徒をめぐるネットワークの変容」『中国21』49: 111-131。

——— 2021「あふれかえるモノと宗教性——チベットの儀礼の諸相から（モノから見た宗教の世界6）」『季刊民族学』178: 88-95。

佐和隆研 1968「仏塔と仏舎利の信仰」芳村修基編『仏教教団の研究』pp. 589-615、百華苑。

竹沢尚一郎 2007『人類学的思考の歴史』世界思想社。

床呂郁哉 2018「「もの」研究の新たな視座」桑山敬己、綾部真雄編『詳論　文化人類学——基本と最新のトピックを深く学ぶ』pp. 265-278、ミネルヴァ書房。

長野泰彦編 2009『チベット　ポン教の神がみ』千里文化財団。

中村元ほか編 2004『岩波　仏教辞典』第2版、岩波書店。

長谷川清 2015「ビルマ仏の流通と功徳のネットワーク」長谷川清、林行夫編『積徳行と社会文化動態に関する地域間比較研究』、CIAS Discussion paper No.46、pp. 123-131、京都大学地域研究統合情報センター。

村上大輔 2021「穢れと身代わりの思想——チベット民間信仰序説」岩尾一史、池田巧編『チベットの歴史と社会（下）』pp. 8-26、臨川書店。

〈外国語文献〉

Bon brgya dge legs lhun grub rgya mtsho (eds.) 2011. *Bonpo thangkas from Rebkong*. Osaka: National Museum of Ethnology.

Chau, Adam Yuet. 2008. The Sensorial Production of the Social. *Ethnos* 73 (4): 485–504.

Karmay, Samten and Nagano, Yasuhiko (eds.) 2003. *A Survey of Bonpo Monasteries and Temples in Tibet and the Himalaya*. Osaka: National Museum of Ethnology.

Karmay, Samten and Watt, Jeff (eds.) 2007. *Bon, The Magic Word: The Indigenous Religion of Tibet*. New York: Rubin Museum of Art.

Kværne, Per. 1995. *The Bon Religion of Tibet: The Iconography of A Living Tradition*. Chicago: Serindia Publications.

——. 2000. The Study of Bon in The West: Past, Present and Future. In Samten Karmay and Yasuhiko Nagano (eds.) *New Horizons in Bon Studies*, pp. 7-20. Osaka: National Museum of Ethnology.

Menyag Geshe Namdak Tsukphu. 1998. *Bon Stupa: Illustrations and Explanations*. Solan: Mutri Tsedpo Tibeto Zhang-Zhung Research Centre.

Ortner, Sherry R. 1989. *High Religion: A Cultural and Political History of Sherpa Buddhism*. Princeton: Princeton University Press.

Schrempf, Mona. 2000. Victory Banners, Social Prestige and Religious Identity: Ritualized Sponsorship and The Revival of Bon Monasticism in Amdo Shar-khog. In Samten Karmay and Yasuhiko Nagano(eds.) *New Horizons in Bon Studies*, pp. 317-347. Osaka: National Museum of Ethnology.

Tenzin Namdak, Yasuhiko Nagano, Musashi Tachikawa (eds.) 2000. *Mandalas of The Bon Religion: Tritan Norbutse Collection, Kathmandu*. Osaka: National Museum of Ethnology.

Tshul khrim dpal 'byor. 2006. Dpal gshen bstan skyang tshang dgon phun tshogs dar rgyas gling gi byung ba cung zad brjod pa ko ki la'i sgra dbyangs. In A sngags tshe ring bkra shis (ed.) *Gnas chen shar phyogs dung ri dang dgon sde du ma'i dkar chag mthong ba don ldan shes bya ba bzhugs so* (东方海螺圣山－雪宝顶), pp. 131-162. Chengdu: Si khron mi rigs dpe skrun khang.

元旦平措編 2010a『西藏本教唐卡』成都：四川民族出版社。

——. 2010b『西藏本教仏塔』成都：四川民族出版社。

第5章　イスラームの宗教実践におけるモノ
——チュニジアにおけるクルアーンカレンダーの事例から

二ツ山達朗

はじめに

イスラームにおける宗教的なモノというと、「モノが信仰の対象にならない」、「宗教実践にモノが関わりにくい」といったイメージを抱いている方も多いかもしれない。確かにイスラームの聖典であるクルアーンのなかには、偶像や多神教を否定する箇所が多く存在する。[*1] 崇拝の対象は唯一神のみとされるが、その神は見ることも想像することも許されておらず、預言者ムハンマドを図像化することも忌避される。[*2] これらのことから、偶像崇拝や多神教的な実践を徹底的に否定している宗教という理解に結びつくのかもしれない。また、タリバーンによるアフガニスタンのバーミヤンの遺跡群の破壊や、イスラーム国によるシリアのパルミラ遺跡の破壊など、一部の過激派のセンセーショナルな破壊行為によって、宗教的なモノを否定するイメージが強化されているのかもしれない。[3]しかし、このような理解は正しいのであろうか。また、イスラームに特徴的なことなのであろうか。たとえば、旧約聖書と新約聖書においても、偶像礼拝を禁ずることは記されており（cf. 宮本 2002: 327）、聖典において多神教的なあり方を否定しているのは、アブラハムの宗教に共通した一神教（唯一神教）の特徴ともいえる。

ではイスラームにおいて唯一神以外の存在が宗教実践に関わってこなかったというと、もちろんその限りではない。本書の別章で、聖母や聖人の聖画像の事例のように、キリスト教における宗教的なモノの関わり方が議論されているが、イスラームにおいても聖者の存在が親しまれてきた。イスラームの聖者は、カトリックや東方正教会の列聖制度とは異なり、漠然とした分析概念で、様々な人物がそれに含みこまれる。[4]それらの人物に共通した要素としては、神の奇蹟と恩恵を人びとに伝える人物とされている。赤堀は一神教において聖人・聖者崇敬が人びとに求められる理由を、「神ならぬ存在である聖者・聖人への崇敬が実は、唯一神という特殊な設定が可能となるための秀逸な仕掛けではないか」と説明している（赤堀 2022: 5）。神は不可知で遠いところにいる超越神であるために、その存在や教えをこの世界にいる信徒に示す、聖人・聖者の存在が必要ともいえる。[5]聖人・聖者は、神と信徒の媒介的な存在であり、奇蹟や恩恵を目に見えるかたちで具現化して信徒に示し、信徒は聖者に対してとりなしを行うという関係ともいえる。

イスラームにおいては、聖者は生前に人びとから崇敬される場合も稀にあるが、多くは死後に崇敬される。そのため、実際にムスリムが参詣し、祈願を行っている対象は、聖者の墓や廟、聖者ゆかりの樹や岩などとなる。ムスリムからすれば、それらのモノを通じて聖者に、聖者を通じて神に、とりなしをしている構図であるが、それらのモノを通じて神の存在が伝わるのであり、それらのモノが崇敬の対象になっているようにも見える（二ッ山 2022）。ギアーツが、意味はそのモノや行為に含まれているものではなく、それらを与える社会に求めなければならないと説明するように（Geertz 1973: 405）、それらのモノに示される神の奇蹟や恩恵といった象徴をムスリムたちが感得している宗教実践と理解できる。

一方、物質論的転回が提示する視座は、象徴を読み解くこととは異なるモノと宗教実践の関係を考察しようとする。マイヤーらやハザードは、物の意味や象徴の理解を中心に据えたギアーツのアプローチがアサドによって克服されたことが、身体やモノ、場所といった物質に着目する転機になったと論じている（Meyer et al. 2010: 210; Hazard 2013: 60-61）。アサドによるギアーツ批判をあえて一言で述べるならば、ギアーツは意味や象徴の理解、さらには精神状態の動きに焦点をあてているが、それのみではなく社会制度や、身体的行為、それを可能にさせる物質的な条件などの産物として宗教を考察すべきであるという点であろう[*6]（Asad 1993: 29-54）。ギアーツはモノが示す意味や象徴体系の理解に関心があるのに対し、アサドは宗教的な行為を可能にしたり、制御させたりする働きに着目したともいえる。前者の関心のもとでは崇拝や信仰の対象になるモノの理解に焦点があてられる傾向があるのに対し、後者にとっては宗教実践を可能にするためのあらゆるモノや場所、物理的環境などが考察の対象になりうる。本章の冒頭で「イスラームは宗教実践にモノが関わることが少ない」というイメージを持たれることがあると述べたが、そのイメージは崇拝の対象となるモノ、象徴を読み取ることができるモノを想定しているともいえる。宗教実践を規定したり可能にしたりする物質をも宗教的なモノとして考察するならば、イスラームも他の宗教も差はなく、あらゆるモノが関わるはずである。

この象徴が示されるモノと、行為を遂行させるためのモノという、二つの視点は、ムスリムの宗教実践を理解する上でどのように役立つのであろうか。本章では、クルアーンが記されたモノを事例にこの点について考えるが、その際に参考になるのは、イスラームにはその両側面に似た考え方が伝統的に存在してきたということである。神の存在やそのメッセージを精神的に読み解く（先ほどの対比で言えばギアーツ的な）側面と、意味よりも法に従った行為を重視する（行為に焦点をあてるという意味でアサド的な）側面の両輪がイスラーム哲学や神学に存在してきた。前者はバーティン（内面的）と呼ばれ、神秘主義や聖者信仰などに特徴的にみられる実践である一方、後者は外面的（ザーヒル）と呼ばれ、身体的な行為やそれを規定するイスラーム法と対置されてきた（cf. 鎌田 2013: 102）。

イスラームの歴史のなかでは、内面性の探求が盛んに行われてきた社会と、外面性が重視されてきた社会があった。中東地域でいえば、中世は比較的内面性が許容・重視されていた時代であるとされる。具体的には、先述のように聖者廟参詣や、それにまつわる樹木などの自然物への崇敬も各地で行われていた。一方で近代以降には、それらの内面的探求は批判され始め、聖者信仰やモノへの信仰は批判にさらされた。たとえば一八世紀の法学者イブン・ワッハーブはメッカやメディーナなどの聖地を除き、墓を装飾し崇敬することや遺物を信仰することなどを多神教的として批判した（Beranek 2009）。彼の思想はその後も、ワッハーブ主義という名で引き継がれ、冒頭に述べたような世界各地で頻発している聖者廟や遺跡を破壊する思想の根幹になっている。*7

この内面的／外面的の対置概念は、もともとはクルアーンの解釈の差からきている。*8 神のメッセージはクルアーンのテクストのみならず、そこに隠された意味があるとして、それを解釈しようとするのが内面的であるのに対し、字義通りの意味を有効としてきたのが外面的とされてきた。外面的な立場を重視する立場からすると、クルアーンが伝える字義や内容こそが重要であり、それを伝えるモノ（たとえばクルアーンを書物のかたちにまとめたムスハフ）はあくまで付随的であるとされる。それが記されたモノが字義以外の意味を担ったり、崇拝の対象になったりすることには否定的な見解もある（cf. Madigan 2001: 1; Suit 2013: 3-4）。

しかし、そのような考え方は極端であり、多くのムスリムにとっては、クルアーンが記されたモノは、意味を伝えるための単なる媒体ではなく、そこに象徴的な意味を読む内面的な関わりがなされるものである。たとえば、地域によっては、クルアーンが記されたモノを、邪視や不運から守る護符や、病気治癒のための医学的用途としても使われることもある（cf. al-Nawawi 2003: 52）。ほとんどのムスリムはムスハフに触れる際に、身体が不浄な場合は清めを行うが、クルアーンが記されたモノが、単なる媒体ではなく神聖性を備えている証ともいえる（cf. Svensson 2010: 37）。

1　クルアーンが記されたモノの研究視座

クルアーンのテクストと、それが記されたモノを対比して考えると、これまでの研究は前者に関するものが多く、後者について焦点をあてた研究の少なさが指摘されている。たとえばスベンソンやスーツはクルアーンのテクストに関する神学的・歴史学的・文学的な研究蓄積が多くある一方で、ムスハフ自体に焦点をあてた考察が乏しかったと述べている（Svensson 2010: 31-32; Suit 2013: 1-2）。加えて、クルアーンをモノに記す技術は近代以降にめまぐるしく変化している一方で、それについて扱った研究が追い付かないという側面もある。プラスチックや陶器、布や木製品に印字された商品が登場したのはイスラームの歴史からみれば近年であるし、現代においてはそれがデジタル媒体で記されるという変化もおきている。ここでは、デジタル媒体より前にクルアーンが記されたモノについて論じたいくつかの先行研究を紹介しながら、その論点を示したい。

クルアーンは約一四〇〇年前に神から下された啓示が正典化されたもので、そのテクストは、それ以来変化していない。それに対して、ムスハフを印刷する技術は近代以降に激変してきた。活版印刷が登場し、クルアーンを活字として大量に印刷して流布させることができたことは、大別して二つの問題を生じさせたと考えられる。*9 一点目は、クルアーンを印刷すること自体の是非であり、二点目はそれを気軽に所有できてしまうがゆえの問題である。

一点目に関しては、多くの先行研究でも論じられている。たとえば、活版印刷が異教徒の発明であることや、印刷機器に犬の皮が使用されていたこと、写本に比して神の言葉の純潔さが損なわれることなど、当初は否定的な反応が多かったことが明らかにされている（cf. Albin 2001: 270; 林 2014: 352-353）。実際に、そのような危惧から、中東地域における印刷機の導入は欧州よりも約四〇〇年遅れている。もちろん、現代においては、クルアーンを印刷することを否定するムスリムは少ない。

二点目の、気軽に所有できてしまうがゆえの問題については、研究蓄積が乏しい反面、近年特に考える必要性が増している問題といえる。というのも、印刷技術は年々刷新され、コンパクトで安価なムスハフが駅のキヨスクなどで入手できるようになった。さらには、プラスチックや布など、あらゆる素材に印刷が可能になったことで、ムスハフのみならず、クルアーンが記されたステッカーやキーホルダーなどを常時持ち歩けるようになった。しかし、手軽に保持できるということは、それだけ扱いがぞんざいになる可能性があるともいえる。気づかぬうちにトイレなどの不浄な場所にも持ち込むことになるし、大量に流布すれば、そのモノが使用された後にどのように扱うかについても考える必要性がある。

スベンソンはムスハフの扱いは、書写によって書き写されていた時代が長かったため、新たに大量に流布したムスハフの扱いについてはそれほど問題とされず、ハディース[*10]にも使用後にそれをどうするかについては言及がないとしている（Svensson 2010: 39-40）。スベンソンは、各地の劣化したムスハフの処理の事例を紹介した上で、ある程度好まれる方法はあるものの、単純な解決策はないとしている。[*11]世の中に増え続けているが、その扱い方については定められていないという現代的問題に、各地のムスリムはどのように向き合っているのだろうか。この点も、本章の事例から考察したい。

スターレットは一九八〇年代のエジプトにおいて、ムスハフのみならずキーホルダーやステッカーなど、様々な宗教消費財が登場していることに着目した。[*12]それらのモノが売店で陳列されている状況と、購入後に各家庭で用いられている状況では異なる扱いを受けていることを紹介し、クルアーンが記されたモノは、他の消費財と同様のモノにも、敬意を受ける宗教的なモノにも、状況によって社会的な意味が変容すると考察している（Starrett 1995）。

これに対してスーツ（2013）は、それらが神聖な扱いをうけるのはコンテクストではなくその物質性によるところが大きいと反論している。売店で陳列されたムスハフも敬意を持った扱いを受けているというまったく逆の事例から、正しいテクストやしかるべき装丁という物質的な側面が、ムスリムに敬意を抱かせていると考察する（Suit 2013: 20-27）。

クルアーンが記されたモノをめぐるいくつかの論点を提示してきた。クルアーンが記されたモノが聖典であるのは、社会的なコンテストによるのか、物質的な側面がそれに寄与するのか、そうであれば近年に変化するクルアーンを記したモノはどのように扱われるのであろうか。本章ではチュニジア南部のムスリムの日常空間で用いられているクルアーン装飾具を事例に紹介することで、近年のクルアーンが記されたモノにはどのような特徴があり、どのように流布しているのか、それらはどのような問題を生み出しているのかについて考える。それらのモノにかかわるムスリムの実践を通じて、イスラームにおける宗教的なモノの特徴について考察したい。

2　クルアーン装飾具の概要

2－1　調査地の概要

調査は首都チュニスから南に四八〇キロメートルほどの距離にあるケビリ県ドゥーズ[*13]（Dūz）で行った。[*14] 中心部にある商店や工場、事務所などの事業所一〇三軒の壁面に設置されている装飾具について、[*15] 二〇一二年一二月から二〇一九年二月までのあいだに計四回の調査を行った。装飾具は壁面自体を覆う壁紙、棚などの家具、電化製品、商品、鏡、壁に直接記入されているモノを除外し、それ以外のすべてのモノを対象とした。[*16]

何をもってクルアーンが記された装飾具（以下、クルアーン装飾具）とするかの線引きは厳密には難しいが、クルアーンの章句やそれに関することが記されているモノとした。章句に関することとして、アッラーやムハンマドといった単語、ドゥアー[*17]やハディースに加え、イスラームの聖地であるマッカやマディーナの図像なども含み、広義の意味でクルアーンに関する装飾をクルアーン装飾具とした。[*18]

2-2 調査結果の概要

以下では四回の調査から、ムスリムの空間に、どのようなクルアーンの章句が、どのように飾られているかを概説する。調査では一二四二点の装飾具が確認できた。そのうちクルアーン装飾具は四六六点（約三八％）、その他の装飾具（以下、一般装飾具）は七七六点（約六二％）であった。一点の装飾具も配置していない店舗もあれば、最大で計五五点の装飾具（うちクルアーン装飾具は二三点）を配置している店舗もあった。また同一の店舗においても、調査した七年のあいだに装飾具の数や種類が大きく変化している店舗もあった。

四六六点のクルアーン装飾具に記されている章と節はある程度限定されており、玉座の節（雌牛章二五五節[*19]）が含まれるモノが二五個、ヤースィーン章（三六章）が含まれるモノが一八個、純正章（一一二章）が含まれるモノが一八個、黎明章（一一三章）が含まれるモノが二三個、人々章（一一四章）が含まれるモノが二〇個であった。その他「アッラー」、「ムハンマド」、「ムハンマドは神の使徒である」などの単語や文句、ドゥアーなども多く、一つのクルアーン装飾具に複数の章節が用いられているモノも頻繁にみられた。またなかには、何の章句か解らずに、その空間に配置されている場合もあった（二ッ山 2013: 80-81）。

クルアーン装飾具を配置する理由については様々な理由が語られたが、大別すると二点に分けられる。一点目は「ここに飾っておくのは常に勉強できるからです」（電話会社社員・二〇一三年二月）といったように、章句を誦んだり、覚えておくためという理由が語られた。二点目の理由としては、「よいことをもたらすからです。よいこととは神の恩寵です」（レストラン店主・二〇一三年二月）といったような縁起物としての説明や、悪いことから守るといった護符的な説明をするムスリムも多くいた。他には特に理由はないといった答えもあり、多様な理由でクルアーン装飾具が選ばれていることが理解できる（cf. 二ッ山 2021: 93）。

クルアーン装飾具は、同じ章節が記されていたとしても、字体や文字の周りの装飾、それらの配色、素材、形状などが多様なことも特徴としてあげられる。その多様性と統一性についてはすでに別稿で紹介したが（二ッ山 2021）、装飾具の種類によって大別するならば、額縁タイプ、カレンダータイプ、ポスタータイプ、ステッカータイプ、壁掛けタイプなどが主であった。もっとも高価なものは額縁タイプのものであり、新婚祝いや新築祝いなどでプレゼントされることが多い。もっとも安価なものはポスターやステッカー、カレンダータイプのもので、次節で論じるように無料で配布されるものも多く存在する。[*20]

これらの様々なタイプの装飾具のなかでも、カレンダータイプのもの（以下、クルアーンカレンダー）が最も多かった。カレンダータイプの装飾具はのべ二九一部あり、そのうち約六五％（一八八部）がクルアーンカレンダーで、一般的なカレンダーは約三五％（一〇三部）であった。すなわちクルアーン装飾具のうち、カレンダータイプのものがもっとも多く、またカレンダーの多くはクルアーンカレンダーであった。なぜクルアーンカレンダーは他のクルアーン装飾具に比して多いのであろうか。

3　クルアーンカレンダーがもっとも多く流布する理由

クルアーンカレンダーがもっとも多く流布している理由は、広告媒体として新年に無料で配布されていることによる。調査で確認できたクルアーンカレンダー一八八部のほとんどは、クルアーンの章句、カレンダー機能としての日付、企業や商店などの広告が一体となり、新年に広告主から顧客に無料で配布されたものであった。[*21] 広告部分は企業名と住所・電話番号・ウェブサイトなどの連絡先が簡素に記されるモノが多いが、まれに商品なども記されていた。

カレンダーが作成される経緯は、広告主が印刷会社に依頼することもあるが、印刷会社が営業をかけることも多い。[*22] 毎年カレンダーを作成し顧客に配布するのが慣例となっている場合が多く、一〇年以上継続して作成している広告主もいた。カレンダーの作成が決まると、その年のデザインを決めることになるが、印刷会社が所有するデザインカタログの中から広告主がデザインを選ぶ方式をとっていた。印刷所のデザイン担当者はインターネット上の画像をダウンロードし、画像編集ソフトウェアで加工したのちにファイリングしてカタログを製作していた。[*23]

カレンダーのデザインのカタログには、自然や町並みなどの風景、動物や子供の写真など様々な画像があるが、クルアーンに関するものが多く選択される傾向にある。たとえば二〇〇八年から毎年二種類、二〇一四年時には一〇〇〇部のカレンダーを作成し顧客や知人に渡している工具屋の店主は、クルアーンのデザインを選ぶ理由について「宗教よりいいものがありますか？　客も宗教的なものを欲しがっています」と説明している（工具屋店主・二〇一四年一二月）。また「クルアーンのモデルだったら多くの人にとってよいから。他のモノ、たとえば海とか自然の写真は、お年寄りには受け入れられない。しかし、クルアーンのモノであれば、子供からお年寄りまで好まれる」（本屋店主・二〇一四年一二月）といったように、多くの人に好まれるという説明がなされた。

印刷会社の担当者は、カレンダーの依頼の約七割はクルアーンカレンダーと述べるが、その割合は前記の約六五%のカレンダーがクルアーンカレンダーという数値とほぼ合致する。隣県の県庁所在地にある印刷会社は、クルアーンのデザインが選ばれる理由について「理由はいくつかありますが、まず神をいつも思い出すというのはいいことです。誰もがいつも神を思い出すと神に讃えあれと思います。それから次にイスラームでは偶像とか人の顔とかそういうものが禁止されています。だからどこにでも置けるカレンダー、たとえば、モスク、学校、職場、各家庭などに置けるカレンダーを選ぼうとすると、宗教的なものが選ばれます」と説明している（ガベスの印刷会社の社長・二〇一五年一月)。

印刷会社や広告主がクルアーンのデザインを選ぶ理由としては、章句を誦むため、覚えるためといった理由よりも、神を思い出すといった理由や、喜ばれるといった理由が多く語られた。印刷技術の発達や広告媒体の浸透という市場の変化に加え、印刷会社はカレンダーの発注により収益を増やすことができること、広告主は万人受けする媒体で顧客に広告を渡すことができること、顧客は新年のカレンダーを無料で入手できること、といったそれぞれの立場の利益が一致していることが、クルアーンカレンダーがもっとも多く流布している理由と考えられる。

4　クルアーンカレンダーの行末

しかしクルアーンカレンダーは、丁重に扱うべきクルアーンが記されているにもかかわらず、越年後は日付を知らせるカレンダーとしての用途がなくなるという二律背反的な要素が一体化したモノである。無料で大量に流布しているそれらのモノは、越年後はどうなるのであろうか。結論から言えば、クルアーンカレンダーの行末を聞いた際に「捨てた」と答えたインフォーマントは一人もいなかった。[*24] 筆者は新年に市内のゴミ収集所をくまなく見て回ったが、クルアーンカレンダーが見つかることはなかった。

このことを裏付けるように、調査ではクルアーンカレンダーを破棄することを忌避する様々な工夫が確認できた。まず広告主のなかには、それらのカレンダーを作成しない選択をする事業者がいた。二〇一四年時点で、カレンダーの作成をやめた広告主が一事業所、クルアーン以外のデザインに変えた広告主が二事業所あった。[*25] たとえば自動車の部品を扱う商店は二〇一三年からクルアーンのモデルを少なくし、自然などのデザインを選んだ。

その理由について店主は「〔前略〕カレンダーというのは毎年変えるものでしょ。だから、昨年のモノを捨てるのです。クルアーンのモノを捨てるのはよくない。禁止行為だ。だから今は捨てない量をクルアーンにして、三〇〇部は配る用で他のモデルにしました」と説明している（自動車の部品店店主・二〇一四年一二月）。

しかし、クルアーンカレンダーの作成を中止したこのような事例は、調査した限りでは三つの事業所のみで、多くの広告主はクルアーンカレンダーを配布し続けている。使用者（顧客）が行っている一つの対応策は、クルアーンカレンダーを越年後も張り続けるというものだった。調査地では、旧年のカレンダーをしばしば目にするが、その理由を聞いたところ、「これはクルアーンカレンダーじゃないですか。だから捨てないでこうしました」（八百屋従業員・二〇一四年一二月）といった説明がしばしばなされた。あるモーターなどの機器を扱う店では、毎年新しいカレンダーを旧年のカレンダーの上に重ね続けており、二〇一九年年始時に調査した際のもっとも古いカレンダーは二〇〇〇年のものであった。

調査した一〇三店舗のカレンダー（確認できたクルアーンカレンダー一八八部／一般カレンダー一〇三部）の推移をみると、四回の調査のうちの二回の調査期間にわたって確認できたものは、クルアーンカレンダー五五部／一般カレンダー一六部であった（クルアーンカレンダーのうち約二九％／一般カレンダーのうち約一六％）。また二〇一三年年始時から二〇一九年年始時までの約六年間で同一空間に残ったものは、クルアーンカレンダー一八部／一般カレンダー二部であった。なかには同一空間内で場所を変えて残り続けるカレンダーもあり、二〇一三年年始時から二〇一九年年始時までで一〇部のクルアーンカレンダーが確認できた（一般カレンダーはなし）。[*26] 確かにクルアーンカレンダーのほうが越年後もその空間に配置され続ける、すなわち捨てられていないことが理解できる。

しかしながらこの数は、その空間に存在し続けるクルアーンカレンダーよりも、その空間からなくなるモノの方が多いことを示している。二〇一三年年始時のみ確認できたモノ（次の調査時には空間からなくなったモノ）は、クルアーンカレンダー四八部／一般カレンダーは二六部であった。[*27] 次の調査時には消えていたクルアーンカレンダーはどこに行くのだろうか。その一事例として、別の場所に保管するという対策があった。**写真1**はある床屋において、洗面台の鏡の下の棚に保管されていた越年後の出来事章（五六章）が記されたカレンダーを出してもらった際の写真である。その理由について店主は「以前のクルアーンのカレンダーは捨てないで、ここにとってあります。なぜならクルアーンのものは捨てないからです」と語った（床屋店主・二〇一七年八月）。

また日付と広告部分を切り取り、壁に配置し続けるムスリムも多い。たとえば**写真2**は二〇一四年一二月に服の仕立屋で撮影したもので、二〇一〇年に電気通信会社が作成した、ガーフィル章（四〇章）七〜九節と日付と会社

写真1　床屋の倉庫から出してもらった56章が記されたカレンダー（筆者撮影・チュニジア、ケビリ県ドゥーズ・2017年）

写真2　服仕立屋にあるガーフィル章（40章）7～9節が記されたカレンダー（筆者撮影・チュニジア、ケビリ県ドゥーズ・2014年）

写真3　電話屋にあるガーフィル章（40章）7〜9節のみが残されたカレンダー（筆者撮影・チュニジア、ケビリ県ドゥーズ・2019年）

の名前と連絡先が記されているクルアーンカレンダーだが、四年が経過しても残っているのがわかる（二〇一七年夏時には店舗自体が閉鎖したため、その後は不明）。同様のクルアーンカレンダーが二〇一三年年始時に肉屋の壁面で確認できたが、会社の名前と連絡先が切り取られていた（同カレンダーは二〇一五年年始には同空間になし）。**写真3**は電話屋*28において、同じクルアーンカレンダーの日付部分をも切り取り、クルアーンだけが残っているものであるが、二〇一三年年始時から二〇一九年年始時までの四回の調査時すべてで確認できた。*29このように、広告部分や日付部分を分離し、クルアーン部分だけを残してその場に残したり、倉庫に保管したりするという工夫がみられた。さらに調査地ではこのように切り取られたクルアーンの章句部分に額縁を取り付ける業者が存在する。この業者は持ち込まれた写真やポスターに木枠をつけガラス板などで覆い装飾する職人で、筆者が調査した際には同地域の中心部で三軒が確認できた。

このように、クルアーンカレンダーであったと思われるが、クルアーン以外の部分が切り取られ、カレンダーではなくなった装飾具が調査では散見できた。その意味で、額縁とポスターとカレンダーの分類は、きわめて暫定的なものであったといえる。元クルアーンカレンダーでポスターに変化したモノ、それらが額縁に入れられたモノなど、モノの物質の一部を変えることでカレンダー、額縁、ポスターなどを転生し、破棄されずにその空間に残り続けていることが理解できる。毎年無料で大量に配布されるクルアーンカレンダーは、日付を知らせる用途がなくなっても、様々な対策がなされることで、クルアーンが破棄されることを忌避していた。*30

おわりに

本章の最後に、調査地の事例からわかるイスラームにおける宗教的なモノの特徴について考察を行いたい。

まず、冒頭のイスラームは「宗教実践にモノが関わりにくい」といったイメージに反し、実際のムスリムの日常的空間には、実に多くの宗教的なモノが存在していたことがわかる。調査地においてはすべての装飾具のうち、約四割がクルアーンに関するもので、それらはポスターやステッカー、カレンダー、額縁など多様なタイプが用いられていた。また、そのうち最も多いのは、新年に広告主から顧客に無料で配布されているカレンダータイプのモノだった。印刷技術の革新によって、あらゆるモノにクルアーンが記され、気軽に購入できるようになったことは先行研究でも示されていたが、調査地ではクルアーンは広告媒体にもなり、無料で大量に配布されていた。その結果、調査地でもっとも頻繁に目にする聖句は、広告付きのカレンダーであるという状況を引き起こしていた。

先述したように、クルアーンが記されたモノはテクストを誦むための媒体であるという考え方もある。本事例においても、テクストを勉強するためにクルアーン装飾具を飾るといった説明もあった。この考え方からすれば、クルアーンが記される媒体はどのようなモノでもよいこととなる。しかし、調査地のすべてのムスリムは、それらのモノを単なる媒体とは捉えずに、丁重に扱い、破棄してもよいとするムスリムは一人もおらず、ぞんざいに扱われないよう注意が払われていた。広告主からすれば、クルアーンを広告媒体に付すのは、むしろ捨てられないことを逆手にとった戦略と推測できるかもしれない（このように説明した広告主はいなかったことも付記しておく）。

一方、それらを利用する顧客からすれば、クルアーンカレンダーは、捨てられない聖句と、捨てるべき越年後の日付が一体化した矛盾を抱えたモノであった。その矛盾を解消するために、調査地のムスリムは様々な対応をとっていた。そこから理解できることは、どのようなコンテクストにおいても、どのようなモノに記されていても、そのテクストが記されているモノを丁重に扱う実践である。先述したようにスターレットは、クルアーンが記されているモノの扱いは売場と使用時で異なるとして、モノの意味はコンテクストによって変わると述べていた（Starrett 1995）。しかし、本事例では、カレンダーとしての用途がなくなった後も破棄されることがないよう、様々な工夫がなされていた。どのような状況にあっても、クルアーンが記されたモノは丁重に扱われるべきとされていることが理解できる。またスーツは、ムスハフが崇敬される要因は、装丁などしかるべき物質性によると分析していた（Suit 2013）。しかし、本事例で紹介したクルアーン装飾具の物質性（材質や形状）は実に多様であったことに加え、カレンダーのクルアーンの部分のみを切り取ったり、額縁をつけたりと、モノを作り変えることで破棄されることを回避していた。つまり、モノの意味を変えないようにするために、モノを積極的に作り変えていたとも理解できる。物質論的転回が論じるように、物質が人の行為を可能にしたり条件づけたりする側面がある一方で、物質をつくりかえることで、モノの象徴性を保持する実践も行われていたともいえる。*31

イスラームにおいては、クルアーンが伝える字義や内容を重視する外面的な側面と、そのテクストから象徴的な意味を理解する内面的な側面があることを先述した。クルアーンの字義や意味とは別に、そのテクストが記されているモノが聖なる象徴として丁重に扱われる本章の事例は、この両側面でいうと後者の実践といえる。

しかし、テクストが象徴的に理解されるのは、それが神から伝えられた意味であり、イスラーム法の根源となり、ムスリムの行為を規定していること、それを誦むことができることと不可分であろう。それは、テクストが記されていることによって、そのモノを崇めることが許されているかのようでもある。また、それが記されているモノから神の象徴を感得するのは、そのモノが彼らの室内に飾られること、それが丁重に扱われること、破棄せずにしかるべきモノにつくりかえられること、という実践とも不可分である。ムスリムの実践においては、テクストを象徴的に理解することと、テクストの字義をもとに行為すること、またそのモノから象徴を理解することと、そのモノによって行為すること、といった概念的には対置される実践が、不可分に混ざり合っているのではないだろうか。モノやテクストを象徴的に理解することと、モノやテクストによって人が行為することが混ざり合っているからこそ、そのどれかに焦点をあててムスリムの実践を理解しようとしても、もう一方の実践が不問にされてしまうのではないだろうか。

たとえば、クルアーンへの冒涜的行為や、預言者の風刺画などにたいして、世界中のムスリムから激しい反発があり、しばしば過激なデモやテロ行為につながることがある。このことを擁護するつもりはないが、テクストとモノ、象徴と行為を別物とする立場から、この行為を分析しても理解し難さだけが残る。マハムードは、近代西洋的な記号とモノの結びつき方が、イスラームと同じとは限らず、言葉と物質、記号と世界を分ける近代的思考を一様にあてはめることは、一九世紀の宣教師と同じ行為であると指摘している（Mahmood 2009: 71-74）。モノを崇敬することを偶像崇拝だと非難して遺跡群を破壊するようなイスラーム過激派も、テクストやモノは意味を理解するための媒体であるがゆえに暴力行為につなげるべきでないと主張する近代西洋的な考えも、モノとテクストの片方の実践のみに焦点をあてているという点で共通しているといえる。モノには、行為を条件づける外面的な（アサドが示唆するような）側面と、（ギアーツが焦点をあててきたような）象徴を読むことができる内面的な側面が混ざり合い、テクストにも字義を伝える側面と、象徴を感得させる側面が混ざり合っている。この特徴が示されるのが、クルアーンが記されたモノであり、イスラームの宗教的なモノの特筆すべき点といえるのではないだろうか。

注

1 偶像にはサナンの語が用いられ、たとえば家畜章七四節では「あなたは偶像を神々となさるのか。本当にあなたとあなたの民は、明らかに誤っていると思う」などと述べられている（日本ムスリム協会 日亜対訳・注解聖クルアーン）。また、語義的には神と同様に他のものを「並び共有する」という意味であるシルクが多神教の意としてもちいられ、非難の対象とされている。

2 預言者ムハンマドを描くことに関しては、ハディースなどで禁じられつつも、時代や地域によっては描かれることもあった（cf. Gruber 2017）。

3 有村が指摘するように、それらのテロ行為をする過激派は、文化遺産にたいして高い価値を見出している国際社会を理解し、近代西洋的な価値観へのあてつけや宣伝活動として破壊行為をしている側面がある（有村 2015: 81）。また高尾も指摘するように、破壊行為は支配地域の拡大を対外的に示す意味にもなり、墓廟の破壊は他の戦闘行為に比べて容易に行えるものであり、ＩＳ構成員としての自覚を育むための破壊行為とも理解できる（高尾 2016: 236）。このように、偶像や遺跡の破壊をイスラームの思想に結び付けることは、彼らのプロパガンダに乗じていることにも留意する必要があろう。

4 聖者とされる人物として具体的にどのような存在がいるかについては、東長（2002a）に詳しい。

5 この違いは、神に対しては崇拝を用いて、聖人・聖者に対しては崇敬の語を用いるという崇め方が峻別されていることからも理解できる。

6 アサドはギアーツの定義する宗教は精神状態としての信仰を重視し過ぎており、それは近代の私的化したキリスト教に立脚した思考であると批判する（Asad 1993: 29-54）。しかしながら、筆者の考えるところ、ギアーツはモノの象徴的な側面のみに注視していた訳ではないと考える。その議論についてはまた別稿で論じたい。

7 イブン・ワッハーブに影響を与えた人物として一三～一四世紀のイスラーム法学者イブン・タイミーヤがあげられる。また、イブン・タイミーヤの批判には、キリスト教におけるイコンや聖人といった、神へのとりなしを仲介するモノ（や者）の実践に対する反対命題的な側面があったことは、注目すべきである（Beranek and Tupek 2009: 11）。

8 クルアーンの語義はアラビア語で「誦まれるもの」を意味し、そのテクストを記して書物のかたちにしたモノはムスハフ（「複数のページをまとめたもの」を意味する）と呼ばれ峻別される。

9 中東地域でアラビア語の印刷が始まるのは一八世紀初頭からであるが、活版印刷によるクルアーンの刊本が登場したのはエジプトでは一九二三年で、それはヨーロッパにおけるクルアーンの印刷から四〇〇年ほど遅れている（竹田 2021: 35-38）。

10 預言者ムハンマドの言行を記録したもので、イスラーム法の法源となる（小杉 2002: 768-769）。

11 ページからインクを拭き取ったり水のなかでインクを溶かす、洞窟の中など安全な場所に保管しておく、地面に踏みつけられない場所に布で巻いて埋葬するなど、世界各地の様々な対処法を紹介している（Svensson 2010）。

12 エジプトやインドネシアにおけるクルアーン消費財を対象とした小杉（小杉 2006）の研究も存在する。小杉はクルアーンが記されているモノと、それらのモノを保管・保存・保持・運搬・利用するための補助的なモノを、クルアーン・グッズとして考察している（小杉 2006: 93-96）。

13 行政区分としては北ドゥーズと南ドゥーズに分かれており、人口は計五〇三七一人（Office de Développement du Sud 2019: 20）で、住民のほぼすべてはスンニ派ムスリムが占める。

14 別稿（二ツ山 2013）では首都チュニスでの調査内容も報告したが、本章ではクルアーンカレンダーに焦点をしぼるため、ドゥーズのデータを主として用いた。

15 中東地域では男性が個人宅へ入ることが嫌厭されるため、出入が比較的許容されやすい店舗に調査対象を絞った。これらの店舗の内訳は食品や雑貨を置いている商店一三軒、男性用床屋一〇軒、カフェ七軒、工具屋六軒、バイク修理場六軒、工場六軒、仕立屋四軒、写真屋三軒などである。

16 装飾具はチュニジア語でタズウィークやデコーと呼ばれている。タズウィーク（tazwīq）はアラビア語から、デコー（décor）はイタリア語から転化したものであり、いずれも装飾を示す。

17　ドゥアーは個人が自由に行う祈念であり、そこで唱えられる文句は地域や個人により異なる（cf. 東長 2002b: 664）。調査においては、少数ながらドゥアーやハディースも見出すことができた。

18　ある程度恣意的に分類せざるをえないものがあることも付記する。たとえば、邪視除けの護符や縁起物などは、イスラームと関連付けて説明されることもあれば、関係のないものとみなされることもある。またオリーブやナツメヤシなど、クルアーンに記されているものは、クルアーンを想起することがあるし、植物や庭園、自然を題材とした写真や絵も、イスラームの天国を想起させるものとして設置していることもある。本章では植物はクルアーン装飾具とせず、一般装飾具として数えた。

19　台座はスーフィズムでは神の示現の最初の識別を表現するとされ（cf. シェベル 2014: 65）、同章節は呪術的な効力があるとされる。

20　筆者は直接見たことはないが、インフォーマントが説明するところによると、クルアーンステッカーを配るかわりに喜捨を集めて町を周遊する者がいるという。調査では、実際にいくつもの異なる事業所で、喜捨したことで得た同じステッカーを確認することができ、ステッカータイプのクルアーン装飾具が流布する要因となっていることが理解できる。

21　日付部分は西暦が一般的であるが、イスラーム暦や月齢が併記されているものもあった。

22　クルアーンカレンダーを作成している広告主の多くは、調査地の商店や卸売りの事業所などであったが、なかには調査地外の広告主もいた。調査地には印刷所がないため、それらのカレンダーはすべて隣県の県庁所在地や首都チュニスで印刷されていた。三ヶ所の印刷所で聞き取り調査を行ったが、いずれも最小印刷部数は二〇〇部ほどで、一部一～一・五ＴＮＤ（約三八円～五七円、二〇二一年一月時点）であった。

23　インターネットや画像編集ソフトウェアが普及する以前は、絵葉書やポスターなどの画像を用いていたと印刷会社は説明する（ガベスの印刷会社の社長・二〇一五年二月）。

24　チュニジアでは「捨てる」という意味で、ラウハやインタイーシャ（lauḥa / inṭaisha）といった言葉が用いられるが、これは日本語の「捨てる」「廃棄する」という意味とほぼ同じように使用される。

25 日付部分を日めくりにして破棄できるタイプのカレンダーに変える事業主もいた。これであれば日付部分だけ破棄できるが、広告部分とクルアーン部分が一体になっているという解決できない課題もあった。

26 チュニジアはレンガ造りの壁に漆喰や塗料を塗るが、定期的に塗りなおすために、壁の模様変えが必要となる。その際に装飾具が一新されることがあるが、一〇部は壁の塗り替えが行われてもなお、別の位置で同一空間に残り続けた。

27 二〇一五年年始のみ確認できたクルアーンカレンダーは三〇部／一般カレンダーは一八部、二〇一七年夏時のみ確認できたクルアーンカレンダーは二六部／一般カレンダーは二七部であった。

28 中東には携帯電話が普及する前には、電話ボックスを貸す電話屋が多く存在した。

29 これと異なる章句の事例（建築資材店が作成した出来事章がいくつかの店舗で用いられ、なかには日付部分と広告部分が切り取られ保管されていた事例）については、すでに二ツ山（2021）でも紹介したように、しばしば見られる事例である。

30 チュニジアの宗教省へのインタビューにおいては、「捨てる／捨てない」などといったクルアーン装飾具の扱いについて言及された規則やファトワーなどの見解はないとの回答であった（宗教省担当官・二〇一五年一月）。

31 その点からすれば、クルアーンが記されたモノは、無料で大量に流布されるようになったからこそ、破棄しないように工夫する必要性が生まれ、クルアーンが聖句であることの実践を生んでいる。宗教消費財は大量にあることで、それが丁重に扱われるべき実践をつくることがあるモノともいえる。

参考文献

〈日本語文献〉

赤堀雅幸 2022「イスラームおよびキリスト教の聖者・聖人崇敬の基本」赤堀雅幸編『イスラームおよびキリスト教における崇敬の人類学』pp. 15-36、上智大学イスラーム研究センター。

有村誠 2015「イラク——ＩＳによる破壊と文化遺産の未来」野口淳、安倍雅史編『イスラームと文化財』pp. 78-90、新泉社。

鎌田繁 2013「他者との共生とイスラーム」『国際哲学研究』3: 101-112。

小杉麻李亜 2006「クルアーン・グッズ」小杉泰、江川ひかり編『ワードマップ　イスラーム——社会生活・思想・歴史』pp. 93-96、新曜社。

小杉泰 2002「ハディース」大塚和夫ほか編『岩波　イスラーム辞典』pp. 768-769、岩波書店。

シェベル、マレク 2014「台座」前田耕作監修、甲子雅代監訳『イスラーム・シンボル事典』p. 65、明石書店。

高尾賢一郎 2016「「イスラーム国」による宗教的社会の形成」『応用社会学研究』58: 233-242。

竹田敏之 2021「アラビア語による出版技術の発展とクルアーンの刊本化」千葉悠志、安田慎編『現代中東における宗教・メディア・ネットワーク——イスラームのゆくえ』pp. 25-52、春風社。

東長靖 2002a「聖者」大塚和夫ほか編『岩波　イスラーム辞典』pp. 558-559、岩波書店。

——— 2002b「ドゥアー」大塚和夫ほか編『岩波　イスラーム辞典』p. 664、岩波書店。

林佳世子 2014「イスラーム世界と活版印刷」小杉泰、林佳世子編『イスラーム書物の歴史』pp. 352-374、名古屋大学出版会。

二ツ山達朗 2013「〈フィールドワーク便り〉室内を彩る多様なクルアーン装飾品」『アジア・アフリカ地域研究』13(1): 77-81。

——— 2021「クルアーン装飾具の飾りめぐり」『季刊民族学』45(3): 88-95。

——— 2022「神とムスリムを介する聖者と物——チュニジア南部の聖者崇敬の事例から」赤堀雅幸編『イスラームおよびキリスト教における崇敬の人類学』pp. 37-52、上智大学イスラーム研究センター。

宮本久雄 2002「偶像神学」大貫隆ほか編『岩波　キリスト教辞典』p. 327、岩波書店。

〈外国語文献〉

Albin, Michael W. 2001. Printing of the Qurʾān. In Jane Dammen McAuliffe (ed.) *Encyclopaedia of the Qurʾān*, pp. 264-276. Leiden: Brill.

Asad, Talal. 1993. *Genealogies of Religion: Discipline and Reasons of Power in Christianity and Islam*. Baltimore: Johns Hopkins University Press.

Beranek, Ondredj, and Pavel Tupek. 2009. From Visiting Graves to Their Destruction. *Brandeis University Crown Center for Middle East Studies Crown Papers*.

Geertz, Clifford. 1973. *The Interpretation of Cultures.* New York: Basic Books.

Gruber, Christiane. 2017. Images of the Prophet Muhammad: Brief Thoughts on Some European-Islamic Encounters. In Sanaz Fotouhi and Esmaeil Zeiny (eds.) *Seen and Unseen: Visual Cultures of Imperialism*, pp. 34-52. Leiden: Brill.

Hazard, Sonia. 2013. The Material Turn in the Study of Religion. *Religion and Society: Advances in Research* 4(1): 58-78.

Madigan, Daniel. A. 2001. *The Qur'an's Self Image: Writing and Authority in Islam's Scripture*. Princeton: Princeton University Press.

Mahmood, Saba. 2009. Religious Reason and Secular Affect: An Incommensurable Divide?. In Talal Asad, Wendy Brown, Judith Butler, and Saba Mahmood (eds.) *Is Critique Secular? Blasphemy, Injury, and Free Speech*, pp. 64-100. New York: Fordham University Press.

Meyer, Birgit, David Morgan, Crispin Paine, and Brent Plate. 2010. The Origin and Mission of Material Religion. *Religion* 40(3): 207-211.

al-Nawawi. 2003. *Etiquette with the Quran: Al-Tibyān fī ādāb ḥamalat al-Qur'ān*. Chicago: Starlatch Press.

Office de Développement du Sud. 2019. Gouvernorat de Kébili en chiffres. Ministère du Développement, de l'Investissement et de la Coopération Internationale.

Starrett, Gregory. 1995. The Political Economy of Religious Commodities in Cairo. *American Anthropologist* 97(1): 51-68.

Suit, Ntalia K. 2013. Muṣḥaf and the Material Boundaries of the Qur'ān. In James W. Watts (ed.) *Iconic Books and Texts,* pp. 189-206. Sheffield: Equinox Publishing.

Svensson, Jonas. 2010. Relating, Revering and Removing: Muslim Views on the Use, Power and Disposal of Divine Words. In Kristina Myrvold (ed.) *The Death of Sacred Texts: Ritual Disposal and Renovation of Texts in World Religions*, pp. 31-54. London: Routledge.

第6章　聖像のゆくすえ
――ペルーにおけるニーニョ像の継承をめぐる実践

八木百合子

はじめに

聖人や聖母の姿を象った彫像は、カトリック信者の祈りの場に欠かせない重要な存在である。国民の大多数がカトリックを信仰する南米のペルーでは、教会や礼拝堂にかぎらず、役所や市場、公園や街路など、様々な空間に聖像が置かれているのを目にする。近年では、形態的にも多様で安価な聖像の生産や流通が拡大したことで、一般の人びとでも容易に手に入れることが可能になっており、個人が自宅に聖像を安置しているケースもしばしばみられる。なかには、複数の聖像が並んでいることも珍しくなく、聖像はいまや聖俗の空間を問わずその存在感を増しつつある。

本章は、そのように個々人が所有する聖像に焦点をあてるものである。特にここでの関心は、聖像の処理をめぐる問題である。カトリックでは、聖像のような造形物は神の表象媒体とみなされており、天の神を崇敬するための道具の一つとして位置づけられてきた。そうしたモノの扱いに関して、カトリックの法規のなかでは、奉献や秘蹟など、神の崇敬のために確保された「聖なる物（res sacre）」は、敬虔な気持ちで扱わなければならないことが記されている[*1]（カノン法 第一一七一条）。この点において、礼拝に欠かせない聖像もまた「聖なる物［モノ］」の一つであり、個人が所有する聖像も日常空間のなかに存在しながらも、世俗のモノとは一線を画す扱いが必要なモノといえる。だからこそ、人びとは聖像を単なるモノのように簡単に処分することはできないと考えており、経年による劣化や破損が生じた場合も修理に出して大切に扱っている。仮にそれが要らなくなったりしたら捨ててしまうのかと問うと難色を示す人がほとんどであるのもそのためである。またカトリックの場合、日本の人形供養やお焚き上げのようなモノの適切な処理方法が用意されておらず、聖像の処理をめぐる具体的な方法については、これまで規範の上でも実践の上でも、不問に付されてきたきらいがある。では、聖像の所有者が不在になったり、何らかの理由で持ち主にとって不要と判断されたりした場合、それはいかなる道をたどるのだろうか。こうした問題から宗教的なモノと人との関係について考えてみたい。

そのために本章では、数ある聖像のなかでもペルーの人びとの間で最も親しまれており、多くの家庭にみられる幼子イエス（Niño Jesús）の聖像（以下ではニーニョ像と記す）に着目する。幼子イエスは、特にペルー南部のクスコの街で盛んに信仰されており、その人気とあいまってこの地域では近年多くの聖像が生産・流通している。以下では、クスコの人たちの間で繰り広げられる聖像をめぐる実践を紐解くことで、聖なるモノとしての聖像が持つ特性の一端を明らかにしたい。

1 クスコのニーニョ像をめぐる現代の状況

まずは、本章での議論の中心となるニーニョ像の特徴について触れたあと、この像をとりまく現代の状況についておさえておく。

1-1 クスコのニーニョ像の特徴

ここでいうニーニョ像とは、イエス・キリストの幼き姿を表わした彫像である。対抗宗教改革[*2]を背景にスペインで興った幼子イエスに対する熱狂的な信仰は一六世紀以降、ヨーロッパから世界各地へと拡大した（Tenazas 1965: 4-5）。とりわけスペインやその植民地であったフィリピンや中南米の国々において篤い信仰を集めているが、幼子イエスの聖地は今日、カトリックの国々に広くみられる。[*3]

スペインによる植民地化後、新大陸におけるキリスト教布教の拠点となる教会や修道院が次々に建設されたクスコでは、一六世紀頃から女子修道会を中心に降誕祭を祝う慣習がみられ、そこではイエスの生誕の場面を模したベレン[*4]（belén）に、幼子イエスとともに父ヨセフと母マリアの聖像が飾られてきた（Mujica Pinilla et al. 2008: 75）。また、植民地期（一六〜一八世紀）には、修道院に入る子女たちが幼子イエスの像を持参していたという記録も残っており（Flores Ochoa 2013: 205）、聖像が人びとの信仰生活において重要な役割を担っていたことがうかがえる。そうした幼子イエスの聖像は、クスコではいつしか、旧約聖書に書かれたイエス・キリストの呼称の一つ「インマヌエル（スペイン語ではエマヌエル）」に由来する「マヌエリート（manuelito）」という愛称で呼ばれるようになり、今日でもクスコの人たちの間ではその名で親しまれている（Flores Ochoa 2013: 205）。一六世紀のスペインによる征服以前、インカ帝国の中心地であったクスコは、いまでも先住民やその混血（メスティソ）の割合が高い地域で、宗教実践においても土着文化とキリスト教文化のシンクレティズムが顕著な地域でもある。

写真１　「棘のニーニョ」像
（筆者撮影・ペルー、クスコ市・2016年）

こういったこともあり、現在クスコでみられるニーニョ像（＝マヌエリート）は、独特な風貌を呈していることでも有名である。短い巻き毛の頭髪が特徴的で、寝転んだ姿のほかにも椅子に座った格好のものなど、多様な形態の像がある。古典的なクスコのニーニョ像は、背光を表す冠を頭上につけ、チュニックなどの衣装を纏っていたが、近年では民族衣装に毛糸の帽子と古タイヤのサンダルを履いたもののほか、軍服やサッカーのナショナルチームのユニホームを着たものなど、世俗的な衣服を身につけた像が数多く登場している。

こうしたクスコのニーニョ像に新たな装いを生み出しているのが、クスコに拠点を置く聖像職人たちである。職人たちは伝統的なクスコのニーニョ像を再現する一方で、幼子イエスにまつわる伝承にもとづく新たな表現のニーニョ像も創出してきた。その一つが「棘のニーニョ（Niño de espina）」と呼ばれる聖像で、一九七〇年代頃に登場すると、クスコの人たちの間に急速に普及した。棘のニーニョ像は、片足をあげて、足裏に刺さった棘を抜こうとする姿の幼子イエスの聖像である（写真１）。この聖像は、あやまって棘を踏んでしまい泣き苦しむ牧童をみて、一緒に遊んでいた子供（幼子イエス）が、同じように自らの足にも棘を刺して友人をなぐさめたという、この地方に伝わる伝承をもとに創られた。[*5] このほかにもクスコには幼子イエスにまつわる有名な伝承がある。それは、貧しい羊飼いの少年の前に姿を現した幼子イエスが、少年が見失った家畜をいつの間にか元通りにしたという奇跡譚である。こうしたクスコに伝わる伝承とともに幼子イエスに対する信仰が広がると同時に、その姿を表現した特有のニーニョ像は、地元の人たちに特に親しみを持って受け入れられてきた。このような特徴からクスコのニーニョ像に関してはこれまで、地域の民芸品の一つとして芸術性やその形態的な特徴に関心が集まると同時に、様々な伝承をもとに人びとの信仰のあり方や歴史を追究する見方が主流を占めてきた（Mujica Pinilla et al. 2008; Torres, Flores-Hora, Cácres (eds.) 2013）。一方、本章ではより現代的な側面として、聖像の消費や流通の局面に目を向けたい。本章の冒頭でも触れたように、特にニーニョ像は近年、商品として多様な形態の聖像が次々と市場に送り出され、クスコの人びとの身近に溢れる宗教的なモノの一つにもなっているからである。

1-2　クスコにおけるニーニョ像の消費と流通

クスコの教会ではどこでもクリスマスの時期になると、イエスの生誕場面を表現した巨大なベレンが飾られ、ミサのなかでは神の子イエスが平和や幸せをもたらすことが繰り返し説かれる。またこの時期には、幼子イエスを祀る教会として名声の高いクスコのラ・メルセー教会で、ニーニョ像が写り込んだメッセージカードやカレンダーが販売され、そこにも「幼子イエスの到来が、愛と平和、そして多くの幸せをもたらす」と記されている。こうした教会での活動は、クスコにおける幼子イエスに対する信仰強化にもつながっている。

一方、クスコには年に一度、ニーニョ像が販売される特別な市があり、これが聖像の消費・流通の重要な機会になってきた。この聖像販売市は「サントゥランティクイ（Santurantikuy）」と呼ばれ、[*6] 毎年一二月二四日のクリスマスイブに、クスコ大聖堂前のアルマス広場で開催される。聖像販売市には、クスコの職人たちが制作した様々なスタイルのニーニョ像とともにそれに着せる衣装や寝具も売られている。[*7] 記録によると、この市は一九世紀頃からあったとみられる（Flores Ochoa 2013: 199-200; Romero 2013: 13）が、現在はその当時と比べてはるかに大きな規模になっている。特に二〇世紀後半以降は聖像を制作・販売する職人だけでなく、日用雑貨など様々な商品を売る行商人なども集まってくるようになり、かつて広場の半分にも満たなかった露店は広場全体を埋め尽くすまでになっ

ている (Flores Ochoa 2013: 201-202)。最近では、アルマス広場だけでなく、そこから少し離れたベレン広場にも降誕祭の前に聖像を売り出す市が立つようになっており、大小様々なニーニョ像を数十体も並べた店が何十軒と軒を連ねる状況からは、クスコにおける聖像消費が活況を呈していることがうかがえる。

クスコでは現在、教会や修道院などの宗教施設だけでなく、会社や学校、さらに家庭でも降誕祭にニーニョ像を飾るのが一般的になっている。ある研究者は、一九七〇年代には二万体近くのニーニョ像がクスコには存在したという (Mujica Pinilla et al. 2008: 75) が、その数は今日さらに増えているとみられる。クスコでは二〇世紀後半から、地方の農村や近隣県からの人口流入が続いており、ここ数十年で人口が劇的に増えているからである。統計資料によれば、一九七二年におよそ一二万人だった街の人口は、二〇一七年には四二万人を超えるまで増大している。新しく街に移り住んだ人たちや新たに家庭を築いた若い世代の人たちのなかにも、降誕祭を祝うベレンを飾るために、クスコに伝わるニーニョ像であるマヌエリートを求める人も多くみられる。このように、クスコでは数多くのニーニョ像が出回るようになっており、その背景には教会だけでなく聖像を販売する市場も重要な役割を担ってきた。

以下では、こうした市場での聖像消費が増えるなか、クスコの人たちが様々なかたちで手にした聖像のその後のゆくすえを追っていきたい。そのために、人びとが所有する聖像をめぐる実践に、ここでは時間軸を差し込み、聖像が世代をこえて、複数の人の手を介してやり取りされる局面に焦点をあてていく。その視点は、モノのライフサイクルに着目した人類学者のアルジュン・アパデュライやイゴール・コピトフの研究に通じるところがある。アパデュライは『モノの社会生活 (*The Social Life of Things*)』のなかで、モノ自体の意味をそれが人びとの間で取引されるプロセス、つまりモノの使用や軌跡のなかから読み取ることを説いた (Appadurai (ed.) 1986)。これをうけコピトフは、モノが商品として流通するプロセスに注目し、「商品 (commodity)」と「特異 (singular)」という二つの位相の間を交換によって移動する存在としてモノを捉えている (Kopytoff 1986)。一方、本章が対象とする聖像の場合、彼らが前提とした商品的脈絡とは異なる文脈でやり取りされるモノであり、この点に鑑みれば、むしろここでの視点は、魔除けの「ちまき」を事例にその流通プロセスに注目した土谷輪（2020）に近い。土谷はコピトフが述べた「特異化」が交換不可能性を発揮するという点に疑義を唱え、「ちまき」のようなモノは、人びとに神聖なモノとして扱われるという意味で「聖性」を有しており、この「聖化」によって交換や流通が可能になるモノであることを論じている（土谷 2020）。聖なるモノとしての側面をもつニーニョ像もこのように「聖化」することで、人びとの手を渡っていく存在と考えられる。

2　聖像の取り扱い

本節では、ニーニョ像と人びとの関係について把握するために、まずはクスコの人たちが所有する聖像がいかにして扱われるのかをみていきたい。以下では、現地での参与観察の情報をもとに、教会と家庭という二つの異なる場に焦点をあて素描しておく。

2-1　教会における儀式

カトリックの典礼暦では、キリストの降誕から洗礼までの期間が降誕節にあたる。それは一二月二五日のクリスマス（降誕祭）に始まり、一月六日の主の公現祭とそのすぐ後の日曜日まで続く。[*8] この降誕節には、クスコの教会でもイエスの誕生に因んだミサが行われる。特に降誕祭のミサには、多くの信者が教会を訪れ、教会内はニーニョ像を持った家族連れでいっぱいになる。この日、街の主要な教会では午前と午後に計四～五回のミサが行われるが、[*9] ほとんどすべての参列者がニーニョ像を持参しており、その様子からは幼子イエスの信仰の普及と聖像の所

写真2　教会の祭壇前に所狭しと並べられたニーニョ像（筆者撮影・ペルー、クスコ市・2020年）

有率の高さがうかがえる。ミサに参列する人たちは、ニーニョ像を布に包んで抱きかかえたり、籠やお盆に載せたりして教会へと運んでいく。教会内では、ミサが執り行われている間、家々から持ち込まれたニーニョ像が祭壇の前に並べられる（写真2）。ミサが終わると、司祭によってそれらのニーニョ像に聖水が振りかけられ、信者たちはこうして祝福された聖像を持って自宅に戻っていく。

同様の光景は、一月一日と一月六日の公現祭の後の日曜日にもみられる。公現祭の後の日曜日は、カトリックでは主の洗礼の祝日とされている。主の洗礼のミサが終わると、イエスの誕生と関わる一連の教会行事が事実上終了したことになり、この日を境に教会にニーニョ像を持ってくる人はほとんどみかけなくなる。

2-2　家庭における聖像の管理

教会の行事と並行して、一二月の降誕祭が近づくと家庭でもベレンを飾るための準備が始まる。

多くの場合、家の玄関口を入ってすぐの応接間やリビングなど人目に付く場所にベレンが用意される。ベレンには必ず飼い葉桶や寝具が設けられており、一二月二五日を迎えるとニーニョ像がそこに安置される。クスコの人たちはこの日、家族や親戚が集まってイエスの誕生を祝うのが慣わしになっている。またこの時期には、自分の家以外のベレンをみるために親戚や知人宅を訪れたり、最近では教会や街の公共施設に飾られる巨大なベレンをみて回ったりしながらそれぞれに特色のある生誕の光景を楽しむ人もいる。

ベレンが飾られている期間、聖像の持ち主は自宅に飾るニーニョ像のために自分で衣服を作ったり、新しく買った服に着替えさせたり、おもちゃを購入したりする。ベレンが自宅に飾られるのは一般に、一月六日の公現祭が過ぎて、主の洗礼のミサが終わる頃までである。この時期を過ぎると、家々のベレンは解体され、聖像は箱に入れて保管されるか、ガラス棚などに置かれ、次のシーズン（一二月）がやってくるまで、ニーニョ像の出番はなくなってしまう。

このように、ニーニョ像は教会や自宅に一年中置かれているような聖像とは異なり、それが登場する期間は一年のうちわずか数週間という短いものである。そして、次のシーズンが来ればまた同様にベレンに飾られ、所定の期間が過ぎればまた人びとの前から姿を消すことになる。それは、一見すると毎年同じ儀式や行為の繰り返しのように映るかもしれない。だが、クスコの人たちは毎年ニーニョ像の服を替えたり、何か新しいアイテムを追加したりすることで、その様相を変え、聖像の独自性を高めている。このように所有者により聖像がカスタマイズされていく点は、ニーニョ像と同じくベレンに飾られるヨセフや聖母の像の場合にはみられない特徴でもある。こうしてニーニョ像は刷新されながら、永年にわたり持ち主によって大切に扱われる。しかし、やがてそれは一定の時が経つと、持ち主の手を離れていくことになる。聖像のゆくすえを探るためにも、次節ではこの点について複数の事例をもとに詳しくみていきたい。*10

3　親族間での聖像の継承

クスコの人たちは毎年のようにニーニョ像を飾り、それが壊れたら修理に出し、長きにわたり聖像を所有する。では、人びとはニーニョ像をどのような機会に手放すのだろうか。手放された聖像が歩む道とはいかなるものだろうか。この点に関して、現在三体のニーニョ像を持っているA氏（六〇代・女性）は、次のように話してくれた。

うちにはいま、三体のニーニョ像がある。一つは下の娘が大学生の時に、はじめてアルバイトでお給料を手にしたときに買ったもの。もう一つは、オバが私にくれたもの。そして、もう一つは義理の姉が四〇年くらい前にくれたもの。彼女は七年前に亡くなったけれど、いつもクスコから離れた別の町とクスコの間を行き来していたから、ニーニョ像をうちに預けていったの。自分のニーニョ像はいずれ息子にあげようと思っている。（**事例1**）

A氏の家にある聖像の一つは娘が買ったものだが、それ以外はオバと義理の姉からもらったものになる。そして彼女は、いつか自分の聖像を息子に譲る予定だという。クスコではこのように親族の間で、ニーニョ像が授受される例は数多くみられ、なかには数世代にわたり続いているケースもある。たとえば次のB氏（六〇代・男性）の場合がそれである。

うちのニーニョ像はいま、全部で二体ある。そのうち一体はとても古いものだ。自分は、その像を祖父から譲り受けたのだけれど、もとをたどれば高祖父の代のものだ。それが、曾祖父にわたり、祖父の姉、祖父、そして私までたどりついた。
もう一体のほうは、これとほぼ同じ大きさで、自分が買ったものだ。本当は別にもう一体あったけれど、〔嫁にいった〕

娘が持っていった。いま持っているニーニョ像は、二人の息子が家族を持ったらあげるつもりにしている。古いほうは長男に、自分が買った新しいほうは次男に譲る予定だ。（事例2）

B氏が持つ聖像の一つは曾祖父の代から三世代にわたって受け継がれてきたものである。その聖像は、B氏とつながる複数の親族の手を介して彼のもとにたどりついている。そしてそれは、将来的にはB氏の手も離れ、息子たちに受け継がれていくだろうことがわかる。クスコにはそのように代々継承されてきた古いニーニョ像を持つ家がいくつもある。実際、降誕祭に教会に持ってこられるニーニョ像のなかにも、形の古いタイプのニーニョ像が散見され、数世代にわたってニーニョ像が継承されてきた点がうかがえた。

このようにクスコでは、一定の歳月を経た聖像は親族へと譲渡されており、特に高齢になるほど、そうした傾向は強い。たとえば、八〇代のC氏（女性）の場合も、かつて複数のニーニョ像を持っていたが、現在はそれらすべてを手放しているという。

私がこれまでに持っていたニーニョ像は全部で五体かしら。最初に持っていたのは古いニーニョ像だった。その像はもともと祖父のもので、私は父からそれをもらった。もう四〇年以上も昔のことだけど。それを自宅近くの教会にあった聖母像の腕にしばらくの間、抱かせてあげていたの。そしたら、いつの間にか誰かが私のニーニョ像を持っていってしまったの。そのあと、教会に出入りしていた女性が、そのニーニョ像の代わりにといって、別のニーニョ像を一体くれた。その像は自分が持っていたニーニョ像ほど古いものではなかったけれど。それとは別に三〇年くらい前に自分で購入したニーニョ像があった。この像はうちの子が小さい頃にフェリアで買った。それが壊れたから、職人のところに直してもらいに行ったら、別のニーニョ像に取り違えられて戻ってきた。そのほかに、娘がくれたニーニョ像が一体あった。息子が小さい頃に買ったものも一体ある。あとは親しくしていた神父がくれたニーニョ像もあった。

表1　聖像の所有数と入手方法

事例	名前	所有数	入手方法			
			①自分で購入	②親族から	③知人から	④見知らぬ人から
1	A	3	0	3	0	0
2	B	3	2	1	0	0
3	C	5	2	2	1	0
4	D	3	1	2	0	0
5	E	4	1	2	0	1
6	F	3	0	2	0	1
7	G	4	0	3	0	1

いまは一体もニーニョ像を持っていない。私は六人の子供がいるけど、全部、息子や娘にあげてしまったから。みんな、家族ができたときに、自分たちのものが欲しいといって持っていったのよ。（**事例3**）

C氏は自分のニーニョ像が何度か取り違えに遭ったが、これまで五体のニーニョ像を所有していたという。先述のB氏と同様に、C氏もそれらの聖像を自分の子供たちが独立して家族ができたときに譲っている。

これらの事例にみるように、クスコではニーニョ像が親族間で広く継承されていることがわかる。そこでは、親から子へと譲るのが一般的であるものの、義理のキョウダイやオバから贈られることもあるように、特定の系統にかぎらないかたちで継承が行われている。それは持ち主が亡くなった際や、子供が独立して新しい家庭を築いた場合など、人生の様々な契機に引き渡されている。こうしてみると、ニーニョ像は、それぞれの家族の成長とともに増減を繰り返してきたといえる。そのため、クスコでは複数の聖像を所有しているケースが珍しくない。

表1はクスコの人たちのニーニョ像の所有状況について示したものである。上述の人たちをはじめ、複数の聖像を所有する人たちの個々の聖像の来歴をみていくと、クスコではニーニョ像を自分で買うより、むしろ他者からもらうことのほうが多いともいえる。六〇代のD氏（**事例4**）は「いま、うちにあるニーニョ像は三体で、一つは長男が生まれたときに義父がくれたもの。もう一つは、兄

が買ってくれたもの。あとのもう一つの古い像は、私の母から預かっているもの」と述べ、彼女が所有する聖像はすべて親族からもらったり、預かったりしているものである。

さらに注目すべきは、表の④に示したように、ニーニョ像の授受が親族や友人・知人など既知の人との間だけではない点である。次にこの点について詳しくみていこう。

4　見知らぬ人からの聖像の譲渡

すでに述べたように、クスコではニーニョ像をいくつも持っている人が少なくない。彼らのなかには、親族や友人以外の見知らぬ人物から聖像を受け取っている人もいる。そこでは、いかなるやり取りがなされているのだろうか。以下では、この点について事例をもとに検討していきたい。現在、全部で四体の聖像を持っているE氏（七〇代・女性）は次のように説明してくれた。

私が持っているニーニョ像の一つはとても古い像で、これは父が持っていた像。父が亡くなったときに、遺品のなかから持ってきたの。二つ目の像は、四〇年くらい前に一人の女性にリモスナして得た。ちょうど、夫と一緒になって、自分たちのニーニョ像を欲しいと思っていたから。三つ目の像は、娘がリマにいた友人に贈ったもの。その友人は亡くなってしまって、彼女のキョウダイがそのニーニョ像を持っていったけど、その人が改宗したので、いらなくなったから娘がそれを引き取った。四つ目の像は、義理の娘の父親がくれた。いま持っているニーニョ像は自分の五人の子供たちのうち、もっとも信仰心のある者にあげようと思っている。四〇年前に私が手にした像は、リマにいる娘にあげ、あとは私が亡くなった後にこの家を引き継ぐことになる息子のものになると思う。**（事例5）**

E氏の家には、親族から引き継いだ二体の聖像がある。これに加えて、もともと彼女の娘が友人に贈った聖像も、友人のキョウダイを経由して彼女のもとにある。そして、それらの聖像以外に四〇年近く前に「一人の女性にリモスナをして得た」という聖像が一体あり、これが見知らぬ人からの譲渡にあたる。この「リモスナ」の意味については、次節で詳しくみていくが、この単語自体は「施し」を意味するものである。クスコでは、他者から聖像をもらう際にこうした特殊な表現が用いられる場合がある。ここでは、さらに事例を提示しながら、見知らぬ人物との間でいかなるやり取りがあったのかについて焦点をあてながらみていきたい。

次に紹介するF氏（四〇代・女性）もまた彼女の家を訪問した赤の他人から聖像を受け取った経験がある。彼女はそのときのことについて、次のように説明している。

> 私が持っているニーニョ像は三体。一つはもともと母のものだった。母が亡くなったとき、母が持っていた二体のニーニョ像をどうするかについてキョウダイ六人の間で話し合った結果、三人の姉妹の間で誰がどれを持っていくか相談することになった。そのうちの一体を妹が、残りの一体を私と姉が交代で持っていようということになったけど、結局私が持っている。あとは姉からもらった聖像が一体ある。姉は二体ニーニョ像を持っていたから。一体を私にくれるといったの。それ以外に夫と一緒になってから、リモスナして手にしたニーニョ像がある。これはとても古いニーニョ像だと思う。
>
> リモスナしたのは一〇年くらい前かな。六月のある日、誰かが家の扉をたたいたの。夫が扉を開けると見知らぬ男がそこに立っていて、彼は腕に抱いていた一体のニーニョ像を私たちにみせてくれた。私はそれが気に入ったので、思わず彼に「いかほどですか？」と尋ねると、彼は「あなたのお好きなだけ」と答えた。そこで私は持っていた六〇ソル[*11]（約二〇米ドル）を渡した。私はこのニーニョ像の服を替え、そしてミサに持っていった。そのときは気づかなかっ

たが、このニーニョ像は渡した金額以上の価値のあるものだ。今ではこんな古いニーニョ像は手に入らないと思う。そのニーニョ像がとても気に入ったので、私はその場で男にヨセフとマリアの像も持ってきてほしいと告げた。しかし、彼はその後二度と姿を現すことはなかった。（**事例6**）

この事例で興味深いのは、F氏がリモスナをしてニーニョ像を手にした際に相手に金銭を渡している点である。つまり、見知らぬ人物との間では金銭と引き換えに聖像を受け取っていることになる。そして彼女は男から聖像を受け取り、さらに別の像も欲しいといったが、その後、男からは何の音沙汰もなかったという。この人物はいったいなぜニーニョ像を持ってやってきたのだろうか。こうしたニーニョ像を持って家を訪問する人物の存在について、示唆的な発言をしていたのが次に紹介するG氏（四〇代・男性）である。彼もまた赤の他人からニーニョ像を手に入れた経験がある。G氏の家には四体のニーニョ像があるが、そのうち一体がそれにあたる。彼はその聖像を手にした際のことについて次のように話してくれた。

一五年くらい前に、男の人がうちにニーニョ像を持ってきたことがある。そのとき、うちにニーニョ像はあったけれど、見放すことができなかった。それでリモスナした。一〇〇ソルくらいあげたと思う。男の人の顔はもうまったく覚えていない。そのときのニーニョ像のことしか記憶にない。ただ、もっと前にも、母にニーニョ像を持ってきた人がいた。そのときは、「考えさせてくれ」といったら、帰ってしまった。以来、二度とその人をみることはなかったけれど。この辺の家を回っていたのかもしれない。ニーニョ像が不要になると、そうやって持ってくる人がいる。クスコの人はニーニョ像を捨てることができないから。壊れたら直すし。だって聖像は宗教的なモノだから。捨てることなんてできない。だから、どんどん家に増えてしまう。（**事例7**）

G氏もニーニョ像を受け取った際に、相手に金銭を渡している。彼の家の場合、ニーニョ像を持った人物が訪れたのは、一度きりではなかった。その経験からG氏は、その人物はニーニョ像が不要になったが、簡単に捨てることもできず、聖像を持って家々を回って引き取り手を探しているのだという。実はクスコでは、このように聖像を抱えた見知らぬ人物と遭遇することは、それほど珍しいことではないようである。そして、そこでは必ずしもE氏やF氏のように、聖像を受け取るとはかぎらないのも確かである。たとえば同様の経験をした二人の女性は、次のように証言している。

H氏（五〇代・女性）：「若い頃に友人と二人で家の近くを歩いていたとき、ニーニョ像を持って近づいてきた人がいた。ただ、そのとき私は何も持っていなかったので、聖像を受け取らなかった」

I氏（四〇代・女性）：「家族で夫の実家へ行ったとき、偶然にもニーニョ像を持ってきた人がいた。私はそれが何を意味するのかわからなかった。ただ、夫は何か知っていたようで、後で夫から聞くと、その人は聖像を譲ってくれるということだったらしい」

この二人の女性はどちらもニーニョ像を受け取らなかった。しかし、これらの事例をみると、クスコの人たちのなかには、ニーニョ像を抱えて家々を訪ね歩く人物の存在を知る人も少なくなく、それが何を意味するのかについてもある程度知れ渡っているようである。G氏の証言に依拠するなら、それは不要になった聖像の引き取り手を探しているということである。だが、ニーニョ像を譲り受けた人は、すでに自分のニーニョ像を持っていた人がほとんどで、E氏やF氏のように新しい家族との生活のなかで別の聖像を欲しいと思っていた人もいれば、G氏のように特に望んでいたわけではない人もいる。にもかかわらず、いったいなぜニーニョ像を受け取るのだろうか。G氏は「見放すことができなかった」と哀れみの念を示したが、一〇〇ソルもの金銭を渡して、なぜ聖像を引き取ったのだろうか。聖像の処理をめぐる問題を探るためにも、以下ではこうした点について掘り下げていくことにしよう。

5　聖像の授受

ここでは、聖像を介してなされる、提供者と受託者との間のやり取りをいまいちど見直しながら、ニーニョ像の授受がいかにして成り立っているのかを紐解いてみたい。その際に注目したいのは、両者間のやり取りとその行為に対してクスコの人たちが使うリモスナという言葉である。

5-1　聖像の取引

前節でみたように、クスコの人たちは聖像を受け取る際に、金額は異なるものの相手に対して金銭を渡している。そのやり取りは、聖像と金銭の交換や売買にも似た取引のようにみえる。しかし注目すべきは、F氏の場合のように、金額を尋ねられた相手が「あなたのお好きなだけ」と答えているように、ここでの金額を決めるのが聖像を受け取る側にある点である。つまり、品物を提供する側が価格を定める市場での聖像の売買とは異なる取引ということになる。ここにはいかなる交換の論理が働いているのだろうか。

ここで、聖像を受け取った側が渡した金銭をみても、その額は聖像販売市で売られている聖像の価格を下回る値である。実際、筆者はF氏とG氏が手に入れた聖像をみたが、いずれも三〇～四〇センチほどの体長の聖像で、現在売られている同等サイズの聖像の価格にすると二〇〇～三〇〇ソルにもなる。さらにそれらの聖像は、その形や造りからして古いタイプの聖像であるとみられる。F氏自身が「このニーニョ像は渡した金額以上の価値のあるものだ。今ではこんな古いニーニョ像は手に入らないと思う」と述べているように、その希少性からしても手にした聖像の価値の高さがうかがえる。クスコ出身の人類学者ホルヘ・フローレス・オチョアによれば、ニーニョ像は彫像としての完成度だけでなく、その古さにも価値があり、人びとは古いニーニョ像を手にすることを切望しているという（Flores Ochoa 2013: 204）。だからこそ、提供者が持参したニーニョ像に魅せられ、それを手にしたいと思ったと考えることが可能かもしれない。だが、こうした聖像の市場価値や歴史的価値といった側面のみで、ここでのやり取りを捉えるのは早計である。F氏が「そのときは気づかなかった」というように、聖像のやり取りに際して、どちらかといえば金額や古さといった側面は二の次である。

むしろここで重要なのは、金銭を渡すという行為そのものにあるといえる。贈与交換論にひきつけて考えれば、それは提供された聖像に対して、何らかの返礼をすることである。人類学者のマルセル・モースは『贈与論』のなかで、贈りものの交換をめぐって、与える、受ける、お返しをするという三つの義務を指摘している（モース 1962）が、聖像を受け取った人たちが渡した金銭は、与えられた聖像に対するお返しとみることができる。また、前節で言及したH氏が「そのとき私は何も持っていなかったので、聖像を受け取らなかった」とほのめかしているように、ここでも提供されたニーニョ像を受け取る場合は、何かを返すことが必要だと考えられている。そして見逃してはならないのは、このやり取りの場合、返礼が不等価でも問題にされない点である。その理由は、彼らが聖像を手にした際に使うリモスナという言葉に含意されている。

5－2　リモスナが含意するもの

すでに述べたように、リモスナは施しや施し物を意味する。キリスト教において、施しは祈りや断食と並ぶ善業の一つとされている。クスコをはじめペルーの教会には、リモスナ（Limosna）と書かれた小さな箱が置かれているが、それは教会へ参詣した信者が喜捨として金銭を投入するためのものである。また、道端でみかける物乞いなどに対して、金品を与える行為もまたリモスナと呼ばれ、信仰心のある人に求められる善業である。いずれも金品を出す側がその金額や量を決めることができる。

見知らぬ人から聖像を提供された際に、リモスナという言葉を用いて彼らが渡した金銭もまさにそうした施しの一種といえる。だからこそ、金額については「お好きなだけ」というように、その対価の量が定まっておらず、同じようにニーニョ像を受け取ったとしても、渡す金額が異なるのである。多くの場合、ニーニョ像の提供者に出くわすのは不意の出来事である。そのように突然、何の前触れもなく訪れた際、大抵の人は手持ちの金銭がないのも事実である。たとえば、H氏は「何も持っていなかった」と証言しており、I氏は「何を意味するのかわからなかった」と困惑の意を表していた。その一方で、六〇ソルを渡したF氏は、そのとき財布にあったのが、その金額だったことも後に明かしてくれた。咄嗟の出来事にF氏は、いうなれば、ありったけの手持ちの財を差し出したのである。このように聖像の贈与に対する返礼を、リモスナという宗教的な行為に読み替えることで、金額や価値の問題を通り越して、その行為そのものに善業という意味が生じると考えることができる。

またクスコでは、見ず知らずの人物とのやり取りだけでなく、既知の人との間でも、聖像を譲ってもらった際にリモスナという言葉を用いる人もいる。たとえば、F氏は自分の姉から聖像をもらった際に四ソル渡してリモスナをしたという。ただし、通常はそのように親族同士でニーニョ像がやり取りされた場合、ほとんどが無償で譲渡されることもあり、リモスナという言葉を用いることは稀である。同様に、筆者がニーニョ像を所望した際に、知人の一人は「あなたはリモスナしたいのか。ならば聖像を提供してくれる知り合いがいるので紹介する」といわれた。それはいい換えれば、筆者がいくらか金銭を出すなら、聖像を譲ってくれる人がいるということであった。

実はクスコの人たちの間では、そのようにニーニョ像を手にする際に自分で聖像を購入するより、親族など他者から贈られることが望ましいとされている。これはニーニョ像を贈ることによって、単に相手にモノを与えるだけでなく、相手の善業を導くからともいえる。また、キリスト教的な考えにもとづけば、それがひいては彼岸での救済とも結びつくものとなる。*12 こうして、提供者あるいは贈与者が誰であれ、聖像を受け取った人は、リモスナという象徴的な返礼行為を実践することによって、聖像を手にするだけでなく、キリスト教的な救済の道が開かれることになるのである。表1に示したように、親が子に贈るなど、親しい親族や知人の間で頻繁にニーニョ像がやり取りされている一因もそこにあると考えられる。

このように、クスコにおけるニーニョ像の授受の背景には、キリスト教の善業の考えが働いており、その相手が親族や知人以外の見知らぬ人物の場合にはより明確なかたちとなって表れているとみることができる。見方を変えれば、受託者は善業が目的であり、聖像を獲得することは二次的ともいえる。だが、こうしたやり取りが成立するためには、幼子イエスに対する信仰があることはもちろん、カトリックの規範的な実践を理解し、まさにリモスナという行為に精通している必要がある。本章の事例にあげた人たちはいずれもカトリック信者であるが、降誕節など特別な時期にかぎらず、普段から教会へと通い、祈りを捧げるだけでなく、教会のための奉仕やリモスナを実践しており、その意味でリモスナが持つ意味を少なからず理解している人たちともいえる。

おわりに

本章では、聖像の継承をめぐる人びとの実践に焦点をあてることで、クスコの街で増え続けるニーニョ像のゆくすえを捉えてきた。クスコにおいてニーニョ像は、所有者が不在になったり、聖像が不要になったりした場合であっても、親族や信仰心のある人の手により受け継がれてきた。また聖像消費が増すなかで、クスコでは複数のニーニョ像を手にする人も珍しくないが、その場合、ニーニョ像はいったん蓄積されたとしても、一定の所有者のもとにとどまり続けることなく、やがてまた別の人たちの手に渡っている。それを支えてきたのがリモスナという キリスト教の善業とも結びついた考えである。人びとの信仰とモノが結びつくことで、ニーニョ像はモノとしての生涯を完全に終えることなく存続し続けてきたことがみてとれる。このように、モノとしてのニーニョ像は信仰の文脈に入ることでその流れが可能になるとみることができ、まさに「聖化」することがそれを可能にしているといえる。

この点を示す事例を最後に一つ紹介しておきたい。クスコで聞き取りをするなかで出会った一人の男性はひょんなことからニーニョ像を手にすることができたという。かつてサクリスタン（聖具係）として、教会に足繁く通っていたその男性は、公現祭が過ぎても祭壇にニーニョ像が置きっ放しになっていて、その後何ヶ月経っても持ち主が現れなかったので自分の家に持ち帰ったという。以来、その男性は毎年のようにこのニーニョ像を自宅のベレンに飾り、その服を替えたり、家族とともにニーニョ像を持って教会に参詣したりしているという。ニーニョ像が教会に意図的に放置されたのか、あるいは単なる置き忘れなのかを現時点で知る手立てはないが、置き去りにされた聖像に新たな引き取り手が現れ、中断したモノの流れが再開されていくのも、それが信仰心のある人によって聖なるモノとみなされたからにほかならないだろう。

ニーニョ像は、クスコの人びとが幼子イエスの誕生を祝ううえで欠かせない存在である。その意味で、聖像は人びとにとっては信仰の道具、つまりモノでしかない。しかし、モノとしてのニーニョ像が媒介する人間の行為のなかに、人びとの信仰が立ち現れてくる。それが、まさに聖像という宗教的なモノの特徴の一つではないだろうか。

本章でみてきたように聖像の授受は今日、親族や友人との間だけでなく、見知らぬ人物との間でも頻繁に行われるようになっている。そうした赤の他人からニーニョ像が授受されるケースは、いつから始まったのか定かではないが、クスコの人たちの話ではここ数十年の間で特に目立つようになってきたという。その背景には単に個人や家庭の事情により聖像が行き場を失ったという終末の問題だけでなく、市場において加速する聖像の生産・消費もある。そのようにクスコでは、幼子イエスの信仰拡大とともに聖像が大量に消費されたものの、宗教的なモノの処理は一筋縄ではいかず、市場から外れて人びとの間を行き交うのが現状である。*13

注

1 カノン法はカトリック信者としての権利や義務について定めた教会法。第一一七一条では、「奉献又は祝福によって聖なる表敬に当てられた聖なる物は、これを丁寧に取り扱い、個人が所有する場合であっても、世俗的な用途のために又はその固有の目的以外のために使用してはならない」と綴られている(日本カトリック司教協議会 1992: 620-621)。

2 対抗宗教改革(Counter Reformation)は、ルターの宗教改革に対抗する反動として、カトリック教会内部から起こった改革運動をさす。『新カトリック大事典』によれば、ルターの改革に先行してカトリック教会内部に存在していた自発的な改革運動とは区別されるものである(上智学院新カトリック大事典編纂委員会 1996: 1117-1119)。

3 ニーニョ像に関しては、フィリピンのほか、中米のメキシコやその移民が住む米国の地域でも盛んに信仰されている(Cordero López 2014; Scheper-Hughes and Vargas 2014; Scheper-Hughes 2016; 川田 2012; 川本 2019)。

4 ベレンはキリストが生まれたベツレヘムを意味するスペイン語である。キリストの生誕の場面を表す飾りは、ほかにも「ナシミエント(nacimiento)」や「ペセブレ(pesebre)」などの名でも呼ばれる。

5 「棘のニーニョ」はクスコの聖像職人アントニオ・オラベ(一九二八~二〇一六)が創作したもので、彼はその着想となった幼子イエスの奇跡の伝承を、クスコのビルカバンバ村で聞いたという。のちにこの伝承が街にも広まり、現在は多くの職人がこの像を制作している。

6　この名称は、スペイン語で聖人や聖人像を指す「サント（santo）」と先住民言語のケチュア語で売ることを表す「ランティクイ（rantikuy）」という語が合わさった言葉である。

7　クスコの聖像販売市やそこで売られるニーニョ像については拙稿（八木 2018, 2020）を参照されたい。

8　公現祭は神の栄光がキリストをとおしてすべての人に現れたこと、特に東方から三人の博士が来訪したことを記念する日。

9　クスコ中心部に建つラ・メルセー教会は、幼子イエスにゆかりのある教会として、多くの信者がニーニョ像を持って参詣する。降誕祭および公現祭のミサは午前と午後に計八回も行われる。

10　本章の以下の節で引用されている事例は、筆者がクスコで行った、聖像の所有実態に関する聞き取り調査をもとにしている。調査対象はクスコ市中心部にあるAN教区の住民（サンティアゴ区）とクスコ市南部のサン・ヘロニモ区の住民が中心であるが、それ以外に筆者が調査で知り合った人物からの情報も含まれる。調査は二〇一六年九月、二〇一七年一二月、二〇一八年一月、二〇一九年一月、二〇二〇年一月に実施した。なお、これらの調査は日本学術振興会科学研究費（15H06842、17K13594）により可能になった。

11　一ソル＝約三〇～四〇円。クスコ市内の乗り合いバスの料金二回分（一回＝〇・五ソル）に相当する（二〇一七年当時）。

12　この点に関して伊藤幹治は、キリスト教社会では、かつて教会への寄進と並んで貧者に財を分かち与える喜捨もまた、来世での救済が期待される行為と考えられたという（伊藤 1995: 236）。また、歴史学者の阿部謹也は、中世以降のキリスト教では、地上の財を教会に寄進するものは罪の宥しが与えられ、神の恩寵に恵まれるとされ、神（教会）への贈与によってキリスト教的な彼岸における救済が確保される道がつけられたと述べている（阿部 1982: 52-53）。

13　ニーニョ像が首都リマの骨董品店や制作者によってネット上で販売されているのを目にしたことはあるが、現時点（二〇二四年）では聖像の授受を容易にしたりするマッチングサイトなどに関しての情報は得ていない。ニーニョ像の授受の仕方については、今後も注視していきたい。

参考文献

〈日本語文献〉

阿部謹也 1982「ヨーロッパ・原点への旅――時間・空間・モノ」『社会史研究』1: 1-81。

伊藤幹治 1995『贈与交換の人類学』筑摩書房。

川田牧人 2012「可視化される祭祀・崇拝――セブの〈グアダルーペの聖母〉の伝承空間をめぐって」片岡樹編『聖なるもののマッピング――宗教からみた地域像の再構築に向けて』CIAS discussion paper, no.26、pp. 64-72、京都大学地域研究統合情報センター。

川本直美 2019「幼子イエス像をあやす――メキシコ西部村落におけるカトリックの実践を事例に」『文化人類学』83(4): 536-553。

上智学院新カトリック大事典編纂委員会編 1996『新カトリック大事典』研究社。

土谷輪 2020「巡る魔除けから紐解く社会――京都における「ちまき」の流通に関する考察」『文化人類学』85(3): 436-452。

日本カトリック司教協議会 1992『カトリック新教会法典』有斐閣。

モース、マルセル 1962『贈与論』有地亨訳、勁草書房。

八木百合子 2018「宗教的なモノをめぐって」『月刊みんぱく』42: 2。

―― 2020「受け継がれるアンデスの聖像」『季刊民族学』173: 94-103。

〈外国語文献〉

Appadurai, Arjun. (ed.) 1986. *The Social Life of Things: Commodities in Cultural Perspective*. Cambridge: Cambridge University Press.

Cordero López, Rodolfo. 2014. *El Niñopa. Glorioso niño xochimilca*. México D.F.: Consejo nacional para la cultura y las artes.

Flores Ochoa, Flores A. 2013. Santurantikuy. In Torres, Fernando. David Flores-Hora. Roger A. Cácres. (eds.) *Cusco: herencia y creación*, pp. 199-209. Lima: ICPNA, Fondo Editorial de la Universidad Ricardo Palma.

Kopytoff, Igor. 1986. The Cultural Biography of Things: Commoditization as Process. In Appadurai, Arjun (ed.) *The Social Life of Things:*

Commodities in Cultural Perspective, pp.64-92. Cambridge: Cambridge University Press.

Mujica Pinilla, Ramón et al. 2008. *Orígenes y devociones virreinales de la imaginería popular*. Lima: ICPNA, Fondo Editorial de la Universidad Ricardo Palma.

Romero Pacheco, Martín H. 2013. *El Santurantikuy: Ayer, hoy y mañana cambios, permanencias y posiblilidades*. Cusco: Cusco Graph S.A.C.

Scheper-Hughes, Jennifer. 2016. Cradling the Sacred: Image, Ritual, and Affect in Mexican and Mesoamerican Material Religion. *History of Religions* 56(1): 55-107.

Scheper-Hughes, Jennifer and Daisy Vargas. 2014. Traveling Image of the Holy Child of Atocha (Santo Niño de Atocha), Plateros, Mexico. *Online Journal of the Center for the Study of Material and Visual Cultures of Religion*. （https://mavcor.yale.edu/conversations/object-narratives/traveling-image-holy-child-atocha-santo-ni-o-de-atocha-plateros　二〇二〇年三月閲覧）

Tenazas, Rosa C. P. 1965. *The Santo Niño of Cebu*（San Carlos publications, Series A: Humanities No.4). Cebu City: San Carlos Publications.

Torres, Fernando, David Flores-Hora, Roger A. Cácres. (eds.) 2013. *Cusco: herencia y creación*. Lima: ICPNA, Fondo Editorial de la Universidad Ricardo Palma.

第7章　トルコにおけるモスク寄進絨毯の今昔
——ローカルな「篤志の標」の転生

田村うらら

はじめに

これを見るとね、心が落ち着くの。私が死んで、墓場まで行くとき、私のうえでこの絨毯をみんなが見るわ。そのあとはモスクでみんなが私の絨毯を見る。祈りに来るたびに、あぁ、あれはハティヂェ婆さんの絨毯だねって。いいねって。そんなふうに想像するとね、なんだか気持ちが静かになるの。（二〇〇六年トルコ共和国ムーラ県ミラス郡カラヂャヒサル村、七〇歳代の寡婦ハティヂェの語り）

これは、トルコの絨毯生産の盛んな村落で、「ハティヂェ婆さん」が筆者に向かって、自分の死後寄進する予定の自作の絨毯を指さしながら語った言葉である。

「寄進」と聞いて、私たちは何を思い浮かべるだろう。見当もつかない、という若い世代もいるかもしれない。しかし想像するに、寺社の境内に並ぶ灯籠や鳥居、狛犬などの石像石碑の類、あるいは石柵の裏側に、「寄進」「寄贈」の文字を見たことがある人は、多いのではないだろうか。

『広辞苑（第七版）』によれば、「寄進」とは、「社寺などに金銭・物品を寄付すること」とある。寺社の改築や屋根の葺き替え、数十年に一度の大きな行事などに際し、檀家や氏子らが金銭等を寄付してその大きな出費を支えることを知っている人もいるだろう。あるいは、封建制の時代には、有力者が寺社に土地を寄進してきた歴史もある。このような宗教施設等への民間からの自発的な寄付行為は、古今東西で行われてきたことである。本章では、イスラーム世界の一角に位置するトルコにおいて、慣習的にモスクに寄進されてきた手織り絨毯の今昔の状況を事例に、蓄積される大量の宗教的モノが現代の経済社会的変化の中で次第に「扱いづらいモノ」となってゆく過程を描く。それら寄進絨毯は、手織り絨毯という特質を有するがゆえに、産業化の進展による機械織り化繊絨毯の普及、グローバル市場での手織り絨毯の商品価値の高まり、地域の手工芸としての遺産化などの影響を被ってきた。そうした宗教的モノが度々時代の流れに翻弄される中で、個々の寄進絨毯の価値づけは、かなり偶発的に変わりうること、そしてそれに人びとがいかに適応しようとするのかを明らかにするのが、本章のねらいである。本来寄進先の地元のモスクに帰属するべき寄進絨毯たちが、別の用途や場所に転用／転出させられようとする時、各関係者がいかに反応し、対処したかを精査することにより、それぞれのアクターにとっての「こだわり」が炙り出されてゆくだろう。

まず、イスラーム世界において「寄進」にあたるのはどのような実践だろうか。イスラームは、イスラーム的に公正な手段と過程によるものである限り、商業を積極的に推奨する宗教であることはよく知られている。それと同時に「持てる者」の寄付・寄進も強く奨励されている。イスラームにおいて、ムスリムにとって基本的な信仰実践上の義務「五行」の三つ目に「ザカート（喜捨）」があるが、さらにこの義務の寄付行為に加えて任意の寄付「サダカ（寄付・寄進）」がある。これにはお布施のような心付けや食べ物の振舞いなどから、モスクやイスラーム学校のための土地や建設費など幅広い寄付行為が含まれる。なお、特に宗教施設・公共福祉に関わる不動産の供出に関わる寄付を中心に、基金として管理するイスラームのシステムは、ワクフと呼ばれる。トルコ共和国においては、国のワクフ総局と呼ばれる官庁が管理しているが、特に動産で耐久性や歴史的価値の高くないものは、厳密な登録管理がなされてはいない。本章で取り上げる絨毯は、まさにこのような曖昧な位置づけにある寄進財である。

1　トルコにおける小規模モスクと地元住民

トルコ国内各地の都市部には、オスマン朝時代やトルコ共和国成立後に建てられた数々の大型モスクがあり、特に歴史的価値のあるものは観光対象としても人気が高い。それらは皇帝など時の権力者が建てさせたモスクであり、たとえばブルーモスクの名で親しまれるイスタンブルのスルタン・アフメット・ジャーミィなどは、その典型である。多額の資金が投じられ、著名な建築家の設計によるこうした都市の大型モスクは、壮麗・荘厳という形容がふさわしい。

他方で、外部者に注目されることはまずないが、都市の古くからの街区やどんなに辺鄙な村にも小規模なモスクやメスジットと呼ばれる礼拝所がある。それらの多くは地元の民間の篤志家が私財を投じ、必要に応じて村人の共同作業などを経て建てられたものである。多くはミナレットと呼ばれる尖塔とドームをもち、遠目にもモスクとわかるが、上部にドームのないごく簡素な四角い箱型のものもある。これら小規模モスクには、地元の住民が金曜の集団礼拝や断食月の礼拝に集まったり、夏休みの子供たち向けのクルアーン教室が開かれたりしており、地元密着型と言って良いだろう。都市の各地区や村落部の隅々にエザーンを届けて日々人びとの生活リズムを作っているのも、近隣住民の訃報をアナウンスし葬儀が執り行われるのも、これらの小規模モスクなのである。ただし、地元密着型であるとはいえ、トルコではこれらのモスクも国の宗務庁に登録されており、イマームと呼ばれる管理人が、宗務庁から派遣されてその管理を任されている。彼らはあくまで公務員であり、公立学校教員や役場職員と同様、通常数年ごとに異動が繰り返される。*1

では、これらの地元密着型の小規模モスクと人びとの関わりを、寄進された絨毯というモノを通してゆくことにしよう。

2　手織り絨毯を寄進する慣習

モスクはムスリムにとって心落ち着けてアッラーと向き合う礼拝の場であり、必ず入り口で靴を脱いで上がる。中には絨毯が敷き詰められており、礼拝者はその上で額を何度も床につける平伏礼を行う。今日では、ポリエステルなどの化学繊維の原料でできた機械製の絨毯が、壁から壁に継ぎ目のない状態で敷き詰められているところがほとんどである。しかし二〇世紀後半にそのような絨毯が普及する以前は、比較的大判ながら色もサイズも様々な手織り絨毯が、隙間なく重ねられながら敷かれていた。

トルコの絨毯研究者ベキル・デニズによれば、アナトリアには、モスクに絨毯やキリムなどの毛織敷物を個人が寄進する古くからの民間の慣習がある。その絨毯等は、「オリュムリュックーディリムリック（*ölümlük-dirimlik*）の絨毯やキリム」と呼ばれることが一般的である（Deniz 1994: 283）。

オリュム（*ölüm*）とは、トルコ語で死を意味する。またトルコ言語協会の辞書によれば、*ölümlük-dirimlik* という語は、自分の死後残された遺族が葬儀に困らぬよう、あらかじめ生前に準備する最低限の物や金銭を指す（Türk Dil Kurumu 2005）。とはいえ、ムスリムの弔いにはもちろん、戒名も高額なお布施も必要ではない。現代では一般的には、このオリュムリュックーディリムリックという「死に支度」は、せいぜい葬儀前に近親者で遺体を洗う際の石鹸や、遺体を包むための長い綿の白布（*kefen*）などを、死期が近いと悟ると準備するくらいのことである。

では、死に支度として準備され遺体埋葬の後モスクに寄進される絨毯やキリムとは、どのようなものだろうか。これらの敷物は、多くは子供たちが独立して老齢に差し掛かると準備されて長持ちなどに保管され、その死後、葬儀から墓場までの葬列において棺の上にかけられる。白布に包まれた遺体が土葬された後、敷物は遺族の手で墓場からそのままモスクに寄進される。[*2] 本章では、このような葬礼に用いられた後モスクに寄進される絨毯・キリム等の毛織物の類を、一括して「寄進絨毯」と呼ぶことにしたい。この寄進絨毯の慣習は、民衆のあいだでは神が喜ぶ善行（*sevep*）と理解され、かつては絨毯生産地以外においても広く行われていた。それらはそのモスクの財産とみなされており、売買は許されず、誰かの私用に流用することもならないものである（Deniz 1994: 284）。その帰結として、絨毯の寄進が盛んな場所では、モスクに寄進絨毯が時に幾重にも重なって敷き詰められ、ゆっくりと、しかし確実に堆積されてきたのである。

しかしこの慣習は、二〇世紀後半にモスク内部に敷かれる絨毯がより管理が楽な機械製の敷き詰め型のものに取って代わられるにつれ、絨毯産地以外では一気に廃れてしまった。他方でその後もしばらく慣習を残したのが、次節のミラスをはじめとするトルコ各地の手織り絨毯産地一帯である。[*3]

3　伝統的手織り絨毯生産地ミラス

トルコ国内各地には、数々の手織り絨毯の伝統的産地がある。もうすっかり廃れてしまった産地も多いが、南西部のムーラ県ミラス地方は、明確な地方性をもつ手織り絨毯生産の伝統を近年まで残してきた地域である。筆者はこの地方において、二〇〇五年から二〇〇六年にかけて二年間の長期調査を実施した。その時点において、ミラス郡ミラス市の南部域では、数十の村々の各家庭において絨毯生産が維持されており、ほとんどの村で、労働交換を通した織り作業が盛んに行われていた。このようにミラス地方においては、義務教育（当時は中学校）を終えて絨毯織りのできない女性はいない、という状況であった。このようにミラス地方においては、都市型の工房生産ではなく、村落部の各家庭における家内工業的な生産活動が、長らくミラス絨毯を中心的に支えてきたのである。同時に、自ら生産した絨毯を地元民自身が、消費財・嫁入り道具・寄進財など様々な目的に用いることを通して、絨毯生活文化が維持されてきたことも、特筆すべき点である。[*4]

ただし、筆者が二〇〇〇年代に観察したミラスの絨毯生産のこのような状況はすでに、ミラスの人びとからすれば「ブーム」が去ってなかなか売れなくなった後の衰退期の様相であった。村に行っても絨毯商に行っても、「もう絨毯は売れない、終わった」という悲観的なコメントや嘆き節を聞かされてばかりだった。実は一九九〇年代に経済危機を迎えるまでの約二〇年間は、トルコの手織り絨毯が飛ぶように売れていた黄金期であり、その頃ミラス絨毯も海外・観光客向け市場に強いイスタンブルで大変な人気で、毎週ミラスの町からトラック満載の手織り絨毯が梱単位で運ばれていた、という。とにかくどれだけ作っても売れるので、村の織り手たちもずいぶん精を出してできるだけ多くの絨毯を作っていた。七〇年代後半から九〇年代半ばまで、まさに手織り絨毯ブームの様相を呈していたのである。その頃の記憶が鮮明に残っている織り手や商人たちにとっては、近ごろの絨毯市場の動きは往時を思えば見る影もない、ということだったのだろう。

しかし彼らが「明るい過去」として懐かしむブームは、同時に、手織り絨毯の質の低下を招いていたことも、また事実である。それは、とにかく手織り絨毯でありさえすれば飛ぶように売れ続ける状況下、織り手も商人も「枚数を稼ぐこと」に注力するあまり、原材料が手紡ぎ天然染料の糸から機械製の色糸に置き換わるなど、多くの村で絨毯生産過程の省力化が進行したためである。そのような中、生産地の人びとにとっての社会経済的威信と密接に関わる嫁入り道具と寄進財の絨毯には、従来通り手間隙のかかった比較的質の高い絨毯が選ばれてきた。天然染料染めの糸を用いるなど、手間暇のかかった絨毯の生産が衰退し商品としてほとんど絨毯市場に出てこなくなると、嫁入り道具や寄進絨毯といった、通常産地で「留め置かれる」絨毯たちは、稀に何らかの事情で市場に出て来ると特別に高い値がつけられるようになったのである。

4　絨毯ブームの陰で：寄進絨毯にふりかかる災難

市場での稀少性が高まり市場価格が上昇する……高額品が盗難のリスクを背負うことは、世の常である。手の込んだ質の高い嫁入り道具の絨毯は、各戸の家の奥に大切にしまわれたが、誰もが出入りできる小規模なモスクの広間に敷かれたままの寄進絨毯は、トルコ各地で度々盗難の被害に遭った。寄進絨毯にとっての災難は、それだけではなかった。

トルコ絨毯研究者のファハレッティン・カユップマズは、まさに「モスクにある古い絨毯やキリムとこれらを盗難や劣化から守るための提案」と題する一九九〇年の講演記録のなかで、このような全国のモスクに寄進された価値ある絨毯が、それより数年前、つまり八〇年代からトルコ各地で悲惨な実態にあると述べている（Kayıpmaz 1990）。具体的には、絨毯を階段に敷いたり石炭ストーブを上に置くなど非常に粗雑に扱われたり、モスク内の暖房費捻出のために安易に売却されたり、新しい機械製の敷き詰め型絨毯を敷くために寄進者の遺族に戻したり、果ては知らぬ間に誰かに盗まれてしまったりという状況が報告されている（Kayipmaz 1990: 413-414）。

さらに四年後の一九九四年に論文を出版した絨毯研究者ベキル・デニズは、このモスクに寄進されてきた絨毯の惨状について、より詳細な報告を行っている。寄進絨毯の価値が上昇することをよく知る絨毯商たちが、古い価値ある絨毯をモスクや人びとの家から集めては代わりに新品の機械製絨毯を渡す、というようなことも行われていた（Deniz 1994: 287）というのである。手織り絨毯産地では、日常的に絨毯を絨毯商に売っており、機械製絨毯と交換というようなことが起こるとは考えにくい。しかし絨毯産地でなければ、モスクで何十年も使われて古びた手織り絨毯が、機械製の豪華な柄の新しい物に交換されるとなれば、喜んで差し出した者がいたことは、確かに想像に難くない。さらにデニズは、（当時から遡って）「近年」[*5]、機械製の化繊の緑色一色の絨毯を敷き詰めるのが流行っていて、置きかわりが全国的に進行している（Deniz 1994）とも指摘している。行政もこの状況を憂慮していたようで、盗難・転売・安易な模様替え・私的流用などの問題が深刻化する寄進絨毯の現状打破のために、八〇年代に国のワクフ総局が動いた。すなわち、各モスクにある絨毯は、ワクフ総局が管理するのではなくモスクの管理者に委ねられる、という通達が下されたのである（Deniz 1994）。しかしながら前述のとおり、モスクの管理者とは、宗務庁から派遣される公務員である。しかも遠方の他地域出身の管理者が、数年ごとに入れ替わり立ち替わり派遣されるような状況である。彼らにはイスラームの知識はあれど、絨毯の知識を有しその文化的価値に興味を示すことなど、例外中の例外であっただろう。結果として、この通達によっても状況が好転することがないまま、無造作に積み上げられた古い羊毛絨毯の多くは、手入れもされずに、虫食いやカビと闘いながら朽ちて捨てられたり、人知れず散逸してしまったのである。

では手織り絨毯生産が比較的存続したミラス地方では、寄進絨毯はどのような末路をたどったのだろうか。ミラス地方でも、九〇年代ごろから都市部のモスクから順に機械製敷き詰め型の絨毯への置きかわりが徐々に進んだ。筆者がミラス地方の村々で二〇〇六年に聞き取った話を総合すると、その際にモスクの床から引き揚げられた古い寄進絨毯のほとんどは、モスク二階などに作られている女性用礼拝スペースや説教台の階段下・壁際・倉庫などにまとめられ放置された。寄進者が明確なものについては、この時点で遺族に返還された事例もあったが、「寄進された以上、モスクのものだから」と受領を断った遺族も多かったという。こうして、機械製絨毯に床を「占領された」モスクにおいて、もとは善行の一環として、返還も転売もされない「モスクの財産」となるべく寄進された価値ある手織りの絨毯たちは、モスクにとって「もはや不要なお荷物」と成り果ててしまった。その扱いを目の当たりにしたのは、出入りする村人たちである。こうして当然のことながら、モスクに手織り絨毯を寄進するという慣習も一気に廃れてしまったのである。

さらに、所在なくモスクに放置された絨毯の盗難事件が、ミラス郡下の村で二〇〇四〜二〇〇五年に立て続けに三件発生し、周辺の村々で話題の的となった。それをきっかけに、多くの村では残っていた寄進絨毯を遺族に返還した。盗難のリスクが顕在化してなお、返還を断る遺族の話はどの村でも聞かれなかった。しかし、少数の村や町のモスクでは、一部の絨毯をやはり壁際や女性礼拝場所に残したまま、管理人が普段からモスクを施錠するようになった。*6

5　カラヂャヒサル村の寄進絨毯とモスクの建て替えという転機

ところで、手織り絨毯業が盛んなミラス郡下にあまたあるモスクのなかで、おそらく唯一、二〇一〇年ごろまで周りの人びとにより寄進絨毯の慣習が維持され、二〇一四年ごろまで寄進絨毯をモスクに敷き続けていたところがある。カラヂャヒサル村のモスクである。*7 筆者がこの地域で長期調査を実施していた二〇〇六年前後に、郡

写真1　カラヂャヒサル村の旧モスク内観。床一面に、手織りを中心とした寄進絨毯の数々が重ねられて敷かれている
（筆者撮影・トルコ共和国、ムーラ県・2006年）

下の三〇近くの絨毯生産村を訪れたが、すでにどの村のモスクでも化繊の一枚敷の絨毯がその床を覆っており、寄進絨毯はほとんど残されていないか、どこかにしまわれて見ることのできない状態であった。周囲での盗難事件を受けての寄進絨毯の盗難防止対策ゆえでもあったが、そもそも絨毯を寄進する慣習自体が、それ以前の九〇年代ごろからすでに廃れてしまっていたと聞いた。しかし例外的に、[*8]このカラヂャヒサル村のモスクにだけは、村人から寄進された手織り絨毯が見事に敷き詰められ、それが層になって積み重なっていた（写真1）。二〇〇六年当時、表面に見えているだけで手織りの寄進絨毯が二四点、村を頻繁に出入りする機械織り絨毯商人が寄進した機械織り化繊絨毯[*9]が四点確認されたが、その下に何層にも手織り絨毯が積み重なっていた。

冒頭のハティヂェ婆さんの語りは、ミラス地方でもっとも最近まで寄進絨毯の慣習が維持されていたこの村で採集されたものであった。絨毯生産の盛んな村に生まれ娘の頃から絨毯を織り続けてきた彼女は、自分が「自分の絨毯」として納得のゆく絨毯を、五七歳の時にゆっくりと時間をかけて制作した。彼女が夫に先立たれた寡婦であることもあっただろう。羊毛を手で紡ぎ、天然染料で染め上げ、一人でコツコツと織りあげると、「これが寄進絨毯だからね」と息子や嫁たちに言い聞かせて、長持ちの上に畳んで置いていたのである。その自ら丁寧に製作した絨毯を見るにつけ死後を静かに想像して「心が落ち着く」とは、なんと見事な「終活」だろうと、私は感銘を受けたのだった。[*10]

写真２　カラヂャヒサル村の新築モスク内観。床には新調された機械製絨毯が一面に敷き詰められている（筆者撮影・トルコ共和国、ムーラ県・2017 年）

では、その後このカラヂャヒサル村の寄進絨毯は、どのような経過を辿ったのだろうか。私は、主たる調査地を別の地域に設定したその後も、数年に一度はこの村に立ち寄った。二〇一七年九月の犠牲祭前後に訪れた際、この村のモスクが同年に建て替えられたことを知った。近隣の村に嫁いだ女性と夫の「経済状況が良いので」、その夫婦の寄進によってすっかり建て替えられたのだという。村人たちは誇らしげに「それはそれは綺麗で立派になったよ、見にいっておいで」と私に勧めた。たしかにモスクの場所には、真っ白で前よりも規模の大きい、緑色のドームと立派な尖塔をもつ真新しいモスクが堂々と建っていた。その入り口には寄進者夫婦の名を記したプレートがあった。夫の方は、ハッジ、つまりメッカ巡礼を果たした人である。

案の定、中には真新しくふかふかの化繊機械織りの絨毯が一面に敷かれており（写真２）、これまで長い年月をかけて積み上げられてきた、手織りの寄進絨毯はどこにも見当たらなかった。私は少し寂しい気持ちになった。村人に聞けば、

「モスクを建て替えることになり、取り壊しの前にすべて（モスクの）倉庫にしまわれた」と言う。*11 自ら手間のかかる絨毯をながらく作り、売ることもしてきた人びとであり、これら古い手織り絨毯が価値あるものであることは十分に承知している。今時、糸を紡ぐところから絨毯を作る者などもうほぼいない。状態の良いものなら、売れば高値がつくことは明らかだ。しかし、村の寄り合いで寄進絨毯の「今後」を話し合ったところ、「モスクに寄進されてモスクに属するものだから」と、元の寄進者遺族に戻すことや売ることに対する強い反対意見も出てまとまらず、ひとまず倉庫に置いておくことになった。「しかし、あんな風通しの悪い状態でただ積み重ねておいたら、虫がついてすぐに腐る」とも、人びとは口にしていた。

それから五年後の二〇二二年九月に私が立ち寄った際にも、人びとはこの絨毯の取扱いについて未だ決めかねたままであった。イマームと村長が話し合い、保管場所をモスクの倉庫から村長室の建物の一部屋に移しただけで、施錠されて積み重なったまま放置されているのだ。他の村の例に倣って寄進者の遺族に返還するにも、すべてについて遺族が同定されうるわけでなく、遺族が絞りきれない絨毯について合意が形成されないのだそうだ。だからと言ってすべてをただ朽ちさせるよりは、まとめて売って村のために役立てるか世帯に分配すべきだ、と主張する六〇歳代の男性は、「もうどうしようもない。場所を移すときに見たが、もう腐り始めている。丸ごとダメになってしまうだろう。だから早く役立てようと言ったのに」と嘆いた。

6　ミラス絨毯の「遺産化」

カラヂャヒサルをひとまず後にして、本節では、ミラス地方のモスクにわずかに残された寄進絨毯の一部が、ミラス地方の文化遺産として博物館に移され展示された顛末について追いかけてみよう。

ミラス地方の中心都市ミラス市の中心部では、二〇一〇年から二〇一八年にかけて、考古学的発掘調査が行われた。場所はミラス市役所や旧市街の市場からすぐの、昔からの住宅密集地で小さな古い家が立ち並ぶウズンユヴァと呼ばれる一角である。その発端はこうである。秘密裏にその一角から盗掘された黄金製の冠が、二〇一〇年にトルコ人カフェオーナーによりエディンバラのオークションに出品された。それを不審に思った人からスコットランド警察に通報されたことがきっかけとなり、住宅地の民家の地下からの盗掘と、この遺跡の存在が明るみになった。そして共和国の許可を得て同年から正規の発掘が急ピッチで進められたのである。その結果、大型墓廟が発見され、前四世紀初頭にペルシア帝国からこの地域を納める総督に任命されたヘカトムノスの墓である、との推定がなされるに至った。[*12] さらに、この遺跡は二〇一二年には、「ヘカトムノス廟とその聖域」として、ユネスコ世界文化遺産の暫定リストに登録されるまでに至った。国内外からのリゾート客を惹きつける近郊の海辺の町ボドゥルムに比して、内陸部にあるミラスは、歴史都市であるにもかかわらず地味な存在で、観光客誘致には常々苦労してきた。この重要遺跡の偶発的な発見に、行政や市民の期待は高まった。ミラスの博物館局は、この遺跡を展示場および博物館群として整備することを決定し、発掘に区切りをつけた二〇一八年八月から一般公開に漕ぎつけた。

閑話休題、そろそろ絨毯に話を戻したい。このウズンユヴァの発見を機に整備された「ミラス・ウズンユヴァ記念廟および博物館群（*Milas Uzunyuva Anıt Mezarı ve Müze Kompleksi*）」の計画段階で、ミラス絨毯博物館（*Milas Halısı Müzesi*）を含めることが決定された。すでにブームを経て衰退の一途を辿っていたミラス地方の絨毯を、地域が誇る文化的遺産として展示しようというのが、その開設目的である。当たり前に作り続け、売り続け、地元の生活において使い続けていた十数年前には、議論にさえならなかったことである。これは、一地方の絨毯を集めて展示する国内唯一の絨毯博物館とも位置づけられ、地元民の期待を誘った。

二〇一四年から博物館学芸員らとともに、地元の研究者・専門家のチームが結成され、具体的な絨毯博物館の開館計画が進められた。次節では、そのチームに地元のミラス絨毯研究者として参画した、ベルナ・セヴィンチ氏の開館記念シンポジウム講演スライド（二〇一八年講演、未公刊）および彼女への二〇二二年九月の聞き取り内容から、準備の様子を明らかにしたい。

7　展示に向けての寄進絨毯収集と困難

ミラス絨毯博物館開館に向けて、もっとも大きな課題となったのは、限られた予算の中からいかに展示するにふさわしい絨毯を集めるか、であった。建物などの整備に大半の予算が割かれ、展示品を絨毯商などから買い集める余裕などなかったという。そこで準備チームが目をつけたのは、モスクに残る寄進絨毯であった。寄進絨毯なら、博物館展示にふさわしい質の高いものがまだ残っており、個人の所有物でも商品でもないため、きちんとした手続きを踏みさえすれば、無償で手に入れられるだろう、との想定であった。準備チームに地方宗務局の専門家も加えられて、二〇一四年末からおよそ一年をかけて、ミラス市やミラス地方村落部のモスクを訪ねて管理人や村長などと話をつけ、寄進絨毯を見せてもらっては収集して回った。ミラスの専門学校の手工芸部門で教鞭を取るセヴィンチ氏であるが、彼女自身の修士論文の対象がミラス地域の寄進絨毯であったことは、この収集活動に大いに役立った。

まずはアクセスが楽で寄進絨毯の記録が比較的残っていることから、地方宗務局が保管しているミラス市内のすべての街区のモスクの「備品目録（*envanter defteri*）」を精査した上で、当たりをつけて可能性のあるモスクを選定し、イマームとムフタルと呼ばれる街区の長に立ち会ってもらいながらチームで回り、実際の絨毯の存在と状態を確認していった。多くの古い寄進絨毯は、女性用の礼拝スペースにあったが、倉庫や説教台の下などから出てくることもあった。イマームや住民の協力を得ながら、モスクに残る寄進絨毯を一点一点確認して博物館に所蔵する価値のある絨毯を見定めていった。目録があるとなれば発見も同定も簡単そうではあるが、目録は絨毯の知識のない時々のイマームがわかる範囲で書いたものであり、どれも不完全かつ不正確であったそうだ。絨毯自体にも整理番号がついているわけでなく、目録上の情報は、寄進絨毯がありそうかどうか、という目星を付けること以外には、ほとんど同定に役に立たなかった。イマームたちは学芸員のような博物学的知識や責務があるわけでもないのだから、無理もない。ミラス市内での収集活動が終わると、まだこれでは十分ではないとして、絨毯生産の盛んであった村々を中心に、寄進絨毯の状態を確認していった。村のモスクの備品目録の多くは、地方宗務局には共有されずに村のモスクにだけ記録が残っていたが、これらは町のモスクの目録以上に「使えない」記録内容であったという。

準備チームは、こうして訪ねて見て回ったモスクの中から、資料的価値が高く比較的状態の良い絨毯を「博物館に収蔵する」という公的な目的を掲げて理解を求めながら、無償で委譲してもらって徐々に集めていった。先ほど述べたとおり、寄進された絨毯は、法的には一九八〇年代以降各モスクの管理者に委ねられたとはいえ、そのモスクと関わる地元住民の慣習上の理解は、「(我々の)モスクの財産」である以上、彼らにとって村に数年滞在するだけの「よそ者」でもあるモスク管理者(イマーム)だけで勝手に処分を決められようもない。公的な博物館の所蔵品を収集するにあたり、準備チームはトラブルを避けるため、イマームに加えて必ず村長など地元の代表と住民に理解を求めた上で、持ち出す必要があった。実際に寄進絨毯が委譲されるにあたっては、絨毯一点一点について、モスクの名と「発見」時の保管状況、サイズ・柄と色などの絨毯の属性情報、寄進者の名前と寄進年月日などの情報などを記入する「同定カード」[*13]が準備されたが、そのカード上には、立ち会った準備チームの専門家・村長(街区長)・イマームの名前とサインが添えられていた。これは、関係者の委譲同意を文書として残す意図があったためであろう。

委譲について、訪問先の大概の住民らからは、「もう新しくて管理の楽な機械織の絨毯が敷き詰めてあるし、ここに放置されても朽ちていくだけだから、ミラスの博物館で遺産としてきちんと管理してくれるなら、それが良い」と好意的に受けとめられた。しかしやはり無償でとなると、稀に話がまとまらないこともあった。手織り絨毯は市場価値も高いものであり、売却すればモスクの維持費などに充てうるのだから、そうした反応も理解はされよう。そのうちの一つが、最も直近まで寄進絨毯の慣習を残し、手織り絨毯でも名高いカラヂャヒサル村であった。準備チームは、何度か同村を訪ねて倉庫に手入れもされずに放置された絨毯を点検し、村長や住民らと委譲の話し合いを行ったが、「無償である」ことに最後まで理解を得られず、収集を断念したのだという。

二〇二二年時点での聞き取りでセヴィンチ氏は、「残念ながらカラヂャヒサルは協力しなかった。あんな状態で（絨毯を）置いておいたって、ただ腐るだけなのに。もったいない。博物館に入れられていたなら、きちんと修繕・管理されてずっと綺麗な状態で見てもらうことができた。あれから五年以上も経つのに、場所を村長室に移しただけで、まったくどうするかの見通しも立っていない」と、やや苛立った口調で心情を吐露した。

しかし、村人たちにも言い分がある。私が男女それぞれ複数名の村人に村で状況を尋ねたところ、やはり端的には金銭的な条件が最大の難点ではあったが、彼らの不満はそれだけではなかった。彼ら準備チームが数十枚のうちのわずか二〜三枚の価値の高い絨毯のみに狙いを定めており、村としては村の寄進絨毯がコレクション全体として管理されるのでなければ、残った寄進絨毯のその後の扱いに不平等が生じてますます困る、という点にも課題があった。確かに、最も市場で高く売れると予想される数点を村から無償で提供した後では、遺族に返還するという選択肢を採用することはできなくなるだろう。だからと言って、補償の問題はさておき、状態の悪いものも属性の重複も多数ある数十枚の絨毯を、村からそっくり持ち出してきちんと収蔵・管理する余裕が博物館側にないことも、また明らかであった。村人の不満としては他に、各寄進絨毯の遺族の意向とは無関係に、準備チームの都合のみで選定されたそのプロセスも槍玉に挙げられた。「もし先に委譲に快く同意する遺族を募って、彼らの寄進絨毯から選んでいたなら、無償の提供も実現したかもしれない」と言う男性もいた。

こうして村人の言い分を聞いてみると、カラヂャヒサルの村人たちが特別欲深いわけではないのだ。カラヂャヒサルには、他の村に比して数十枚単位と桁違いの多くの寄進絨毯がまだ残っており、それはモスクの建て替えをきっかけに近年まとめて引き揚げられ、さらには処分方法について未だ合意に達していなかった。寄進の習慣が近年まで続いていたために、その中には寄進者が明確なものが多数あり、明確でないものも混在していた。それらの要因が、すでに二〇年以上前から寄進絨毯が廃れ、かつ盗難事件を受けて遺族の特定できる絨毯をすでにできるだけ返還してきた他の村や街区との反応の違いに現れてきたのだろう。

さて、一年あまりに及ぶ準備チームによる博物館収蔵品の収集活動により、「民族学的価値があり文化遺産の範疇に入る」と判断された六九点の絨毯、三二点のキリムがミラス博物館局へ納品されるに至った。次は、それらをすべて博物館収蔵品として調査・管理する段階である。

博物館の準備チームがモスクを回って集めた絨毯は、委託業者の手を借りながら、一つ一つ改めて属性などの調査と記録がなされ、特殊な掃除機のような器具を用いてクリーニングされていった。その間イスタンブルの保存修復研究センターの絨毯部門の専門家を度々招いてワークショップや展示に向けた作業のフォローアップを依頼し、絨毯の損傷・疲弊を最小限に留めつつ壁に展示する専門的な技術などを学びながら、準備チームは開館に向け展示の準備を進めていった。

最終的に二五点の絨毯とキリムが、ミラス絨毯博物館の展示品として選定されるに至った。建物と展示室のキャパシティの制約などから、あまり大判のものは絨毯博物館内の壁に垂直型に展示をすることができないことが判明したため、収集された絨毯のうち幅が一・五メートルを超えるような大型のものは、ミラス・ウズンユヴァ博物館群の中の「ミラス邸宅（*Milas Ev Konağı*）」と名付けられた、民俗学的展示場へ移され、他の伝統的生活用具等とともに各展示室の床に敷かれて展示されることとなった。この博物館群は、二〇一八年に開館に至った。

写真３　ミラス絨毯博物館内観。地域のモスクから収集された寄進絨毯が展示品として並ぶ（筆者撮影・トルコ共和国、ムーラ県・2022年）

筆者は二〇二二年にこの博物館群を訪れてじっくりと観覧する機会を得た。ミラス絨毯博物館には、触りながら絨毯組織が学べる子供向け展示や映像コーナーもあり、現代的な工夫も取り入れられていた。前述の過程を経てモスクから集められた寄進絨毯たちは、ガラスのショウケースにキャプションとともに納められていた（写真３）。それら一つひとつは、選び抜かれた堂々たるミラス絨毯であり、収集と展示の準備作業に追われたチームの努力に頭が下がる思いがした。ただ、ほぼすべての展示品が寄進絨毯でありながら、各々の採集場所のモスクの名が記されてはいても、寄進絨毯の慣習自体の説明は見当たらなかった。計画段階の目的に沿いミラス絨毯という地方の手工芸の遺産的価値を示すのが中心的テーマとなっていたためではあろう。

確かに収集された個々の絨毯の寄進者の記録はほぼ失われている。しかし、手間暇かけてこれらの絨毯を織り、善行を意図した「死に支度」をした名もなき民たちの寄進の習慣と彼らの思い、収集時の状況を展示で示すことはできたはずである。ただ個々の絨毯に無味乾燥な統一項目のキャプションが添えられていたのは、何とも心残りであった。

8　「篤志の標」の転化と人びとの思い

これまで、トルコにおける寄進絨毯というムスリムの民間実践と、ミラスという絨毯生産地における寄進絨毯の近年の状況を追いかけてきた。絨毯産地における寄進絨毯は、モスクそのものや他の内装装飾品のように、富める者が財を投じて用意するようなものではなかった点が、とりわけ特殊である。貧しいごく一般の村人も、長年の絨毯生産活動の延長で自ら手間暇かけて織り、死後寄進してきたのである。その寄進絨毯が衰退し、大きな変換を迫られた要因は、第一に一枚敷きの機械製化繊絨毯への置き換わり、そして第二に盗難事件である。

第一の要因が進んだ背景には、何があっただろうか。何より重要なのは、手入れの簡便さという管理上のメリットである。壁から壁へ一枚で継ぎ目のない絨毯は、掃除機がけのみで普段の手入れは済む。古くなれば、丸ごと替えれば良い。そして化繊なら安価で多少管理が粗雑でも、虫食い被害に遭うことがない。他方、端が折り重なるように敷かれた手織り羊毛絨毯は、掃除機がけだけでは手入れが済まない。絨毯と絨毯の間、端のフリンジや長めの毛足の間にたくさんの埃や砂が入り込む。村人が総出で定期的に絨毯を洗って干していた、という証言も各所で聞いた。重たい絨毯の洗浄は、一家庭分だけでも大仕事である。人びとが新しい絨毯を好んだのも無理はない。ただ、デニズ(Deniz 1994)も報告のとおり、このメリットを強調して手織り絨毯商が化繊絨毯と交換して回っていたのであれば、手織り絨毯の市場価値の高騰も背景として重要である。また第二の要因は、手織り絨毯が市場で稀少となり、価値が高騰したことが背景にあることは明白である。化繊への置き換わりも含め、絨毯産業の変化に寄進絨毯の衰退が促されたと言って良いだろう。

また、地域が誇るべき文化遺産として「ミラス絨毯」の専門博物館が建てられるに至ったが、収蔵品の収集は一筋縄にはいかなかった。カラヂャヒサル村の事例は、モスクの建て替えと絨毯の新調に諸手を挙げて賛成する一方で、寄進絨毯の慣習が近年まで維持されたからこそ、建て替えの裏で大量に溢れてしまった先人たちの「篤志の標」の処遇を決められず手をこまねく村人の姿を映し出した。「このままではただ腐ってしまうさ」と皆が口にしながらも、何年間も何もできないでいる。なぜなら彼らの絨毯はあまりに点数が多く、しかも一部は寄進者が明確で一部は不明瞭であり、利害の調整が難航している。

これらは、もともと「個人の善行」「篤志の標」であり、永久にモスクのものとなるべく民から寄進されてきた絨毯である。もちろん、長い歴史の中で年月が経って朽ちたものは、順次捨てられてきただろう。しかし、その絨毯としての「生涯」を終えるまでモスクから移転しない限りは、何ら問題ではなかったのである。イゴール・コピトフ（Kopytoff 1986）は、このようなモノの生涯における様々な位相の越境、転生に注目した議論「モノのバイオグラフィ（履歴）」を展開した。それに倣えば、これらの絨毯は、モスクに入ったら同じモノとして「門外不出」になるはずであった。つまり近年生じたような、個人による利益目的の売却、博物館展示品としての管理委譲などの「転生」は一切想定されてこなかった絨毯たちである。それが、市場経済化や遺産化など様々な社会経済的な変化に翻弄されるに至った。他の村や街区のようには「ソフト・ランディング」の形で対応してこなかったカラヂャヒサル村の絨毯は、個人に返却されることも、全部まとめて売却されることも無償譲渡されることも、あるいは一部だけが選ばれて博物館に展示されることもなく、堆積したまま風通しの悪い村長室別室に、ただただ眠り続けている。

おわりに

最後に、イスラームにおけるモノの扱いについて付言しておきたい。確かに冒頭のハティヂェ婆さんの語りは、我々の胸に迫りくるものがある。しかし、こうした個人の「篤志の標」の集積に対して、案外彼らは淡白な反応を示したという。旧モスクに寄進絨毯が蓄積されたカラヂャヒサル村で、今後の扱いについて様々な議論がなされた。日本人的な発想からは、これだけ手間暇をかけて個々の故人たちの思いが詰まった絨毯であればこそ、「故人の篤志の尊重」や「信仰心の尊さ」が優先されるべき、という論調もありそうなものだ。「そんなことをしたら、きっとあの婆さんが天国で悲しむよ」といった具合に……。しかし、聞けばそのような意見はまったく出なかったそうである。むしろ、寄進者遺族間の平等性や絨毯の（モスクに属する）財産としての価値に議論の焦点があったという。

寄進絨毯とは、堆積する捨てられない宗教的なモノではあるものの、それらが「聖性」を帯びて何らかの力を彼らに及ぼしうる、などと想像されることはないのだ。この彼らの寄進絨毯への態度、宗教的「モノ」へのこだわりのなさは、物理的物体を間に介さず、礼拝やクルアーンに書かれた神の言葉のみを通して個々人が神と向き合おうとするイスラームの価値観をも逆照射しているのではないだろうか。それは、チベットのボン教徒を扱った小西（2021、および本書第4章）の事例や、ペルーのニーニョ像を扱った八木の事例（本書第6章）などとの好対照と言える。このようなこの世のモノ、つまりムスリムにとっては「かりそめの現生世界」のモノに過剰な思い入れをしないドライな態度に、イスラーム的な価値観を垣間見ることができよう。[*14]

注

1　それゆえどんな田舎の村にも、遠方から派遣された小学校教諭とイマームが、数年交替で暮らしているのが通常である。

2　もっとも、これはアナトリアのトルコ人だけの慣習ではなく、ムスリムのテュルク系に広く見られる慣習ではないかと考えられる。たとえば筆者が二〇一六年に訪れた隣国アゼルバイジャン国内の絨毯産地の村々においても、寄進絨毯がモスクに多数見られた。これらが同様に寄進されたものであることを確認している。

3 ちなみに現代トルコ人の祖とされるのは、カスピ海の東側、中央アジア付近でイスラーム化したのち西進し、十一世紀にアナトリア半島に移入したテュルク系遊牧人口である。多数のヤギ・ヒツジを中心的に飼養し、その乳や毛を様々に加工する技術を発達させ、加工品を生活の中で利用してきた。死への準備品に「寄進絨毯」が加えられてきたことからも理解できるように、キリム呼ばれる羊毛の平織り布や、より重厚でパイル（毛羽）のある絨毯などの手織敷物は、彼らトルコ人の生活文化や手工芸の伝統に深く根を下ろしている。

4 この点について、詳しくは（田村 2013）参照。

5 論文中では、一九八三〜八四年の写真を例示している。

6 それまでは、「モスクの扉は万人に開かれている」べきである、というイスラーム的規範を意識し、常時不施錠のモスクが普通であった。筆者は現地調査中、窃盗の疑いをかけられるリスクを避けるために、モスクに入るには必ず管理者や村住民の許可を得て一緒に入ってもらったが、モスク見学の許可を求めると必ず「もちろん、モスクの扉は万人に開かれている」と誰からも言われたものである。

7 カラヂャヒサル村は、ムーラ県ミラス市南方約二二キロメートルにある、人口六三五名（二〇二一年）の村である。乗合バスでミラス市から約三〇分と比較的近く、通勤・通学圏であり、ミラス周辺の村としては規模が大きい。

8 なぜカラヂャヒサル村でこの慣習が残ったのかについては、同村では、ミラス地方の伝統模様の他に、まったくそれと異なる「カラヂャヒサル」や「ギョベキリ」と呼ばれる村独特のデザインの絨毯が織られていたことが一定程度関係していただろう。このカラヂャヒサル柄は、織られた村落のみならず世帯さえある程度特定されうるため、カラヂャヒサルの絨毯は盗難に遭いにくく、またモスクの床に敷かれて死後村人から寄進者個人を思い出してもらうにも好都合で寄進が続いたのではないか。（田村 2011）や（田村 2013: 第七章）を参照のこと。

9 この機械織りの化繊絨毯の寄進者とも、筆者は交流をもっていたが、彼はその理由を「単純に善行だし、村人に向けて機械織り絨毯を見て使ってもらえば、家庭用に買ってもらうための宣伝にもなるから」と、誰に臆することもなく村人たちのそばで語った。

10　この村の絨毯の歴史的特異性と寄進絨毯の質や柄の選ばれ方などについての詳細と考察は、（田村 2011）や（田村 2013: 第七章）を参照のこと。

11　ちなみに、建て替えに際して絨毯をそっくり新しいものに取り替えること自体には、何ら異論は出なかったそうだ。

12　ただし、ユネスコ世界文化遺産の暫定リストに登録されてもなお、この大型墓廟の主については、専門家の間で意見の分かれるところである。詳しくは（阿部 2019）参照。

13　ただしこれは情報がなく、空欄のままであるものがほとんどであった。つまり、実際に収集されるに至った寄進絨毯の多くは、元の寄進者不明のものであったと言って良い。

14　ただし、同じイスラーム世界であっても、クルアーンの章句という神の聖なる言葉を掲げた装飾品については、扱いがかなり異なる（二ツ山 2021、および本書第5章）ことは、興味深い。

参考文献

〈日本語文献〉

阿部拓児 2019「ウズン・ユヴァの「ヘカトムノス廟」——発見、整備とその真正性」『フェネストラ（京大西洋史学報）』3: 9-17。

小西賢吾 2021「あふれかえるモノと宗教性——チベットの儀礼の諸相から」『季刊民族学』178: 88-95。

田村うらら 2011「コンタクト・ゾーンを誘発し演出するトルコ絨毯」『Contact Zone』4: 60-84。

——— 2013『トルコ絨毯が織りなす社会生活——グローバルに流通するモノをめぐる民族誌』世界思想社。

二ツ山達朗 2021「クルアーン装飾具の飾りめぐり」『季刊民族学』177: 88-95。

〈外国語文献〉

Deniz, Bekir. 1994. Bir Vakıf Eser Olarak Cami, Mescid, Zaviye, Şifahane Gibi Dini ve Sosyal Yapılarda Bulunan Halı, Kilim ve Düz Dokuma Yaygılar ve Bunların Günümüzdeki Durumu. *Vakıflar Dergisi* 23: 283-296.

Kayıpmaz, Fahrettin. 1990. Camilerde bulunan tarihi halı ve kilimler ile bunların hırsızlık ve yıplanmalara karşı koruma önerileri. *Ankara Üniversitesi Dil ve Tarih-Coğrafya Fakültesi Dergisi* 34(1-2): 409-417.

Kopytoff, Igor. 1986. The Cultural Biography of Things: Commoditization as Process. In Arjun Appadurai (ed.) *The Social Life of Things: Commodities in Cultural Perspective*, pp. 64-91. New York: Cambridge University Press.

Sevinç, Berna. 2001. 'Milas Camilerindeki Milas Halıları' Muğla Üniversitesi Sosyal Bilimler Enstitüsü Yüksek Lisans Tezi.（「ミラスのモスクにおけるミラス絨毯」ムーラ大学社会科学研究所修士論文）

Türk Dil Kurumu. 2005. *Türkçe Sözlük* (10. Baskı), 4. Akşam Sanat Okulu Matbaası.（『トルコ語辞書』第10版）

コラム2　誰のものでもないモノ——人と風土をつなぐ講の掛け軸

小倉美恵子

床の間に掛け軸というと、書画骨董などの古美術品を思い浮かべるかもしれない。しかし、私が村で触れてきた掛け軸は芸術品ではなく、人びとの暮らしの中に生きる神、仏の信仰の世界をたちどころに顕現させる道具であり、表象だった。

川崎市が武蔵国と呼ばれていた江戸時代初期から続く農家のわが家は、多摩丘陵のゆるやかな起伏がつくる谷《や》戸《と》という風土に抱かれ、その名も谷戸と呼ばれるたった六軒の小さな集落の中にあった。我が家には谷戸の下という屋号があり、村では、名前よりも屋号で呼び合っていた。

茅葺屋根の母屋の表座敷と奥座敷は、襖を開け放てば大座敷となり、一族や村の衆が集う場として機能してきた。そこには仏壇と神棚があり、台所には荒神さま、屋敷周りにはお稲荷さま、弁天さまなどの小さな神々が祀られており、子供たちは祖父や祖母に手を引かれ、供物をささげ、手を合わせてきた。

写真1　講の掛け軸（映画『うつし世の静寂に』より、㈱ささらプロダクション）

神棚の下には床の間があり、そこに掛け軸が掲げられるのは、座敷で講が開かれる時と決まっていた。講は村の講員の家を順繰りに、持ち回りで行われてきた。当番の家を宿と呼び、講に欠かせぬ掛け軸は、宿に順番に送り渡さねばならぬ。次の講が行われるまで前の宿が預かるしきたりだ。わが家では母や祖母が世話をしていたが、「掛け軸をお預りしている間は気が抜けない」と言って丁重に木箱に入れ、風呂敷に包んでお守りしていたことを思い出す。失くさぬよう、損じぬよう気を遣っていたのだった。

庶民の間で行われてきた講は、きわめて多様でその座に掲げられた掛け軸もまた多彩であった。ここでは川崎市北部の多摩丘陵の村々で行われてきた主な講の掛け軸について紹介する。一九六三年生まれの私が見聞きしているだけでも、念仏講、地神《じじん》講、頼母子《たのもし》講、御嶽講、榛名講、伊勢講、結（屋根講）と、わが村では複数の講が行われていた。近隣の村では、庚申講や太子講、蚕影《こかげ》講なども行われてきた。それぞれの講の成員は少しずつ異なるが、おおむね同じ村落の人びとが重なりあいながら集う。ゆえにお互いの家の事情も心得て、助け合いの土台が培われてきた。

講の種類によって頻度は異なるが、中でも念仏講は満月の晩ごと、つまり毎月行われ、月並み念仏とも呼ばれてきた。満月の晩になると宿の誰かがお触れの鉦を打ち鳴らし、月明かりに照らされて三々五々講員が集まったという。村の各家々の先祖供養を目的とする念仏講では、講員が掛け軸の前に円座し、音頭取りの鳴らす鉦の音に合わせて念仏を唱えながら大きな数珠を繰り回す。大数珠は結界とされ、決して跨いではならず、円の真ん中には神や祖霊を迎えるともいわれる。念仏講の講員は葬式や結婚式なども取り仕切ることから、先祖供養の意味に加えて、集落運営の基盤だったと言えるのではないだろうか。その他の講は年に一～二回巡って来るが、少なくとも村では毎月どこかで講が行われていたことになる。それとは別に、村の運営について話し合う寄り合いや正月、お盆、彼岸などの人寄せの機会があるが、講との違いは、そこに掛け軸があるかないかで見分けることができる。

掛け軸は、講の種類によって異なり、念仏講の十三仏の掛け軸には、追善供養を司るとされる不動明王はじめ、釈迦、文殊《もんじゅ》、普賢《ふげん》、地蔵、弥勒《みろく》、薬師、観音、勢至《せいし》、阿弥陀、阿閦《あしゅく》、大日、虚空蔵《こくうぞう》の十三の仏が描かれている。地神講の掛け軸には地神が描かれている。年に二度の社日に開かれる地神講は、道にできた轍や崩れなどを補修する道普請、川浚えや流路を整える川普請といった、共有地や共有施設の整備の後に行われてきた。講の後で開かれる直会《なおらい》で豆腐を食べる風習も伝わる。

庚申講の掛け軸は、庚申信仰の本尊・青面《しょうめん》金剛が描かれ、全身が青く憤怒の形相で足元に邪鬼を踏み敷いている。庚申《かのえさる》の夜、人の体内にいる三戸《さんし》の虫が、体を抜け出して天帝にその人の悪行を告げにいくという言い伝えから、村人たちは三戸の虫が身体から出ないように、その日は庚申堂に籠り、寝ずに夜を明かしてきた。御嶽講はおいぬさまが描かれた掛け軸が特徴的だ。武蔵御嶽山に宿坊を持つ御師との交流は今なお続き、春先に村から代表者が山へ行き、年初に山から御師が訪ねてくる。

写真２　お日待ち（講）の直会。掛け軸の前で地元の小麦で打ったうどんを神々とともに食す（小平市立図書館所蔵、撮影：飯山達雄氏）

その他、大山講、太子講、蚕影講など、数限りない講が村や町のあちこちで日常的に繰り広げられてきた。掛け軸を掲げることにより、いつもと同じ日常の場に、特別なそれぞれの世界観が立ち現われる。土地に根差し、風水土の恵みに依拠してきた百姓は、掛け軸の背後に風土や先祖を見ていたのだろう。言わば、見立ての文化が庶民の暮らしに息づいていたと見ることもできそうだ。

一方で、講や掛け軸と人びとの関係は今日、徐々に変わりつつある。講がある日は、家にてんぷらや煮物や巻き寿司なども並ぶことがあり、子供たちにとっては、ご馳走にありつける日でもあった。講には神や仏と人がともに食事をする直会が欠かせない。念仏や道普請などそれぞれの講のお役目の後に、まず掛け軸の前の祭壇にご馳走を供え、講員の前にも同様に並ぶ。御神酒が用意され地もののお菜が神仏と人をとりもつ神人共食の場が備わっていたのだ。ひるがえって現代は、人間だけが集うようになっている。

さらに、改めて見つめ直してみたいのが、経済的な互助を目的とする無尽講や頼母子講だ。これらは単独で行うよりも、念仏講など他の講と組み合わされている場合が多い。それは講員がお金を出し合い、くじなどで分配するシステムで、病人や妊婦、幼な子などを抱える物入り（出費がかさむ）の家に融通する役割がある。無尽・頼母子には利子を生む仕組みもあるが、欲望を刺激し、人生を狂わせかねない〝お金〟を掛け軸が見守る中で扱うことで、人の欲望に歯止めをかけ、節度と配慮が促されてきたと考えられる。

だが、長年にわたり人と風土をつなぐ大切な役割を担ってきた掛け軸も、現在、村落始まって以来の重大局面を迎えている。それは講の解散だ。ベッドタウン化した首都圏では、いわゆる新住民が圧倒的多数になっている。旧住民は、新たな隣人たちに講などの伝統的な行いを共有する術を持たず、新住民にとって講は見えざる存在だった。さらに言えば、旧住民の家庭でも、積極的に村の伝承をしようとはしてこなかった。講終いする上での最大の難問は、講の象徴である掛け軸をどうするべきかだった。講仲間である講中は、改めて掛け軸には所有者がいないということに気づいた。それは、引き取り手がいないことを意味する。

掛け軸は、皆のものではない。掛け軸が何百年と命を長らえてきたのは、皆のものという人間だけの世界観を超え、神や仏といった風土や先祖をも包含する誰のものでもない存在だったからではないだろうか。それは、所有の概念に大きな転換を促す存在でもある。この事実の大きさには、掛け軸に代表されるモノや道具に込められた意味の紐解きはこれからなのだという希望も宿されている。

第三部　モノと物質性の変化

第8章　モノがめぐり、神がめぐる
——ガネーシャ祭における信仰実践の更新

福内千絵

はじめに

雨季の終わり頃、インドではガネーシャ神の生誕を祝う祭礼が挙行される。象頭に太鼓腹という特徴的な姿をしたガネーシャ神は、知恵と豊穣を司り、また物事の達成に向けてあらゆる障碍を取り除くとされるヒンドゥー教の神格である。

とくに西インドのマハーラーシュトラ州一帯では、ヒンドゥー暦バードラパダ月（西暦八〜九月）のガネーシャ・チャトゥルティー（ガネーシャ神の第四日、以下通称のガネーシャ祭と表記）が毎年盛大に祝われる。*1 街角には巨大なガネーシャ像を祀った特設の祭壇が設置され、また家庭内においてもガネーシャ像を中心に据えた祭壇が設えられて、神が迎えられる。一般にヒンドゥー教の祭祀では、神像（神）に対してお香や灯明、花輪など多種多様な供物が捧げられるが、この祭礼ではさらにガネーシャ神を喜ばせる特定の供物も加わり、捧げ物で満たされた祭壇となる。そして祭礼の最終日に、神像を海や川などに沈める「ヴィサルジャン」の行為によって、神は神像の元を離れて天界へ還っていくと考えられている。こうした祭礼における神像や供物は、神の現前と不在を成り立たせるために欠くことのできないモノであるといえる。

近年では、祭礼最終日のヴィサルジャンによる海や河川の水質汚染が深刻化し社会問題となっている。神像の素材が速やかに生物分解されるものか否か。これまでになく神像の物質性に注目があつまり、新聞やテレビ、SNSなどのメディアを通じて人びとのあいだでヴィサルジャンのあり方が議論されるようになった。中央政府や自治体、市民団体などによって環境問題への意識が啓発されるなかで、各家庭や公共空間で行われるガネーシャ祭のあり方も環境への配慮を第一に考えた信仰実践へと変化しつつある。環境問題は、様々なモノを通じて祭祀を行ってきたヒンドゥー教の伝統的な神観念に、どのような変化をもたらしたのだろうか。

これまでのヒンドゥー教の神像や宗教画をめぐる信仰実践の研究では、神像自体の位相については触れられてきたものの、それをとりまく諸要素の存在が十分に掘り下げられてこなかった。そこで本章では、神像の素材や形相とともに、供物や装飾物など神像を含む諸要素との関係を視野に入れ、感覚が重要な意味を成す礼拝行為のあり方についてみてゆく。そのうえで、モノのエージェンシーの理論を参照しながら、祭礼期間および最終日のヴィサルジャンに関わる諸要素の変化と礼拝者の知覚との関係について考察する。以上を通じて、祭礼におけるモノの変化がどのように人びとの神観念を変化させているのかを明らかにすることで、現代のヒンドゥー教の一局面を捉えたい。

1　神像の素材と形相

本節では、マハーラーシュトラ州ムンバイー市のガネーシャ祭を例に、その概要に触れたうえで、モノとしての神像の素材や形相が、人びとの感覚とどのように関係しているのかついてみてゆく。

ガネーシャ祭では、家庭内だけではなく、公の場でもガネーシャ像を祀った祭壇が設置される。商店街や政治団体、企業などがマンダル（有志のグループ）を組織し、市の設置許可を得て道路脇の一角に特設の祭壇を構えるのである。一般的に家庭では五日間、マンダルの特設祭壇では一〇〜一二日間（年によって期間が異なる）、神像に対して祭祀を行って祝われる。祭礼最終日のヴィサルジャンでは、とくにマンダルの神像は、山車に載せられて大勢の信徒によって賑々しく海へと運ばれるという壮麗なクライマックスとなる。

ガネーシャ祭は、伝統的には家庭内で祝われるものだったが、一九世紀末の民族運動の高まりのなかで、人びとが集って大々的に祝う都市祭礼のかたちに創り出されたという歴史がある。当時、インドはイギリスの植民地統治下にあったが、政府当局の政策として宗教的な領域については関知されないという状況にあった。そこで民族運動の活動家であったB・G・ティラク（Bal Gangadhar Tilak 一八五六〜一九二〇）は、マハーラーシュトラ地域一帯の民族的結束を高める手段として、伝統的な宗教文化の象徴をガネーシャ祭に見出し、公の場での集団による祭礼の挙行を主導したとされる（Agarwal 2008）。今日の街中での祭礼は、宗教伝統をもとにしつつ政治的な意図によって、近代において「創られた伝統」であるといえよう。そしてその伝統は、ヒンドゥー教徒のあいだに、毎年心待ちにする祭礼としてしっかりと根付いているようだ。B・G・ティラクとゆかりの深いムンバイー市では、彼の肖像画が祭壇の横脇に配置されることが多く、民族運動とともにあった祭礼の歴史が視覚的に共有されるようになっている。*2

一九世紀末当時の公の場の特設祭壇では、どのような素材でつくられたガネーシャ像が設置されたのかは資料が不足しているため明らかではない。しかし、伝統的に司祭階級のバラモンの家庭で祀られてきたガネーシャ像が小型の粘土製であったことから、公の場での祭礼においても粘土製が主流であったという見方が強い。*3 また、そのことに関しては、B・G・ティラクの志を受け継いで九〇年余りにわたって様々な社会奉仕活動を行っているムンバイー市のNGO団体「ロークマニヤ奉仕団（Lokmanya Seva Sangh, Parle（LSSP）、一九二三年設立）」の見解が参考になる。当団体は、二〇一九年のガネーシャ祭の折には、N・モーディー首相も来訪するなど、由緒ある団体としての存在感を示してきた。事務局員の話では、団体の設立当初から祭礼時には比較的小型の粘土製の神像を用いていて、今日まで変わることはないという。また、バラモンであったB・G・ティラクは粘土製のガネーシャ像を祭礼に用いたことは間違いなく、粘土製こそが本来の伝統に従った適切な神像であるという。それ故に素朴で小型の神像と比較して、今日の華美で巨大化する神像のあり方に対して批判的な見方を示していた（二〇一九年九月聞き取り）。このようにバラモンの伝統を継承する人びとにとっては、とくに粘土製であることに伝統的な真正性を認めていることがうかがえる。

しかしこうした見方がある一方で、今日では造像に用いられる素材は粘土に留まらず、プラスチックや石膏、紙、棉、そしてチョコレートに至るまで多様化してきたという事実がある。今日、ガネーシャ祭で用いる神像の素材として最も普及しているのは、石膏（plaster of Paris）である（Battachariya et al. 2014）。石膏は、粘土素材に比べて、範型による大量生産や大型の造形もしやすく、また運搬時の耐久性も高いという商業上の利点が多い。家庭のガネーシャ祭の祭祀においても、比較的安価で造形デザインも豊富な石膏素材の神像が好まれてきた。こうした石膏像の表面は一般的に化学塗料で着色され、ガネーシャ神の顔や目、肌の質感がリアルに表現される。祭礼のはじまる二ヶ月ほど前から、街のあちこちに作業工房を兼ねた市が開かれ、鮮やかに色付けされた神像が店頭に並ぶのである。

こうした石膏では複雑な成形も可能であることから、様々なポーズをとった姿をみることができる。ガネーシャ神は、数多くの形相をもつとされるが、それは座像や立像、舞踊像のいずれかをベースとして、蓮花や甘菓子、棍棒、輪縄などといった持物との組み合わせによって示される。図像学的には、組み合わせによって主要なもので八種類、細かくは三二種類もの形相が規定される（Shinganiya 1999; Subramuniyaswami 2011）。またそうした形相に応じて、安寧や勇猛などの感情が見る人に喚起されるとインド古典美学では考えられてきた。実際には、特設祭壇では武器を手にした雄々しい立像が求められる傾向があるのに対して、家庭の祭壇では蓮花や甘菓子を手にして嘉する座像が好まれるようだ。座像を好む理由として、家庭ではガネーシャ神に座ってくつろいでもらいたいからだと説明する人もいる（二〇一九年購入者への聞き取り）。また、具体的な造形デザインに関しては、何か商売をしている人には、金運アップをイメージさせる金銀色の宝飾をふんだんに施した「バダク（キラキラした）・ガネーシャ」像が好まれるという（二〇一九年販売店員への聞き取り）。

特設祭壇に設置されるガネーシャ神像は、図像学的に規範に従ったものだけではなく、創案されたスタイルであることも珍しくない。ガネーシャ像の胴体部分が地元にゆかりのある聖者が修行するポーズをとっていたり、クリシュナ神の定番の笛吹きポーズをしていたりと他の神格的要素と混ざり合った変身スタイルが登場している。また、通常はガネーシャ神と組み合わせられることのない、猛々しい猿神や女神などの別の系統の神像が背後の装飾板に描かれ、それらとの組み合わせによってガネーシャ神の神威を増大するようなスタイルも流行している。二〇一九年にはインドの月探査ロケットの月面着陸の予定に合わせて、ＬＥＤスクリーン上の銀河宇宙にガネーシャ神像が据えられるという、同時代性を意識したスタイルも出てきて各種メディアで話題となった。ヒンドゥー教では、神々は姿を変えてこの世に現れ、人びとを救済してくれるという化身思想が浸透している。豊富なスタイルが生み出される土壌にはそうした信仰があると考えられる。

さらに神像の形相に関連して、神像を荘厳する祭壇のあり方も注目される。祭壇まわりには造花や電飾で壮麗な装飾が施され人びとの目を惹き付ける。とくに電飾については、一九七〇年代ごろから、特設祭壇の重要な美的要素となっていき、人びとはその電飾の美しさも楽しむために、人通りで込み合うなか、あえて日暮れに参拝に行くようになったとの報告がある（Kaur 2002: 91）。一九九〇年代の経済自由化以降、祭礼の場も商業の領域と密接に結びついて、ガネーシャ像は人目を引くような大型で趣向を凝らしたものとなり、その祭壇にも大がかりな装飾が施されるようになった。二〇一〇年代に確認できるものでも、ＬＥＤ電飾で煌びやかに飾られた特設祭壇は、誰もが知っているような神話の一場面にガネーシャ像が配置されるなど、見るものを楽しませる娯楽的要素が強く感じられる。このように、石膏素材によって神像の形相は多様化するとともに、特設祭壇はスペクタクル化してきたという傾向を捉えることができる。では、こうしたモノの属性にある神像をめぐって、人びとはどのように聖性を知覚していくのかについて、次にみてゆきたい。

2　モノに現前するガネーシャ神

一般的に特設祭壇では、僧侶によって神像への魂入れ（プラーン・プラティシュター）が行われた後、祭壇が参詣者にも開放される。家庭においても同様に、僧侶を呼んで（あるいは可能な場合は自分たちで）魂入れの祭祀がなされる。神像は、祭礼前日までには家庭やマンダルの特設祭壇へと運び出される。その際、線香を献じる簡易な礼拝がなされ、神像の顔には布が掛けられる（写真1）。これは神像の眼を、街中にはびこる邪悪な視線から守るためであると説明される。この時点では、正式な魂入れの祭祀がなされておらず、神像は神ではなくモノの属性にあるはずである。しかし、神の像は、やはり単なるモノとしては扱うことのできない、「なにものか」であるように思われる。それは、目が描きこまれた完全なる形相を有しているために、邪悪な視線から神像を守るよう布を掛けるという行為をさせるのだとすれば、モノはすでにそれ自体で作用力を持っていることになる。儀礼の次元ではなく、形相の次元で神像は力を有することを指摘しておきたい。

　ではまず、魂入れを終えた特設祭壇の神像を拝観してみよう。サンダルを脱いで中に入ると、ライトに照らし出されたガネーシャ神の巨大な姿が目に飛び込んでくる。参拝者によって、見上げられるこうした巨大なガネーシャ神像は、「祭礼神像（ウッサヴ・ムールティ）」と呼ばれる。特設祭壇内にはもう一つ、ガネーシャ神像がある。「礼拝神像（プージャー・ムールティ）」と呼ばれるものだ（**写真2**）。ヒンドゥー教の礼拝では、様々な供物を捧げ、神像の足に触れ、そして神像と視線を交わす「ダルシャン」という行為が必ずなされるが、祭壇上の神像では大きすぎて、そうした行為を適切に行うことが難しい。そのため、もう一つの小型の神像（礼拝神像）が必要とされる。ただし、

写真１　店舗から運び出されるガネーシャ神像
（筆者撮影・インド、ムンバイー市・2013 年）

写真２　特設祭壇のガネーシャ神像（手前：礼拝神像、奥：祭礼神像）
（筆者撮影・インド、ムンバイー市・2019 年）

これは大きな神像（祭礼神像）の代理というわけではない。大小の神像には、どちらも神が招来されている。礼拝者が神との身体的な接触を求めるため、礼拝神像は須らく設置されている。礼拝では、神像に赤や黄色の色粉を施し、また神からの恩寵として、自身も色粉を額に押しいただく。最後にお下がりの果物や甘い菓子をいただくことで礼拝は完了する。その後、また次の特設祭壇へと、祭壇めぐりをする親子連れも多い。子供もテーマ・パークをめぐるような感覚で、様々な形相に変化するガネーシャの姿を見て楽しむ。神像に聖性と同時に娯楽性を認めているようである。

次に、ムンバイー市の中間層の家庭に運び込まれた神像の様子をみてみよう。ガネーシャ祭の折にはとくにガネーシャ像を中心とした祭壇回りの装飾に、各家庭の個性が発揮される。たとえば、ある一家では、生誕祭にふさわしく、赤子姿のガネーシャ神をモチーフとしたタペストリーが装飾に用いられる。これは一家に息子が生まれたときの記念にかつて母親が手作りしたものだ。家族の思い出とともに祭礼の装飾がなされる様子がうかがえる。また、今日様々なデザインのＬＥＤ電飾が手に入るようになり、祭壇の装飾には欠かせないものとなった。電飾の発光による聖性の演出には趣向が凝らされる。電飾が灯されて燦爛とした祭壇はガネーシャ神を迎え入れるのにふさわしい。

祭礼初日、準備が整った祭壇にガネーシャ神像が安置される。そして魂入れの祭祀が執り行われる。神像には、特にガネーシャ神が好むとされるドゥルワと呼ばれる草やハイビスカスなどの花々、棉の首飾り、聖紐、色粉、線香、灯明、米、甘い物などじつに様々な供物が順々に捧げられる。また、手の平に載るほどの小型のガネーシャ像に対して水を灌ぐ祭祀も執り行われる。祭祀の終盤では、皆で声を合わせて聖句を唱え、そして楽器を打ち鳴らしながら神を称える讃歌を詠唱する。祭祀をとおして、ジャスミンの花や白檀粉の清冽な香り、マリーゴールドやハイビスカスの鮮やかな色合い、灯明のゆらめき、鈴の音の響き、お下がりのココナッツ餡の蒸し菓子の濃厚な甘味、これらのものが強烈に五感を刺激する。まさに、モノを通じて神の現前が知覚され、神と交感されるのである。祭礼期間中は毎日、夜中も灯明を絶やさないようにするので、仄かな灯りとともに、ずっと神がそこにいることが感じられる。ガネーシャ神の聖性は、神像そのもののあり方によるというより、むしろその回りの供物や装飾物など、様々なモノによる複合的な知覚効果によってもたらされているといえよう。

祭礼期間中には、親戚をはじめとして学校や会社の友人たちが次つぎとガネーシャ神（像）を拝観するために個人宅を訪れる。ガネーシャ神（像）を囲んでお下がりの菓子をつまみながらおしゃべりをしたり、ゲームをしたりして団欒の時間を過ごしていく。家庭でガネーシャ像を祭祀する契機は、意外にも子供にせがまれてというものが少なくない。友達の家で楽しそうに祀っているのを見た子が、自分のうちにもガナパティ（ガネーシャ）父さんを呼びたいと言い出すのである。しかし、祭礼の終わりには、ガナパティ父さんがいなくなるさみしさから子供が泣きじゃくって手に負えなくなったという話も珍しくない。結局子供用に神像をもう一つ用意し、祭礼後の祭壇に飾って機嫌をとったという思い出話を語る人もいる。子供にとっても、ガネーシャ神の存在感と喪失感は、神像があることでもたらされる具体的な供物や人との関わりをとおして実感されているといえよう。たしかに祭礼直後の祭壇は、灯明や電飾の明かりが消えた状態になり、祭礼の煌びやかさとは対照的な静寂を感じさせる。神像が取り払われた祭壇やあるいは神像があっても明かりの灯っていない祭壇は、大量に捧げられた供物がその回りに残存するため、神がそこからいなくなったことをより一層強く印象づける。

以上、ガネーシャ像に対する礼拝には、お香や聖紐、花輪など多くのモノが必要とされること、また、モノは神の現前を成り立たせるために欠くことのできないものであることをみてきた。モノを通じて礼拝者の五感が刺激され、神の存在が知覚される。礼拝者と神との交感はこうした具体的なモノを通じた知覚のうえに成り立っていることを確認しておきたい。また、祭礼期間中に神像に現前していた神は、祭礼の最終日には神像の元を離れていくため、神像自体は神性を失った抜け殻のようになる。しかし、そうした神の不在すらも、神像あるいは祭壇の装飾物や供物という回りをとりまく様々なモノの存在があるからこそ、「不在の在」として一層アクチュアルに感じ取られるのである。

3　マテリアリティが更新する信仰実践

神と人との交感を可能にする祭礼の神像をめぐって、近年ではその聖性の存在以上に、マテリアリティの方に注目があつまるようになった。以下では、ヴィサルジャンの実践にみられる近年の変化についてみていきたい。

アラビア海に面したムンバイー市では、多くの場合、家庭や特設祭壇の神像が砂浜に運び込まれ、海に沈めることでヴィサルジャンが全うされる。ヴィサルジャンでは、最後に掛け声とともに、「ガナパティ父さん、また来年、戻ってきてくださいね」という言葉とともに神を送る。沈水を行う理由については諸説あるが、伝統的にそうしてきたため、ガネーシャ神の身体の熱を冷ますため、あるいは神像が礼拝者の身代わりに負った罪障を水で清めて払ってくれるのだと説明する人もいる。いずれにしてもヒンドゥー教徒にとって、水は宗教的に浄化の力を有するという特別な意味を持っていることもあり、ガネーシャ祭の最後は、必ず神像を水に沈めて一連の祭礼を完遂することが望まれるのである。

こうしたヴィサルジャンによって引き起こされる環境への悪影響が近年では社会問題化している。第2節でみたとおり、特設祭壇には祭礼用と礼拝用の大小二体の神像が安置されるので、マンダルが一つ増えると大抵二体の神像が増えるということになる。二〇一九年のムンバイー市のガネーシャ祭において、家庭の祭壇や特設祭壇で祀られた神像の数は大小合わせて合計すると約一九万体にのぼると報告された（BMC 2020）。二〇一七年はその数約二〇万体であったので、減少がみられるものの未だ高い数字である（BMC 2018）。石膏でつくられた相当数の神像がアラビア海へと流されたことになる。石膏は生物分解が難しく時間がかかるため海の生態系に悪影響を及ぼすことや、石膏像に塗布された化学塗料が水質を汚染することがとくに問題視されている。また、ヴィサルジャン後の神像が砂浜に打ち上げられて大量のゴミとなることも懸念されている。こうした様々な環境問題に対処するために、神像の生産や扱い、そしてヴィサルジャンにおける実践に至るまで、見直しや変更が求められるようになったのである。

まずはムンバイー市の行政によって、ガネーシャ祭の環境施策は打ち出された。市当局は二〇一〇年頃からテレビ報道や新聞、SNSなどの各種メディアを用いて「エコ・フレンドリー・ガネーシャ祭」と銘打った環境啓発キャンペーンを実施している。また、インド中央政府によって、とくにヴィサルジャンに対する環境対策にむけたガイドラインも定められた（CPCB 2010, 2020）。対策としては主に次の三つが挙げられている。その一つは、神像の制作者や販売者に対するもので、石膏や化学塗料を用いた神像を制作・販売することを禁止し、自然素材や自然塗料による神像を制作・販売するという方法である。ただしこれには罰則規定がないため、事実上奨励策の提示にとどまっている。その二つは、信者に向けて呼びかけられるもので、海や川など自然環境でのヴィサルジャンは行わず、マンションの自治会や居住区のコミュニティなどで人工池を用意して、そこで神像を沈水させるという方法である。その三つは、これも信者に向けたもので、祭礼では沈水を行わず、永年使用できるシルバーなどの金属製の神像を用いるという方法である。このうち、三番目の沈水を行わないという方策は、神像の沈水をもって全うされるという、これまで慣習的に行ってきた、信仰の核心部分に変更を迫るものであるといえる。

さらにこのガイドラインでは、ヒンドゥー教の聖典『バガヴァッド・ギーター』から「バクティ（信愛）をもって捧げられたものを私（神）は受け取る」という一節を引用して、自然（神）に配慮した信仰態度こそ適切なものであるとうたわれている。また、そうした信仰態度は、神への真の「奉仕（セーワー）」であるという言葉で称揚されている。ここに、ガネーシャ祭における慣習の意味体系が、個々人の礼拝行為に留まらず、「奉仕」というもう一つの、私心を捨てた利他的な宗教感情を喚起する概念へと拡張されていることがうかがえる。こうした聖典の

写真３　粘土製のガネーシャ神像
（筆者撮影・インド、ムンバイー市・2019 年）

引用による環境保護への啓発は、宗教感情に強く訴えるもので効果的だと思われる。

では実際に、環境に配慮したヴィサルジャンによって神に「奉仕」するという概念が、信者のあいだでどの程度意識され共有されているのだろうか。ヒンドゥー教の信仰実践のなかでも、幼子の姿をしたクリシュナ神に対しては身の回りの衣食住の世話をする行為において「奉仕」の概念は明示的であるが、ガネーシャ神に対しては「奉仕」というよりも、感謝や祈りを捧げる礼拝行為の方が主流であるように思われる。ヴィサルジャンをめぐる「奉仕」の概念は、ガイドライン上で政府が提示した理論的なものに留まるものかもしれない。しかし、信仰実践そのものを見てみると、ＳＮＳをはじめとした様々なメディアでの啓発を受けて、信者たちに環境に配慮した奉仕が実行されてきているといえる。

神像の素材に関しては、とくに石膏に代わって注目されているのが粘土である（写真３）。第１節で述べたとおり、粘土はガネーシャ祭で元来用いられてきた伝統的な素材である。粘土像は、手間ひまがかかる割に利益が少なく、軽さ、丈夫さ、安さ、表現性などすべてにおいて、今のところ石膏像には適わないといわれる。また、粘土では特設祭壇に収めるような大型の神像をつくることが技術上難しい。こうした難点がありながらも、粘土は石膏よりもはるかに生物分解が早く環境への負担の少ない自然素材であることが見直されているのである。粘土製の神像を手掛ける職人も増えはじめ、石膏像だけではなく粘土像を取り扱う販売店も増えてきた。神像を購入する際には、造形デザインとともにそのマテリアリティへの注意が払われるようになったのである。

筆者の知人たちの家庭では、粘土製の神像を用い、これまでのヴィサルジャンの仕方を切り替えて、人工池で神像の沈水を行うようになった。人工池は地域の宗教団体やボランティア団体などによって運営されるが、そこで神像は係の手によって、儀礼的な所作をした後に沈められる。人工池の底でモノとなった神像はその後解体され、可能なものは建設資材などに再利用されるという。また別の方法として、祭礼最終日の神像を海に沈めることは行わず、祭礼には毎年シルバー製の神像を用いることに切り替えた知人もいる。このように環境への配慮から慣習的な祭礼のあり方を変えたという話は、とくに筆者の回りの中間層の人びとのあいだで耳にした。多くは祭祀を行う上位階層にあったバラモンに属する人たちであったが、ここにはバラモンとして適切な祭祀のあり方を規範的に示そうとする矜持がうかがえる。これまでの慣習的なあり方を変えることに躊躇はなく（多くは家族会議を経て決定に至るが）、むしろ率先して切り替えを行う姿があった。こうした環境に配慮した信仰実践への更新について、日常会話のなかでは「奉仕」という概念で言語化されることはほとんどないが、行為の上ではまぎれもなく自然（神）への奉仕を遂行する態度が見て取れるのである。

4　モノのエージェンシー

こうしたモノと人との連関のなかで紡がれていく信仰実践について、モノと人とが互いに作用する力に注目した、アルフレッド・ジェルのエージェンシーの議論（Gell 1998）を手がかりに考えてみたい。

人類学者のジェルは、美術作品（モノ）を捉える際に、そのモノがもつエージェンシー（行為主体性）に着目した。エージェンシーとは、人からモノへの方向だけではなく、モノから人へも及ぼされる「作用力」と捉えられる。ジェルのエージェンシー論においては、人とモノとの関係を、一義的にモノが人に従属するとはみなさず、モノも人に対して場合により大きな作用をもたらしうるとしている点、またエージェント（行為主体）がそれ自体何らかの力や意味を有するのではなく、社会的エージェンシーを媒介するモノであるとしている点が大きな特徴である。美術史家の秋山聰が指摘するように、像が人びとに様々に働きかける宗教美術に関わる環境を考察するうえで参考になる理論だといえる（秋山 2020: 146-147）。現代のヒンドゥー教の宗教画や神像を通じた信仰実践の動態については、すでに多くの研究があり（Pinney and Thomas (eds.) 2001; 木下 2013）、またエージェンシー論を参照した上で人と神像との「身体感応的」な実践のあり様を捉えた論考もある（三尾 2017）。本節では、とくにエージェンシー論における「アート・ネクサス」の視点を援用して、モノと人との連関から、どのような推論が可能であるのか考察を試みる。

ジェルは、人であれモノであれ、エージェンシーを発揮する側を「エージェント」、そのエージェンシーを受容する側を「ペーシェント」と呼ぶ。エージェントもペーシェントも、単独では特別な機能を果たすことはなく、相互の関係性によってはじめてその役割が確定することになる。ただし、モノがエージェントである場合、それはあくまでも「二次的エージェント」としてであり、そこには「一次的エージェント」としての人が介在するという点に留意しておきたい。このように、人が一方的にモノに対して主導権を発揮するのではなく、コンテクストに応じてモノも人にエージェンシーを発揮するという点がエージェンシー論の要といえる。

さらに、ジェルは、コンテクスト次第でモノも人も、エージェントにもペーシェントにもなりうるという点を、次の四つの項目によりアート・ネクサスとして提示している。すなわち「インデックス（指標）」「アーティスト（制作者）」「プロトタイプ（原型）」「レシピアント（受容者）」である。たとえば芸術作品はインデックスとして存在し、「作品＝インデックス」を見たものは、そこからアーティストや作品に表現されたプロトタイプについてのアブダクション（仮説的推論）を促されることになる。このとき、アブダクションを促された鑑賞者はレシピアントということになる。レシピアントがインデックスの発揮するエージェンシーを受容するのが一般的であるが、しかし場合によってはレシピアントがインデックスを媒介としてエージェンシーをアーティストに発揮することもある。コンテクスト次第で、ペーシェントだったものが、エージェントになるという二重性が認められるのである。エージェンシー論では、こうした二重性によって、動態的かつ社会的な相互関係のネットワークすなわちアート・ネクサスが築かれうることが想定されている。

では、ガネーシャ祭における以下の三つの次元について、アート・ネクサスの観点からみてみよう。

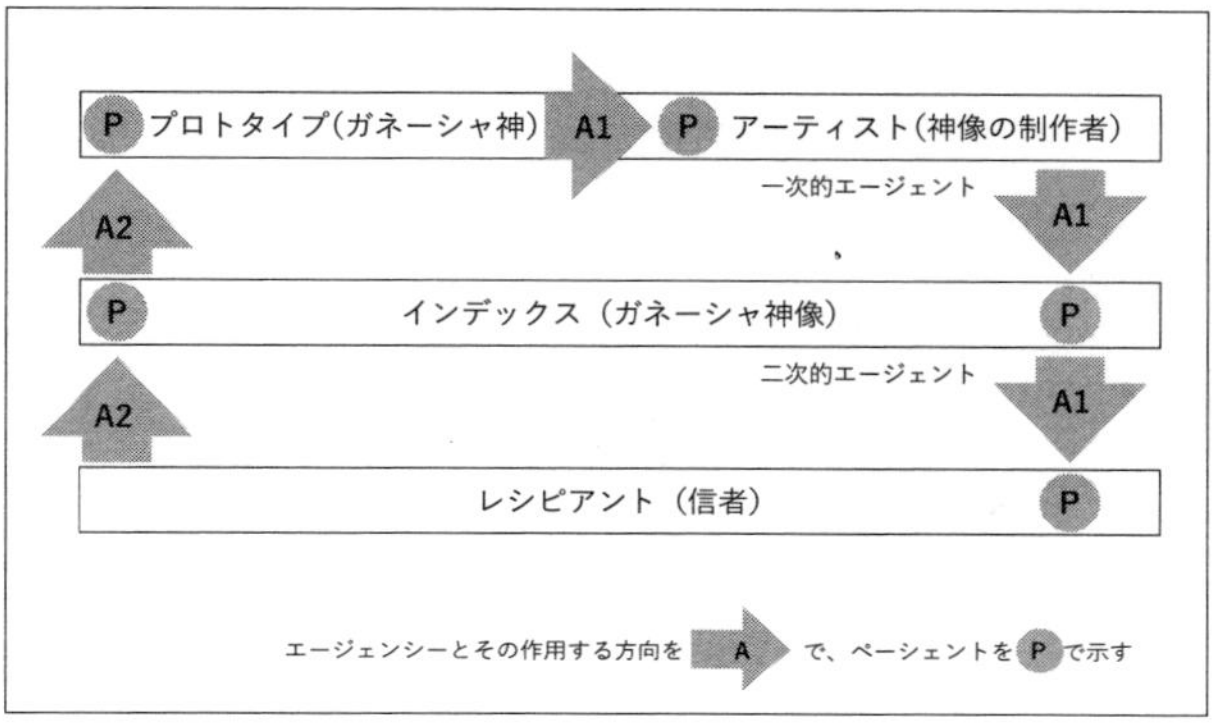

図1　祭壇に置かれる神像

4-1　祭壇に置かれる神像

第1節でみてきたように、従来のガネーシャ祭において、祭壇に迎え入れられる神像は、信者にとっては、その形相どおり従来のガネーシャ神として受容されているといえる。このとき、信者にとってエージェンシーの源は、プロトタイプとしてのガネーシャ神に遡り、レシピアントである信者は「インデックス＝神像」からプロトタイプについてアブダクションを行うことになるといえる。この時、一次的エージェントとしての人すなわちアーティスト（神像の制作者）が介在している。この状態のエージェンシーは**図1**の矢印・A1で示される。このように、従来の祭礼において、レシピアント（信者）にとって、神像はガネーシャ神の聖性を媒介するインデックスとしてエージェンシーを発揮しているといえる。それ故に、第2節で指摘したように、ひとたび形作られ、また美しく瞳が描かれて完全な形相を有したガネーシャ神像は、何らかの聖性を帯びた存在としてみなされうる。神像を購入し持ち帰る際に、魂入れがなされていない状態であるにもかかわらず、信者がその顔に布を掛けて邪視から守ろうとする行為には、神像のエージェンシーが作用した様子がうかがえる。神像の形相があまりにも完全であるが故に、神像はプロトタイプ（ガネーシャ神）のエージェンシーを直截的に媒介し、信者に強く作用したと考えられるのである。このコンテクストにおいては、ペーシェント／レシピアントであった信者は、神像に布を掛けて守るという行為を行うエージェントにもなる。この時神像はそのエージェンシーを受け取るペーシェントであり、おそらく信者のエージェンシーはプロトタイプ（ガネーシャ神）そのものに作用することが想定される。したがって、信者・神像・神それぞれが二重性を帯びる様子が捉えられる。この状態のエージェンシーは**図1**の矢印・A1とA2で示される。

このようなコンテクストによる二重性は、ガネーシャ祭の一連の行為を通して、顕著に浮かび上がってくる。ヒンドゥー教の信仰では、モノを通じた五感の知覚によって神像に能動的に働きかけ神と交感しようとする傾向が強いからだ。信者は神像を媒介として神（プロトタイプ）の力を受ける一方で、しかし単なる受容者に留まらず、より強い力に与ろうと装飾や供物などによって神像（インデックス）に様々な働きかけを行うエージェントにもなりうる。神像を媒介として、神と人との相互交渉的な実践が成立しているのである。

4-2　ヴィサルジャン後の祭壇

さらに、祭礼の最終日の神像が運び出されたヴィサルジャン後の祭壇に目を転じてみよう。神像が取り払われた祭壇では、やはり神像のエージェンシーは発揮しようがないのであろうか。第2節でみたとおり、祭礼直後の祭壇では、それまで神像を煌びやかに照らしていた電飾や灯明の明かりが消えた状態で「存在」する。また台座や花輪などの祭壇飾りつけ、種々の供物もそこに残存する。たとえば神像が不在の祭壇では、そうした祭壇回りに配置された様々なモノがあるが故に、インデックス（空の祭壇）によって、プロトタイプ（ガネーシャ神の不在）の存在が前景化されるといえよう。すなわち、祭壇回りのモノが祭壇の空の状態を際立たせ、神が不在であることを喚起するエージェンシーを発揮しているのである（**図2**を参照のこと）。

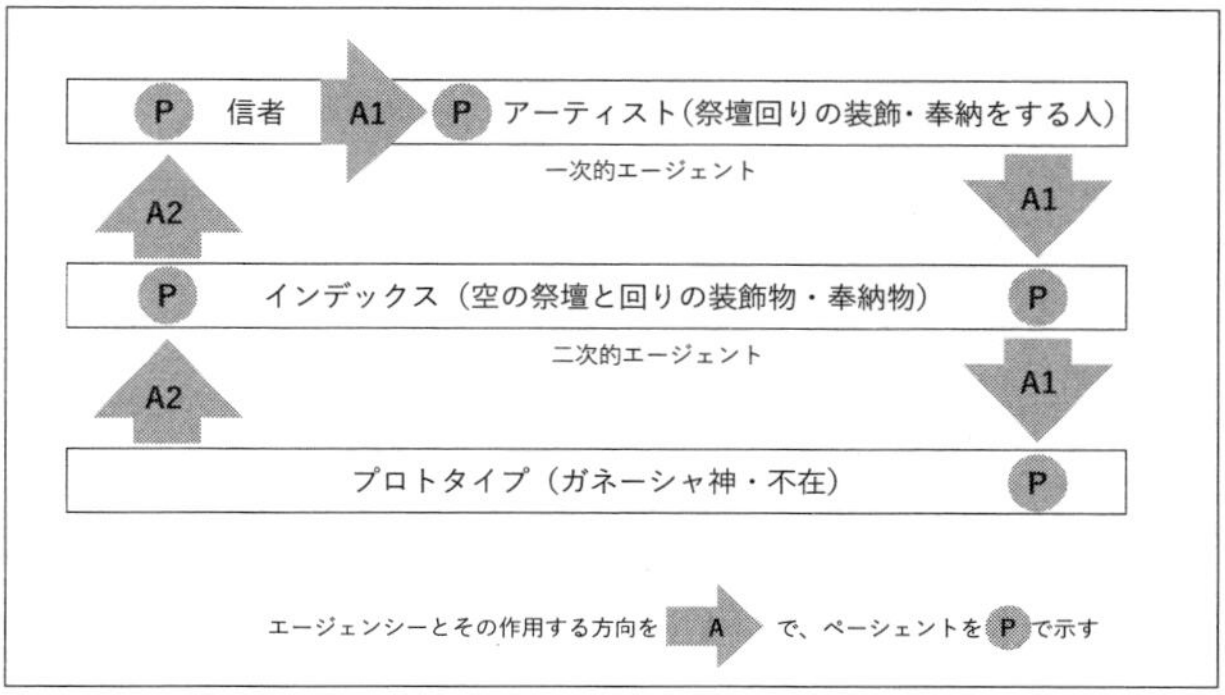

図２　ヴィサルジャン後の祭壇

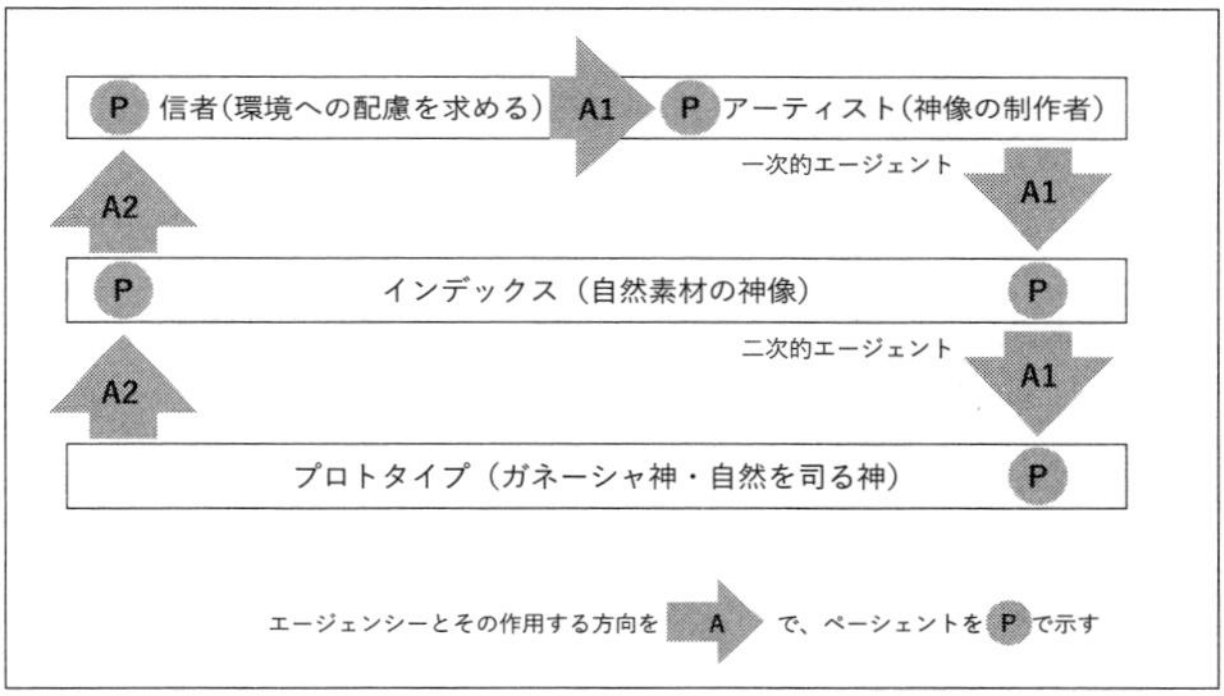

図３　環境に配慮した神像

4―3　環境に配慮した素材の神像

最後に、環境に配慮した神像をめぐってどのようなアート・ネクサスの場が成り立つのかを見てみたい。既述のとおり水質汚染が問題となったガネーシャ祭において、毎年神像を迎える信者は、そのマテリアリティに対して注意を払わざるを得なくなった。そのため環境に負担の少ない粘土や紙などの自然素材による神像を用いた実践へと信者の意識は方向づけられ、アーティストに対して自然素材の神像をつくるようエージェンシーを発揮すると考えられる。そして、造像されたインデックス（自然素材の神像）は、プロトタイプ（ガネーシャ神）に対して、大いなる自然と結びついた神の属性を付与するというエージェンシーを発揮する。この状態のエージェンシーは図3の矢印・A1で示される。この際にも、エージェンシーの二重性は見出されよう。インデックス（自然素材の神像）は、プロトタイプ（ガネーシャ神）の属性を媒介する、すなわち大いなる自然の神としての属性を、レシピアント（信者）に対して想起させるのである。この状態のエージェンシーは図3の矢印・A2で示される。

以上、三つの次元いずれにおいても、モノと人と神との連関によって相互作用的にエージェンシーは発揮されていることがわかる。祭壇に置かれる神像については、まず祭壇に配置される前（入魂前）の段階において、神像が信者に対してエージェンシーを発揮していることを捉えた。信者が神像に布を掛ける行為は、その形相の美の完全性によって、美的感情とともに宗教的感情が喚起されたことによるものと考えられる。また祭礼において、信者は神像に様々なモノを捧げていくというエージェンシーを通して、その聖なる力の「現前」を知覚することを確認した。一方、ヴィサルジャン後の祭壇においては、装飾や供物を回りに配した「空の祭壇」というインデックスによって、ガネーシャ神が還っていったこと、すなわちその「不在」がアクチュアルに知覚されることをみた。そして最後に、環境に配慮した素材の神像をめぐっては、信者の環境保護の意識が神像の制作者に対してエージェンシーを発揮し、そうしてつくられた自然素材の神像が、ひるがえってまた信者に対してエージェンシーを発揮していることを捉えた。自然素材の神像というインデックスは、大いなる自然の力を媒介する。こうした相互作用によって、知恵と豊穣を司り障碍を除去するという、伝統的にイメージされるガネーシャ神の権能は、大いなる自然全体を司るものへと、その神観念が拡張されることが推論できるのである。

おわりに

ヒンドゥー教の祭礼は、神々の像なしでは成立しがたい。祭礼に用いられる神像は、かつては粘土製であり、自然に負担のないものであったことに改めて気づかされる。粘土製への切り替えなどを伴う「エコ・フレンドリー」な実践への更新は、実は新しい方策ではなく、伝統的なあり方に戻っただけのことであるという内省的な意見もある。しかし、今日において、そうした実践から生み出されるのは、あらゆる生き物や人やモノ、そして神をも含めた万物がよりよいつながりのなかで展開していくことを想起させる、より普遍的で拡張された神観念であるといえよう。

祭礼の終わりに粘土の神像が土に還っていき、また次の年の祭礼で粘土の神像へと形づくられるように、ガネーシャ神もまた、やってきては還っていき、そしてまた次の年には戻ってくることを繰り返す。こうして神像のかたちはめぐり、またモノを依り代とした神の現れはめぐる。ガネーシャ像のマテリアリティへの注目によって、モノを通じて実感される神の現前と不在、そしてめぐりめぐる循環をもたらす大いなる自然の力としての普遍的な神の位相が浮かび上がるのである。

謝辞

本考察は、二〇一〇年から断続的に参加したムンバイー市のガネーシャ祭にもとづきました。友人たちをはじめとして、ガネーシャ像を囲んで祭りの体験を語ってくださった方々に深く感謝申し上げます。

注

1 二〇二〇年および二〇二一年は新型コロナ感染症流行の影響を受けて、ガネーシャ生誕祭においても、特設される神像の高さ制限や参拝の人数制限を設けるなど、規模を縮小した形で祭礼を行うことが模索された。

2 B・G・ティラクの肖像画は、一七世紀にイスラームの侵攻に対して勇敢に戦ったマラーター王国の君主シヴァージーの肖像画とともに設置されることが多い。この点については、対イスラームを標榜するヒンドゥー・ナショナリズムの動向との関係を視野に入れて議論する必要がある。

3 ガネーシャ神に限らず、ドゥルガー女神やサラスヴァティー女神など他の神々の特別な祭祀においても、寺院や家庭において粘土で像がつくられ、一定期間祀られた後、川や池に沈めてヴィサルジャンを行うという信仰実践はみられる。

参考文献

〈日本語文献〉

秋山聰 2020「聖像／偶像のエージェンシーをめぐるノート」『西洋美術研究』20: 144-164。

木下彰子 2013「現代インドにおける中間層ヒンドゥー教徒の宗教実践――大量生産される宗教画・神像をめぐって」京都大学大学院博士学位申請論文。

三尾稔 2017「モノを通じた信仰――インド・メーワール地方の神霊信仰における身体感応的な宗教実践とその変容」『国立民族学博物館研究報告』41(3): 215-218。

〈外国語文献〉

Agarwal, Ruchi. 2008. Ganesh Chaturthi (Ganeśa Caturthī), In P. Jain et al. (eds.) *Hinduism and Tribal Religions, Encyclopedia of Indian*

Religions. (https://doi.org/10.1007/978-94-024-1036-5_521-1 二〇二二年六月一日閲覧)

Bhattacharya, Sayan and Arpita Bera, Abhishek Dutta, Uday Chand Ghosh. 2014. Effects of Idol Immersion on the Water Quality Parameters of Indian Water Bodies: Environmental Health Perspectives. *International Letters of Chemistry, Physics and Astronomy* 20(2): 234-263.

BMC (BrihanMumbai Municipal Corporation). 2018. *Ganesh Utsav 2018 Mahiti Pustika*. Mumbai: BMC.(in Marathi)

———. 2020. *Ganesh Utsav 2020 Mahiti Pustika*. Mumbai: BMC. (in Marathi)

CPCB (Central Pollution Control Board). 2020. *Revised Guidelines for Idol Immersion*. Delhi:CPCB.

———. 2010. *Guidelines for Idol Immersion*. Delhi: CPCB.

Kaur, Raminder. 2002. Martial Imagery in Western India: The Changing Face of Ganapati since the 1890s. *South Asia: Journal of South Asian Studies*, 25(1): 69-96.

Gell, Alfred. 1998. *Art and Agency: An Anthropological Theory*. Oxford: Clarendon Press.

Pinney, Christopher, and Nicholas Thomas (eds.) 2001. *Beyond Aesthetics. Art and the Technologies of Enchantment*. Oxford: Berg.

Singhania, Jaidev. 1999. *Jay Ganesh*. Mumbai:Bharatiya Vidya Bhavan. (in Hindi)

Subramuniyaswami, Satguru Sivaya. 2011. *Loving Ganesha Hinduism's Endearing Elephant-faced God.*Delhi: Motilal Banarsidass Publishers.

第9章　呪いと祓いをカスタマイズする——ギニア・スス社会における宗教的なモノを例に

中川千草

はじめに

二〇一三年一二月から約二年半、ギニア、リベリア、シエラレオネを中心とした西アフリカ諸国において、エボラ出血熱[*1]（以下、エボラとする）が大流行した。一〇〇万人以上が暮らす都市での感染確認や流行期間の長期化など、エボラの流行史上これまでに例を見ない最悪の事態となった。総感染者数は最終的に三万人近くにのぼり、内一万人を超える人びとが亡くなったと報告されている。流行中、WHO（世界保健機関）や海外支援団体などは、科学的な根拠にもとづいた感染症対策を強調しつづけた。しかし当初、こうした予防・支援活動はあまり功を奏さず、派遣された人びとを阻止しようと道にバリケードが作られたり、支援団体に対する暴力事件が頻繁に起こっていた。とうとう、ギニアでは保健局の関係者七名もが遺体で発見されるという痛ましい事件まで発生した。

支援する側や海外の人びとはたいてい、地元住民によるこうした反応を、医療や科学をめぐる知識の欠如、つまり無知として一蹴してしまう。初のエボラ流行下で、即座に事態を理解し、科学的根拠にもとづいた感染予防対策に動けた人は、実際に少なかった。しかし、かれらは単に無知ゆえに反発していたのではない。むしろ、アウトブレイク発生前の経験にもとづくローカルな知識体系を拠り所とし、「ロジカル」な拒否や反発を示していた（中川 2015a, 2015b, 2019）。その一端は、日常的な病いの捉え方や対処法、死者の弔い方など、地域やエスニックグループごとに異なる宗教観や信仰にある。それらの大半は、西洋世界では至極一般的とされる医学的、かつ科学的な知識とは重ならない「ロジック」を持つ。ギニアの人びとの多くが、エボラという病いについて科学的に理解することがむずかしかったように、その土地の暮らしぶりと行動規範を知らない者が、ローカルなロジックを即座に把握し理解することは、容易ではない。

本章は、土地に根ざした合理性に準ずる行動規範に注目しつつ、ギニアの三大エスニックグループの一つであり、首都コナクリを中心とした沿岸地域（海岸ギニア地方）を暮らしの拠点とするススの人びとによる呪いと祓いの具体的な事例から、当該社会における現代的な宗教的実践について紐解いていきたい。特に、身近なモノが宗教的なモノとして意味づけされ、用いられるプロセスに注目する。

1　呪いに生かされる世界

1−1　呪いの必要性*2

現地の人びとと接していると、いわゆる秘密主義だと感じる場面に出くわすことが少なくない。特に、結婚や妊娠、転職にはじまり、旅行や引越しなどの幸せと結びつくようなことは、よほど親しくない限り、事前に知ることはできない。その理由は、他者の妬みを買うこと、つまり呪われることへの恐れにある。スス社会では、不幸や不調の原因の大半が、妬みを原因とする他者からの呪いと解釈される。つまり、体調不良、仕事や興行の不振、鍵をなくす、石につまずくといった日常の些細なできごとまで、主観的に不幸・不運と感じることは、呪いによってもたらされていると解釈される傾向がある。

本章では、こうした不幸をめぐる説明体系の一つとして、文化人類学者である長島信弘が名付けた「災因論」(長島 1987)を参照する。災因論では、不幸の原因を呪いや妖術に見出すことが、結果的に、対処方法の把握や社会の安定化につながるとする。呪いはむしろ、こうした「機能」を備える文化的装置ということになる。長島は、「災因論は、実際にすでに発生したか、あるいは理論的に想定しうる災いを受けた状態(マイナスの状態)をいかに元に戻すか(ゼロにするか)についての理論と行動の体系」であると指摘する(長島 1987: 1)。また、文化人類学者の梅屋潔は、ウガンダのキリスト教霊媒師と新潟県佐渡のアリガタヤ(民間宗教的職能者)との事例から、「「呪者」や「呪力」は「コモンズ」のようなもの」(梅屋 2019: 257)と分析する。つまり、呪いは「社会に必要で、ふだんはコミュニティがそれに短期的・中期的・長期的に関係の粗密はあれ頼っている」(梅屋 2019: 256)ことになり、その「公共性」の意義と役割をあきらかにしている。

経済的先進国のロジックで考えれば、スス社会の主観的不幸の原因の大半は、不安定な政治経済、根深い貧困問題、劣悪な衛生環境、教育レベルの低さに見出されるだろう。ただし、これらの問題は、ススの人びとであっても、外部の人間であってもすぐに解決することはできない。一方、スス社会のロジックで考えれば、主観的不幸の原因は「呪い」に集約される。ススの人びとは、呪いを忌み嫌いつつも、もたらされた不幸に納得し、解決が可能である(呪いの払拭)と安心するために欲されるという、アンビバレントな感覚のなかで、生きている。

1-2　呪いの感覚を覚えるまで[3]

ここでは、筆者が現地で実際に「体験」した呪いの世界をいくつか紹介していきたい。調査者自身の主観的感覚や体験の提示は、民族誌においてあまり一般的ではないとされてきた（比嘉 2015）が、近年はその傾向が変わりつつある。たとえば、東北タイにおける呪術について論じた津村文彦は、「参与感覚（participant sensation）」（Howes 2013: 14-15）という人類学的調査の方法論に着目している。津村は、呪術をめぐる調査過程で自らが経験した、「脊髄の熱い感覚、言葉によって生成された効果、気味の悪い夢など、もはや単純な感覚とは呼べない、複雑な感覚経験」（津村 2020: 382）を例に、「呪術とその周りに広がる微細な現実」（津村 2020: 357）を描くことを試みている。

津村のように調査者の体験そのものを研究対象とする視点は、文化の多様性を描くことを目的とした際、調査者と被調査者間に非対称な関係が生まれてしまうということを内省的に問題視することから始まっている。こうした「新しいアプローチ」（藤田・北村編 2013）には、ネイティブ・エスノグラフィや当事者研究なども含まれる。ここでは、無色透明の存在として客観的にエスノグラフィを記述することを避け、実際のフィールドワークの様子、たとえば、調査者が現地の人びとと結ぶ関係性、そこで生じる問題、さらに調査者自身の心の動き（葛藤や怒りなど）そのものがデータとして採用され、記述の対象となる。コミュニケーションを専門分野とするアメリカの研究者キャロリン・エリスによる「オート・エスノグラフィ（auto-ethnography）」[4]（Ellis et al. 2011）や、文化人類学者の鈴木裕之が著した『恋する文化人類学者』[5]（鈴木 2015: 1）、サーフィンの文化的特徴やサーファーの身体および感覚を対象としたエスノグラフィを記した水野英莉による『ただ波に乗る』（水野 2020）などがある。

本章もこうした方法論に学び、感情や感覚を重視した記述を試みる。以下に示す筆者の経験は、呪いの世界と筆者とが意図せずに出会い、他人事だった呪いが主観的不幸として認識されるまでの感情、つまり、呪いのリアリティに感覚的に参与していった過程の描写である。

二〇一三年二月、コナクリ市A地区での滞在が始まって数日経った頃、朝の時間帯に限り、室内になんとも言えない匂いが漂うことに気づいた。それは決して良い香りではなく、不快なものだった。その匂いはあきらかに、ある人物（二〇代男性）から放たれていた。私以外の同居人たちがそれを気にする様子はなかったが、どうしても匂いの所以が気になった。そこで思い切って尋ねてみた。「この匂いは何？　毎朝、同じ匂いがするから気になるのだけど」。彼は驚いた表情を見せ、しばらく無言のままだった。その後、「匂いなんてしない」とあからさまにごまかした。私はますます気になり、しつこく問うた。

写真1　薬草専門店（筆者撮影・ギニア共和国、コナクリ市・2016年）

　根負けし渋々語り出した彼によると、匂いは、いわゆる魔除けのための煎じ薬によるものだった。朝の水浴びを終えた後、リビング横の居室で、その薬を全身に塗布しているという。薬は、一・五リットルのペットボトルに詰められた濁った液体だった。中には葉や枝も認められる。「中身は何かわからない。おそらく何かの植物だろう」と彼が話すこうした液体を、しばしば腹痛や皮膚病などの軽度の病いを治すモノとして見かけたことがあった。しかし、今回は他者の呪いや妬みから身を守ることを目的とするものだという（写真1）。

　私のような外国人は、現地社会において裕福だと思われる。その裕福な外国人を自宅に住まわせたり、仕事などで関わりを持ったりするということは、経済的な「幸せ」がもたらされると周りに理解される。つまり、私がそこに存在すること自体が、妬みを呼びよせるというのだ。彼は、他者からの妬みと呪いを回避するために、私が到着する前に、知人を頼りこの煎じ薬を作ってもらっていた。

このとき、私はまだ、呪いというものを軽視していた。そんなモノで妬みを回避できるとは思えない！　その匂いをなんとかしてくれ！という気持ちが先行し、外のトイレ内で塗布したらどうかと提案してみた。すると、「トイレに持ち込んだら、薬効がなくなる！」と激しく拒否された。彼は、「とんでもないことを言い出した……信じられない……」と独り言を言いながら、あきれた表情で私を見つめた。これが、私と呪いとそれを祓うモノとの最初の出会いである。

このできごとから約一年後、私は再び呪いと出会う。部屋でくつろいでいると、ある音に気づいた。それは雨音のようだった。しかし、乾季の一月に雨が降るはずはない。ふと窓に目を向けると、その向こう側に煙が見えた。と同時に、どこかで誰かが「火事だ！」と叫ぶ声が響いた。不審火だった。幸いボヤ程度で済んだものの、普段火の気がない場所でなぜこんなことが起こったのか、原因はわからないままだった。この騒動の少し前から、実は不審なできごとがいくつか重なっていた。庭に干していた洗濯物がなくなったり、部屋のドアの鍵が壊れるなど、それぞれは些細なことだったが、「誰が盗んだのだろう？」「嫌がらせ？」と少々不安になっていた矢先に、ボヤが起こった。

すると、知人の一人が、「(これら一連のできごとは) きっと呪いだ。金持ちの外国人に部屋を貸していることを妬んでいる人の仕業に違いない」と説明するではないか。私はこのときまで、頻繁に耳にする呪いにまつわるエピソードを自分事として捉えることはできず、あくまでも「かれらの文化」だとしていた。もちろん、呪う／呪われるという感覚を否定していたわけではないが、私自身は、呪いの世界の外側に位置し、そこに組み込まれるわけはないと考えていた。

しかし、今回はそうも言っていられなくなった。実際に、身の危険を感じたことにより、呪いだなんて！と一蹴するよりもむしろ、そうかもしれないととうとう納得し、原因がわかったことに安堵する気持ちが勝った。これは一年前の煎じ薬騒動のときにはなかった感覚である。

その後、慣例に従い、まず呪いから身を守るための供犠を行った。市場で羊を一頭購入し、イスラーム指導者であるマラブーを招き儀礼の場を設けた。さばかれた羊肉は、大家一家や友人知人に分け、「裕福な外国人」に関わらざるを得ない人びとの無事を祈った。供犠の最中、羊の身体に手を添え祈りを捧げた際、言語化できない感情に包まれ、不思議と涙があふれ、呪いへの不安がスーッと払拭されていく感覚を覚えた。同時に、無関係と思っていた呪いの世界に、自分自身がしっかりと紐づけられたことを強く実感した。その後、念には念をということで、後述する「身を守るためのモノ」を調達した。

時を経て、二〇一八年一二月。このとき、夫と子供（当時一歳半）をはじめて伴った滞在だったので、従来のにぎやかな長屋暮らしではなく、郊外の比較的静かな場所で間借りすることにした。一階に所有者家族が暮らし、二階が賃貸用に三部屋と共有スペース（居間）があるという比較的大きな作りの家で、賃貸用の一室を私たちが、残りの二室を現地の人が借りている状態だった。滞在が終盤に近づいたとき、ある事件が発生した。その日は大晦日で、敷地内の中庭でパーティーが催され、普段よりも人の出入りが多かった。次第に盛り上がる雰囲気とは反対に、私は早朝から、前日に食べた串焼き肉のせいか、食中毒のような症状に悩まされ、急きょ病院に向かうことになった。大晦日、パーティー、体調不良というように、普段とは異なる状況が重なるなかで、一瞬の隙をつかれた。病院に向かう私を見送った夫が部屋に戻ると、つい先ほど施錠したはずのドアが開き、鍵穴には折れた鍵の先が残されていた。別の鍵で無理矢理こじ開けたのだろう。私たちが部屋を離れたわずか一〇分足らずのあいだのことだった。

前回のボヤ騒動とは異なり、様々な状況から、このできごとは呪いが原因ではなく、空き巣であることはすぐに察した。断言はできないが、できごとの前後の様子から、隣室に滞在する者たちによる犯行だろうと予想した。

しかし、あきらかな証拠はないため、相手を問いただしたり諌めることは当然できない。下手に犯人探しをすれば、身に危険がおよぶ可能性もある。そこで、残りの滞在期間を安全に過ごす策として、私は「かれらの土俵」に乗ることにした。夫に協力を頼み、犯人と思しき人物に聞かせるために、意図的に大きな声で次のような会話をした。日本人同士の会話なのだから、日本語ですればよいが、目的は犯人に聞かせることなので、フランス語で行った。細かな整合性はどうでも良かった。まさに茶番である。


「これは日本から持参した御守りだ。これがあるのに、なぜこんなことになったんだろう？　でも、私たちを不幸にする者がいれば、当然、天から罰が下るだろうね！」

「そうだ、そうだ」

「これは、日本の呪術師が作ったモノだから、強いパワーがある」

「そうだ、そうだ」

「だから、私たちの部屋の鍵を壊した者は間違いなく不幸になる。帰り道に事故にあうかもしれないし、犯人の母親は病気になるかもしれない」

「そうだ、そうだ」


「天罰」や「母親の病気」など、現地の人びとが嫌うことばを意図的に用いた。その直後から、隣室の滞在者たちは、ムスリムとしての正しき礼拝を開始した。それまで、かれらが礼拝をしているところなど一度も見たことも聞いたこともなかったというのに。

ここに記した事例以外にも、現地の人びとと行動をともにしていると、「裕福な外国人」が引き寄せる妬みと、それによる呪いと祓いに触れる機会があまりにも多く、意図せずとも呪いと祓いをめぐる感覚的な経験が繰り返された。その大半において、私自身が呪いの発端となっているため、周りの人びとと呪いの感覚を共有せざるを得なくなっていった。このようにして呪いが、不条理な不幸や納得がいかない事態における合理的な理解と実践をもたらすことを実感しつづけた。以降、現地に到着すると必ず清めや祓いのモノを求めることになる。

1-3　見えない呪術者

首都に暮らすススの社会では、はびこる妬みと呪いによる不幸に見舞われないようにするために、様々な実践が重ねられる。一日五回の礼拝といったイスラーム的実践に加え、伝統薬を塗布する、供犠をする、御守りを身につけるなども、清めと祓いのバリエーションの一つだ。この内、伝統薬や御守りの製作には、専門知識を要する。特に、強力な呪いへの対処は、ドゥレ（Doulé）と称される「良き」呪術者に限られる。かれらは、社会の安寧に欠かせない、周りから敬われる存在だ。なかでも、音楽家のドゥレは、自ら楽器を演奏することによって、「悪しき」呪術者・コロミヒ（Kolomikhi）をおびき出し、その力を無効化することができるという、特別な力を持つ。

このコロミヒが厄介である。妬みや怒りといった自らの負の感情に従い、モノに呪いを込めたり、対象者を見つめるだけで呪いをかけることができる邪視（evel eye）の力を持つ。ただし、コロミヒは自らにこのような力があることに気づいておらず、当該社会において忌み嫌われる存在とされながらも、不可視な存在である。つまり、主観的不幸が生じた際、その原因を呪いに見出すことはできても、その呪いを放つ者（邪視を持つ者）を特定することができないということだ。スス社会におけるこうした力はまさに、社会人類学者E・E・エヴァンズ＝プリチャードによる、妬みや怒りに起因する意図的な神秘的な攻撃力＝邪術（socery）、特に非意図的な力＝妖術（witchcraft）という解釈（エヴァンズ＝プリチャード 2001）に近いが、その力を持つ者がその力を自覚していないという点で少々異なる。また、誰がコロミヒなのかがわからないため、邪視の「依頼」は成立せず、呪いにおいて、三者以上が関わることはない。スス社会における呪いをめぐる関係性は、呪う側と呪われる側という二者間のみで、かつ目に見えないかたちで成立している。

コロミヒが唯一可視化される瞬間は、良き呪術者ドゥレが音楽によってコロミヒを誘き出すときだ。それは滅多に見られるものではない。たとえば、首都コナクリのM地区でコロミヒの誘き出しが最後に行われたのは、一九九〇年代だという。誘き出されたコロミヒはその場で儀礼を通して無力化され、それ以降、邪視を使うことはできなくなる。コミュニティのなかでは「元」コロミヒとして認知はされるが、「現役」コロミヒは不可視な存在のままである。「あのあたりに住んでいる、あの老女が怪しい」だとか「仕事仲間にコロミヒが潜んでいる」など と憶測や噂は渦巻くが、特定することはできない。こうした状態は、原因不明の不幸が起こることと同様の不安をもたらす。必然的に、人間関係は疑心暗鬼に満ちる。日常的な付き合いが深く、自分自身の幸せを知る者ほど、妬みの感情を抱える可能性が高いと考える人も少なくない。こうして、めでたいことや自らの幸せは可能な限り、親しい者同士でも極力隠され、呪われないようにあの手この手で対処する。

2 宗教的なモノの多様化

2-1 バリエーションと新規性

呪いとともに生きる社会では必然的に、その呪いから身を守ったり、邪気を祓ったりするための手段やモノが豊かになる。まず、コーラ・ナッツや子安貝、塩、黒色の石鹸、茶葉、お香などのように古くから、その効能が信じられてきたモノがある。石鹸は洗い流すことで、茶は飲むことで身体を清めることができるとされ、お香は場の邪気を祓うとされる。これらはいずれも、低価格で手に入れやすく、呪いという文脈とは切り離された日常的な健康管理の意味においても利用されてきたモノだ。このほかに、セラガエ・ドンマ（写真2）と呼ばれる、コットン地の衣類がある。洗えば洗うほど柔らかさが増し、肌ざわりがよく吸水性も高いため、老若男女を問わず下着として好まれる。セラガエは供犠、ドンマは服という意味で、先に記したモノと同様に、呪いから身を守ると信じられている。ほかにも、清めや祓いを目的とし普段の生活のなかで身につけるモノとしては、指輪や腕輪、腰輪などの装飾品がある。街角の万屋で簡単に購入できる指輪は、一つ二〇〇〇ギニアフラン（約二〇円、フランスパン二分の一本分相当）と手に入れやすい価格設定である。散歩中にたまたま目にし、買い求め身につけることで、加護を期待する。

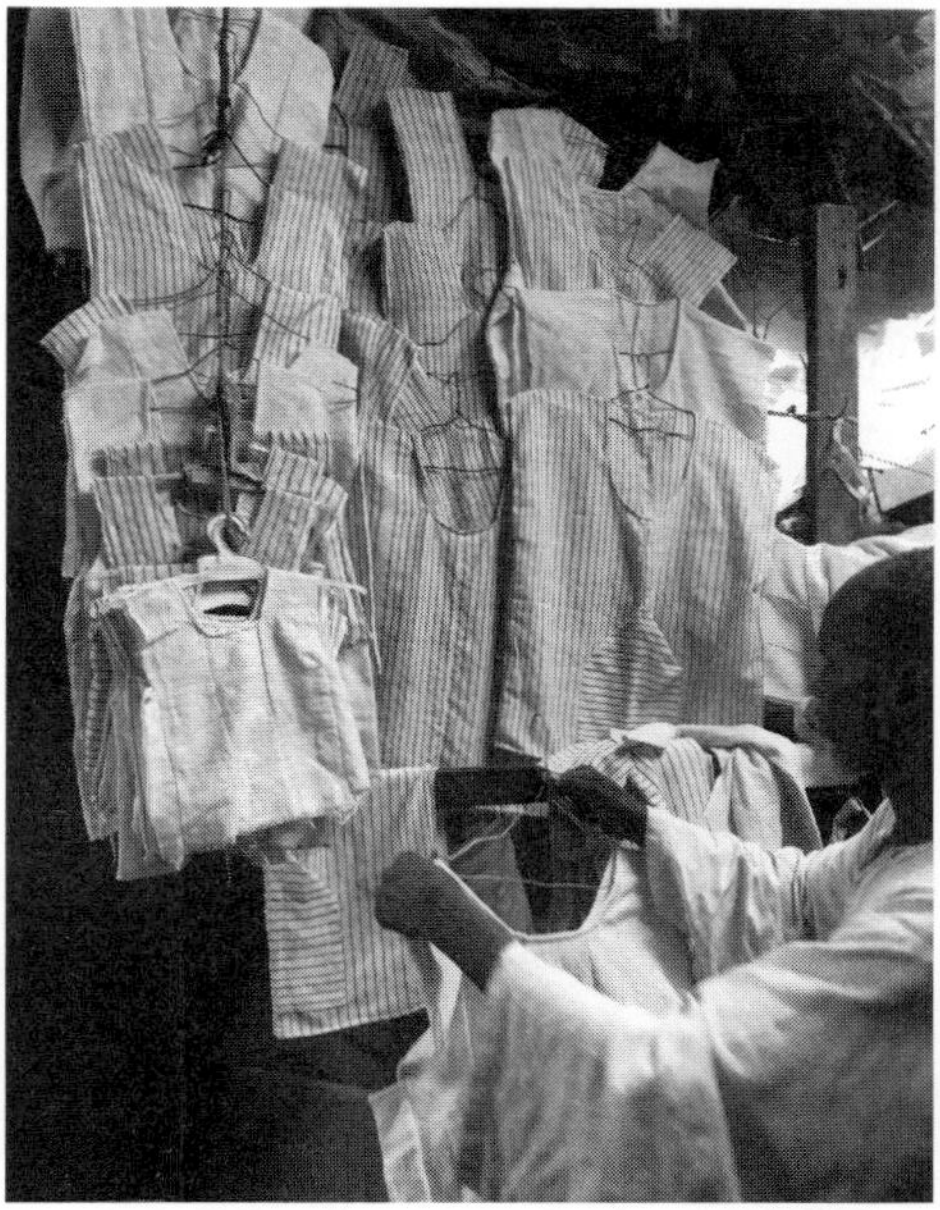
写真2　魔除けの服「セラガエ・ドンマ」
（筆者撮影・ギニア共和国、コナクリ市・2019年）

一方、海外移住や結婚、妊娠などの大きな幸せが訪れた場合や、呪いの可能性を確信した場合には、良き呪術者ドゥレのもとを訪れ、祓いの力が込められた薬草や装飾品などの用意を依頼する。この場合は、腰輪一本あたり、二万円以上の値段がつくこともある（盲腸や鼠径ヘルニアなどの手術代相当）。こうした高額かつ強力なモノは、道端で気軽に手にするモノより丁寧に扱われる。他者が触れることや写真撮影は厳禁だ。

すでにいくつか例をあげたが、アフリカ社会における呪いや祓いについて、私たちが想像するときはたいてい、動物の皮、骨、誰かの髪の毛などの少々不気味なモノ、あるいは上述したような世代を超えて古くから使われつづけてきたモノを思い浮かべるかもしれない。

ところが、それだけではない。普段は呪いの世界と無縁で生きる者にとっては意外なモノに、清めや祓いの効能が見出されるケースがある。

二〇一四年二月のある日、滞在先の中庭から突然、何かが爆発したような音が聞こえた。驚き外に出てみると、付近一帯には何かが飛び散り、顔を煤だらけにした友人がいた。事態を把握できず少々混乱する筆者とは対照的に、その場に居合わせた人びとは冷静で、「ああ、またか」といった様子だった。なぜなら、これは祓いを目的とした行為だったからだ。その方法とは、まず炭で火を起こすことからはじまる。次に、その火のなかに、封をきっていない状態のコンデンスミルクの缶を入れる。熱せられた缶は、次第に膨張しはじめ、とうとう爆発する。この爆発が肝心で、缶とその中身とともに呪いあるいは邪気は吹き飛ばされたことになる（中川 2018）。後日、何人かにこのできごとを話す機会があったが、誰もが祓いとしての一般的な方法であることに同意した。

コンデンスミルクの缶は、海外から輸入されたモノである。実はこのように、輸入品しかも加工品を清めや祓いに使用するという例がいくつもある。イギリス発祥のトニックウォーターという清涼飲料水がある。そこにフランス製の風邪薬と少量のインスタントコーヒーを混ぜ溶かした飲み物は、倦怠感を覚えた際などに飲むと「すっきりする」とし、特に若者に好まれている。この「健康」法がいつからか、祓いや清めを目的として飲まれるようになったという。風邪を患った際、寒気がするということが少なくないが、その感覚が呪いや不幸に伴う「なんとなく嫌な感じがする」という感覚と重なるので、後者の対策にも使えると考えられるようだ。

このように、スス社会における祓いという宗教的実践からは、石鹸やお香、さらにこのような清涼飲料水や缶詰など、呪いや祓いとは一見無関係で、世俗的なモノに対して、その新旧を問わず、人びとが聖性を積極的に付与する姿が見えてくる。本書の編者である八木百合子は、序章において、宗教的なモノの世俗化について、神聖性の後退として一蹴し目を背けるのではなく、そこに現代の宗教のあり方があらわれると指摘している。以下、この観点を引き受け、社会のなかで世俗的なモノが宗教的なモノと切り離されて存在するのではなく、むしろ身近なモノを宗教的実践のなかに位置づけていくという当事者たちの志向性に注目したい。

2-2 宗教的なモノのあたらしさの意義

祓いや清めはたいてい、親族や知人関係に一人は必ず存在する物知りの年長者や、先に記したドゥレのような専門家による助言にもとづいて行われる。さらに、生活アドバイザーのような位置づけとして、イェニ（Yéni）という占い師が存在する。一回あたりの占いの相場は五〇〇〇～二万ギニアフラン（フランスパン一本～食堂での外食二人分）と、良き呪術者ドゥレよりも手が届きやすい価格帯である。この気軽さが売りである。[*6]

占いは、他者から見えないような環境（密室）で貝を用いて行われる。この貝は、スス語でイェニと呼ばれるもので、つまり貝＝占い（師）ということになる。依頼者とイェニは向かい合って座り、依頼者が悩みなどを告げると、イェニは五つほどの子安貝を軽く握り、カチャカチャと音を鳴らしながら振りつづける。同時に、目に見えない誰かと話しているかのように、声をひそめた会話をする。その冒頭の文言には共通したものがあるようで、「神様、・・・（占われる人の名前）の～～（悩み）についてご助言ください」というようなものだ。その後、握っていた貝を広げ、散らばった貝の配置からメッセージを読み取る。貝の配置に共通の法則はなく、イェニそれぞれが独自の解釈を示す。依頼者は、イェニの指示通りに時折、貝を手にし、体の一部を軽く叩いたり、撫でたりする。この動きは、邪気を祓う行為に当たる場合と、守りのパワーを込める行為に当たる場合がある。

筆者は、現地で世話になる家族からの紹介で、度々こうした占いに足を運んだ。懇意にしていたイェニは二人おり、いずれも四〇代の女性である。彼女たちはやはり貝を用いて占った。私に示した助言は、子供に飴を配る・ティッシュに小銭を包み親しい人三人に渡す・市場でサンダルを購入し三日間履き、その後親しい女性の友人に譲る・コーラ・ナッツを海水に一日つけ、翌日それで水浴びをするなど、非常にバラエティ豊かなモノを要する

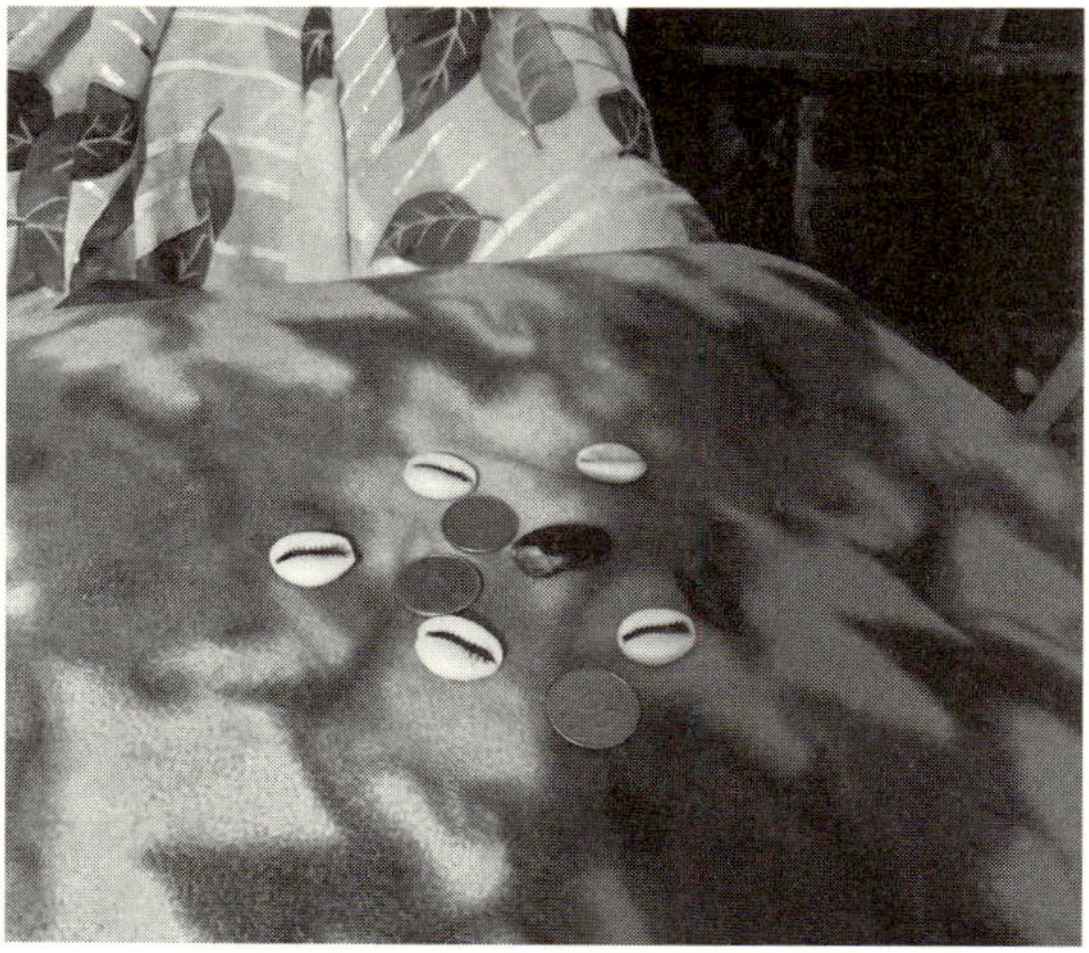

写真3　占いの様子（筆者撮影・ギニア共和国、コナクリ市・2020年）

内容だった。知人の占いに帯同した際の助言は、薬草を煎じた水で毎朝水浴びをする・コンデンスミルク缶を火の中に入れる（爆発させる）・新しいサンダルを購入するなどだった。

二〇一九年、あらたなイェニとの出会いがあった。このイェニ「K」と、これまで出会ってきたイェニたちとの違いは、貝以外のモノを占いに用いたことだ。Kは、五つの貝に加え、木の実を二つ、さらにコイン三つを手にしていた。そのコインとは、フランスでユーロ導入以前に使用されていた五サンチーム硬貨一枚と、韓国の通貨である一〇〇ウォン硬貨二枚だった（写真3）。Kによれば、最近では占いに用いるモノの選択は自由であり、日々、より良い占いができるように見直しているという。外国硬貨の使用もこうした見直しの一環だった。ただし、どこの国の通貨なのかについては把握しておらず、これは韓国の通貨だと伝えたところ、彼女自身も驚き笑った。どこで手にしたものなのか、はっきりと覚えていないようだったが、「この硬貨を使い出してから、占いの精度が上がった」と強調していた。

イェニということばは、占いと貝を指すものとしてスス社会（スス語話者）において認知されてきたことは先に記したが、Kのように貝以外のものが使われはじめた。宗教的なモノの代替、身近なモノへの聖性の付与というススの宗教的実践は、この事例からも理解できる。

スス社会の大人にはたいてい、なじみのイェニが存在する。ただし、占いを欲した際にそのイェニの都合がつかなければ、あっさり他の者に依頼する。また、「あのイェニはよく当たる」と耳にすれば、長い付き合いのイェニから乗り換えることもめずらしくない。自宅の引っ越しや職場の変更など、生活スタイルが変化すれば、アクセスの良いイェニを改めて探す。占いは価格だけではなく、占う者との関係性にもカジュアルさがある。実は、普段の人間関係においても同じような様子を目にする。古くからの友人関係が一新されたり、家族のもとを突然離れたりする。絶縁状態が不意に終わり助け合うようになるということもある。よりよい生活をたぐりよせるためには、こうした流動的で互いを縛りすぎない人間関係が最適だからだろう。自分を最優先することは「自己チュー」ではなく、結果的に家族や親族、近所のためになると語られることが少なくない。こうした価値観を前提とし、イェニ（や普段の人）とのつきあい方や占いに用いられるモノの多様化は、エゴイスティックな振る舞いや考えからではなく、社会の安定を図るために行われてきた。

2-3 呪いと消費

アフリカ社会でもSNSの広がりは顕著である。これによって、より遠く、より多くへ自らの幸せを顕示する欲求が満たされつつも、妬みが生まれやすい環境が整えられてしまった。加えて、情報へのアクセスが容易となったり、海外との結びつきに恵まれたりすることによって、これまでにはなかった規模のビジネスチャンスを手に入れることが夢ではなくなった。しかし、貧困状態に留まりつづける人びとの方が圧倒的に多い。したがって、経済格差は縮小されず、むしろその不平等さは一層目立つようになった。呪いのリスクの高まりとその抵抗に用いられるモノの多様化は、こうした背景も持つ。

コマロフのモダニティ論などがすでに、呪術は近代においてこそ活性化し、「我々」の内にあるもの、つまり他者のものではないと示したことは周知のとおりだ（Comaroff and Comaroff (eds.) 1993）。こうした知見とその批判的検討[*7]に学びつつも、本章は、身近なモノに聖性を積極的に見出し、自己と社会の安定を図っていくような、宗教的実践のあり方、特にその更新に注目する。

一般的に、私たちは経済活動としての画一的な消費に満足できなくなり、違いや多様性、選択性といった価値を重視し、好みに合致する製品を生産者に対して要求する（西澤・渋谷 2008）。このような差異化やオリジナリティの希求は、スス社会における清めと祓いに世俗的なモノを用いる様子にも現れている。とりわけ、海外からの輸入品などに対して積極的に宗教的な価値と意味が付与されている様子は、現代の消費文化と無関係ではない。現代の消費文化を捉える人類学的視点について論じた小川さやかは、アメリカの人類学者デヴィッド・グレーバーの分析を引き、西欧主義的な価値とは異なる価値体系にもとづいた各社会に特有の消費、たとえば、「公正さや友情、信頼、希望の実現に関わる実践的な論理」（小川 2018: 48）に光をあてる必要があると指摘する。スス社会における宗教的なモノの世俗化や多様化が、物質的な豊かさによってもたらされていることは間違いないが、その背景には独自の社会観がある。また、それは宗教的な消費行動として社会に再定位されていくプロセスでもある。

祓いに用いられるモノの一部は、相応の場所に赴き、相応の手順を踏むことによって調達される。したがってそれを手にすることができる者は、時間と労力を割き、高額な金銭を支払うことを厭わない者たちに限られてしまう。しかし、経済力を問わず、呪われることへの不安は止まない。ゆえに従来、塩や貝、石鹸など日常生活で使用するモノ、特に身につける、口にする、洗うなど、見た目や感じ方、気分に変化をもたらすようなモノと聖性とが結びつけられてきた。現代社会においてより身近なモノ、カジュアルなモノが清めと祓いに使用される理由は、このように聖性の決定権が開かれたものであるという点にあると考えることができる。

3　価値観の反転

これまで見てきたように、スス社会における主観的不幸とは、因果応報的な解釈とは異なり、妬みや嫉み、そして呪いという他者の感情と行動に起因するものである。その呪いから身を守るために、日常的に祓いが繰り返される。これら一連のプロセス自体が、心の拠りどころとなる。

二〇一三年一二月から二年半という前代未聞の大規模なエボラの流行が生じた際、こうした呪いと祓いの世界観が大きく崩された。その始まりは、森林地方のある村で少女が突然、病いに倒れ亡くなったことにある。その後次々と近親者が死にいき、「原因不明の病い」は瞬く間に広がっていった。しかし、ギニア政府保健省が、エボラという感染力が非常に高く、致死率が五〇%を超え、(当時は)ワクチンも治療法もない感染症が国内で発生したと発表したのは、一例目から約三ヶ月も後のことだった。

エボラの場合、遺体となっても、高い感染力を維持する。流行の最中にリリースされたキャンペーンソング「Africa Stop Ebola」では、「病に伏した仲間に触れてはいけない/亡くなった家族や友達にも触れてはいけない/すべての人が危険にさらされている」という歌詞が何度も繰り返される。信仰にもとづき手厚く葬るためには遺体には触れざるを得ず、生者が死者に果たすべき責任としての敬意を込めた弔いと、感染予防という観点からの遺体処理とは相いれず、その妥協点はなかなか見つからなかった。しかも、こうした価値観の衝突は、弔いを優先し科学的知識を優先しないからだという現地の人びとへの批判を強めることになった(中川 2015a, 2015b)。世界各国のメディアは、地元住民と医療チームや支援団体とのあいだのトラブルを焦点化し、特に、遺体の扱いをめぐる価値観の違いに、流行の大規模化の原因を見出す論調が優勢だった(Curran et al. 2015)。

外側から持ち込まれた知識によるローカルな価値観の否定は当然、地域社会に大きなインパクトをもたらした。同時に、地域社会の内側からも、動揺を与えるようなできごとが起こっていた。それは、不幸と不運の原因を呪いに見出せない事態の発生である。

ギニア都市部では通常、病いを患った際、その症状に応じて様々な医療サービスを選択する。アフリカにおける治療方法としては、伝統医療への依存を想像するかもしれないが、すべての病いでそれが優先されるわけではなく、近代医療への信頼はむしろ非常に厚い。経済的に可能ならば、すぐさま大きな病院や評判の良い医者の元を訪れ、処方された薬を服薬することが望まれる（中川 2015a, 2015b）。近代医療にかかるまでもないようなケースや、（実際は設備や医師の不足などが理由なのだが）近代医療でも太刀打ちできない際に、呪いの可能性を疑う。そして、伝統医療やドゥレ（良き呪術者）を頼る。

エボラ発生時、ワクチンや効果的な治療方法はなく、治療センターに収容された人びとの大半が生きて帰ることはなかった。近代医療の限界に気づけば当然、伝統医療やドゥレに救いを求める。しかし、その要望に応じたドゥレたちは、次々と感染し亡くなっていった。相談を受けたイスラーム指導者たちも多数亡くなった。このような前例はおそらく過去にはない。

スス社会に限らずギニアでは、塩を撒いたり、塩水で水浴びをしたりすることで、場を清めたり、不幸（呪い）から身を守ったりすることができると信じられてきた。ギニア国内で流通する塩のほとんどは、大西洋沿岸部で海水を元に生産されている。そこからギニア各地へと運ばれる。最初の症例が出た村が位置し、流行の最前線でありつづけた森林地方でも、海岸地域でつくられた国産の塩が流通していた。流行が激化するなか、海岸地域から運ばれてくる塩に毒が混じっていて、それに触れると死に至るという噂が出回り始めた。この毒入り塩説は、不幸（呪い）を払拭する役割を担い、塩を清めと祓いに用いるドゥレたちの死によって、より真実味を帯びた。国産の塩は、生産地から離れれば離れるほど売れなくなった。森林地方では在庫の塩は廃棄され、海外産の塩が高額で売買されていたという。従来、清めと祓いに欠かせないモノであった塩が、不幸の元凶とされた。毒入り塩説は、不安に駆られた人びとが、従来社会の安定化を担ってきた呪いに代わる、納得できる論理を探した結果によるものだ。

実際、社会の平穏無事を担う人びとやモノ（塩）こそがホットスポット化していた可能性は否定できない。呪いでなければ、これは一体何なのだ。不幸の原因が完全にわからなくなったことによる、当時の人びとの絶望や社会の混乱は、想像に難くない。*8

おわりに

本章では、ステレオタイプ的に語られる傾向にあるアフリカの呪いの世界が実際には、差異化やあたらしさといった近代的な消費欲求と結びつきを強め、祓いに用いるモノに変化をもたらしていることに注目した。近年は特に、手に入りやすく安価な市販のモノが好まれるようになった。こうしたカジュアルさは、呪いや祓いを軽視するからではない。反対に、呪いに触れる機会が一層増える現代社会において、呪いの深刻さを実感するからだと言えよう。その背景には、これまでもモノの聖性を主体的に決め、清めと祓いに用いてきたという、スス社会独自の宗教観がある。

今後、ギニアを含め、アフリカ社会全体で経済成長が進み、政治的な安定がもたらされたとしても、エボラや**Covid-19**の流行のように、見たことも聞いたこともない「不幸」が突然訪れる可能性は高い。予測できない不幸の発生と、その理由を呪いが求めるということが重ねられていけば、呪いの存在はさらに強調され、それへの対応方法もより多様になっていくだろう。かつ、たとえばスス社会のように、呪いの深刻さと、誰もがモノに聖性を付与するカジュアルさが共在することによって、あらたなモノが宗教的実践と結びつくことは必至だと予想できる。宗教的なモノのバリエーションにフォーカスすると、宗教的実践や信仰のあり方が各事情に即してカスタマイズされ得るということとその理屈のおもしろさ、さらに社会の許容度の高さに改めて気づくことができるのではないだろうか。

注

1 現在は、エボラウイルス病とすることが一般的ではあるが、本章では流行当初に用いられていたエボラ出血熱を採用する。

2 この点については、中川（2019）も参照されたい。

3 第2節および第3節については、中川（2022）も参照されたい。

4 同方法論は、調査者自身の経験にフォーカスし、過去に起こった自らの体験を想起し、当事者としての調査者や他者との関係や、その文化的、社会的な背景（文脈）を記述する。

5 鈴木は、冒頭に「主人公はひとりのアフリカ人女性とひとりの日本人男性、つまり私だ」とし、語りの一人称を「私」とするオート・エスノグラフィを採用している。

6 占いだけでは生計を立てるには足らないので、家事や育児の合間、仕事の後などに行われる、副業的なもの。

7 人類学者の東賢太朗は、カフェラーによるモダニティ論に対する認識論的な批判（Kapferer 2002）を紹介している（東 2009）。

8 人びとは無知なままで留まったり、あきらめていたわけではない。当時のメッセージを見返してみると、「呪いじゃないとしたら、やはり病気なのかもしれない」と、次第に状況を冷静に理解していく様子がわかる。また、「そっち（日本）で、その支援団体について調べることはできるか？」など、しつこいと拒絶していた相手（支援団体）と向き合うようになった。事態のおかしさに気づき、思考と判断を変えるためのステップを踏みつつ、それぞれが納得と理解に向かっていた。

参考文献

〈日本語文献〉

東賢太朗 2009「イントロダクション——ポスト・モダニティの呪術論にむけて」『九州人類学会報』36: 44-49。

梅屋潔 2019「〈呪力〉の〈公共性〉」川田牧人、白川千尋、関一敏編『呪者の肖像』pp. 237-263、臨川書店。

エヴァンズ＝プリチャード、E・E 2001『アザンデ人の世界——妖術・託宣・呪術』みすず書房。

小川さやか 2018「序にかえて——現代的な「消費の人類学」の構築に向けて」『文化人類学』83(1): 46-57。

鈴木裕之 2015『恋する人類学者——結婚を通して異文化を理解する』世界思想社。

津村文彦 2020「不可視を「見る」、不可解を「語る」——東北タイにおける呪術と感覚経験」川田牧人、白川千尋、飯田卓編『現代世界の呪術——文化人類学的探究』pp. 355-388、春風社。

中川千草 2015a「日常に埋め込まれたエボラ出血熱——流行地ギニアに生きる人びとのリアリティ」『SYNODOS シリーズ「等身大のアフリカ／最前線のアフリカ」』(https://synodos.jp/international/15509 二〇二二年七月二五日)。

——— 2015b「ギニアにおけるエボラ出血熱の流行をめぐる「知」の流通と滞留」『アフリカレポート』53: 57-61。

——— 2018「日用品で呪いを吹っ飛ばす」『月刊みんぱく』42(7): 8-9。

——— 2019「病——エボラ出血熱の流行をめぐって」松本尚之、佐川徹、石田慎一郎、大石高典、橋本栄莉編『アフリカで学ぶ文化人類学——民族誌がひらく世界』pp. 216-217、昭和堂。

——— 2022「ギニアのスス社会から学ぶ信仰の豊かさとあたらしさ」『季刊民族学』181: 62-69。

長島信弘 1987『死と病医の民族誌——ケニア・テソ族の災因論』岩波書店。

西澤晃彦、渋谷望 2008『社会学をつかむ』有斐閣。

藤田結子、北村文編 2013『現代エスノグラフィー——新しいフィールドワークの理論と実践』新曜社。

比嘉理麻 2015「変わりゆく感覚——沖縄における養豚の専業化と豚肉市場での売買を通じて」『文化人類学』79(4): 357-377。

水野英莉 2020『ただ波に乗る Just Surf——サーフィンのエスノグラフィー』晃洋書房。

リチャード、ローレル 2006「書く——ひとつの探究方法」藤原顕訳、平山満義監訳『質的研究ハンドブック3——質的研究資料の収集と解釈』pp. 315-342、北大路書房。

〈外国語文献〉

Ellis, Carolyn, Tony E. Adams and Arthur P. Bochner. 2011. Autoethnography: An Overview, Forum, Qualitative. *Social Research* 12(1). (http://www.qualitative-research.net/index.php/fqs/article/view/1589/3095　二〇二二年九月三一日閲覧)

Comaroff, J. and J. Comaroff. (eds.) 1993. *Modernity and Its Malcontents: Ritual and Power in Postcolonial Africa*. Chicago: University of Chicago Press.

Curran, Kathryn G., Gibson James J., Marke Dennis, Caulker Victor, Bomeh John, Redd John T., Bunga Sudhir, Brunkard Joan and Kilmarx Peter H. 2016. Cluster of Ebola Virus Disease Linked to a Single Funeral — Moyamba District, Sierra Leone, *Weekly* 65(8): 202–205 (https://www.cdc.gov/mmwr/volumes/65/wr/mm6508a2.htm　二〇二〇年一一月二五日閲覧)

Howes, David. 2013. The Social Life of the Senses. *Ars Vivendi Journal* 3: 4-23. Institute of Ars Vivendi at Ritsumeikan University.

Kapferer, B. 2002. *Beyond Rationalism : Rethinking Magic, Witchcraft and Sorcery*. Berghahn Books.

第10章　「うたう」から「漂う」仏教音楽へ
——電子念仏機を通して作られる音空間

長嶺亮子

はじめに

電子念仏機あるいは念仏機は、仏教歌、経文、念仏、木魚音などを収録した小型の音声再生機で、現代的な仏具の一種である。この機械は、主に中国や台湾のほか、東南アジアを中心とした華人の中国系仏教信徒などの間で利用されている。ブッダマシーン（Buddha Machine）、ブッダボックス（Buddha Box）、チャンティングマシーン（Chanting Machine）などとも訳され、近年では仏教徒か否かを問わず、日本や欧米をはじめとするサブカルチャーを好む層にも人気がある。*1

従来、仏教ではいわゆる「おつとめ」とも呼ばれる勤行があり、決まった時間に声に出して読経などを行うことによって、仏の徳を讃えたり、自身の精神を集中させ心を安定させる。つまり、自ら念仏を唱え、仏曲を歌うという音を発する行為を実践して、信徒としての善を尽くす。言葉の意味で捉えれば、念仏を唱えることは「Chant」であり「Sing」ではないが、本章では、言葉の抑揚と一定のリズムを伴って仏名を唱える念仏や、節（旋律）をつけて仏曲を奏で歌うことをまとめて「うたう」と表現することにする。人が信仰実践の中で直接的に行ってきたうたう行為は、電子念仏機という新たに登場したメディアに取って代わられることになった。つまり、自分の口でうたわなくても、音声を再生し耳から体内へと取り込むことで、「おつとめ」の行程を完了させることが可能になる。たとえば仏教あるいはチベット仏教では、内部に経典を納めた経庫や円筒をぐるりと回転させることで経を唱えたことにする、輪蔵やマニ車がある。これは「唱える」を「回す」という方法で代替し、同じだけの功徳を積むと捉える。そのため、見方によっては「手抜き」と見えなくもない。それと同様に、電子念仏機を使用することは信仰実践の方法を単純に「うたう」（アウトプット）から「聴く」（インプット）へと変化させ、「手抜き」したに過ぎないのだろうか。

電子念仏機は仏教の信仰実践者やごく一部の愛好家などの間で普及してはいるものの、実のところ、その存在は社会的にはそれほど意識されていないだろう。後であらためて触れるが、筆者が中国および台湾の人を対象に行ったアンケート調査では六〇人中二五人が「電子念仏機を知らない」と回答していた[*2]。また、二〇一九年に中国国内で開催された学術シンポジウムにおいて筆者が電子念仏機をテーマに発表した際、会場にいる八割程度が中国人研究者と学生だったため「電子念仏機の説明はするまでもないだろう」と思い割愛しようとしたが、実際は会場にいる大半がその名が何を示しているのかあまりイメージできなかったようだった。その後、発表中で電子念仏機の音声を示すと、ようやく「聴いたことがある（気がする）」という反応があった。つまり、電子念仏機を使用する本拠地と思われている中国においても、多数の人にとってはなんとなく聴き覚えのある音程度の存在であって、特別に関心が向けられていたり、普及しているというわけではないのだろう。学際的な場でも同様のことが言え、電子念仏機や特にその音に注目した学術研究は、二〇二一年の時点においてもきわめて少ない。電子念仏機について取り上げたとしても、たとえば中国で発表された馮済海（2019）や高璐（2013）の論文のように、現代社会における仏教の信仰実践の一例として電子念仏機という新しいメディアについても触れる程度である。いずれの論文でも、論文中では「電子念仏機」という単語は二、三回しか出てこない。電子念仏機を研究対象の主軸に据えた論文としては、ヘラーによる「箱の中の仏様——現代中国の仏教における詠唱の物質性（Buddha in a box: The materiality of recitation in contemporary chinese buddhism）」（Heller 2014）がある。ヘラーは、電子念仏機の最も重要かつ特徴的な機能である「詠唱の繰り返し」に着目し、電子念仏機を用いる信仰実践の場と目的、要因について論じる。ただし、ここでは対象が電子念仏機の効能および仏教信徒に絞られている。これはヘラー自身が中国宗教学の専門であることに因るだろう。

一方、本章では、生活の場における信仰実践に電子念仏機の登場が与えた変化の様相を捉え、その上で、電子念仏機の音が信仰の場を超えて広がっていく社会空間との関係を、「音風景（Sound scape）」の側面からも考察する。音風景とは、簡単に言えば環境の音、社会の音という意味である。音は、一つの空間に止まらずどこかしこに漂い行く力を備えている。信徒による信仰実践の場を超えて、電子念仏機の音は外に拡散する。その様相を理解するためには、仏教の信仰に関わる人びととそうではない人びとに電子念仏機がどのように関わっているのかも捉える必要がある。そのため、考察を進めるにあたり、筆者が現地で直接経験した事柄のほかに、中国と台湾の人を主な対象としてオンラインで行った電子念仏機に関する意識調査アンケートの結果も用いる。[*3] アンケート回答数は決して多くはなく、それはおそらく、二〇一二年以降の習近平政権下における宗教政策（「宗教中国化」：二〇一五年）やインターネット安全法（網路安全法：二〇一七年施行）といった中国国内の社会情勢も少なからず影響があると考えられる。ただし、世代や出身などはある程度広く捉えられたと思う。

1　電子念仏機というモノ

電子念仏機がいつ頃登場したかは明らかではないが、筆者が中国に留学していた二〇〇四年にはすでに、知人宅でそれが用いられているのを確認している（これについては後述する）。また、「あなたにとって一番古い電子念仏機の記憶は？」と知人に直接、あるいはアンケートで問うたところ、二〇〇〇年前後に電子念仏機をはじめて見たという回答が複数あった。加えて、電子念仏機に着想を得て作られた小型音楽再生機「ブッダマシーン」[*4]の初号機が二〇〇五年に発表されている。これらから総合的に考えると、少なくとも二〇〇〇年代初めには電子念仏機は存在していたとみて間違いないだろう。

電子念仏機は、露天や路面店の仏具販売店、日用雑貨を扱う商店の一角、土産店、オンラインストアなどで購入することができる。サイズや素材、デザイン、収容曲数によって価格は様々だが、中国では一五～三〇〇中国元（日本円で二五〇～五〇〇〇円程度）、台湾では一〇〇～一二〇〇台湾ドル（日本円で四〇〇～五〇〇〇円程度）で販売されており、比較的手に入れやすい価格帯となっている。

電子念仏機の形状や機能は、信仰の空間を作り出すうえで、重要な意味を成している。やや長くなるが、説明を加えておきたい。

電子念仏機のサイズと形状は様々だが、小型ラジオ機程度の小さな手のひらサイズの箱型がもっとも標準的だろう。それ以外にも、ひょうたん型、蓮花型、木魚型、マニ車型、ガラス細工の立体オブジェ型など様々な形が

写真1　念仏機（筆者撮影・台湾・2024年）

あるが、全体に共通しているのが、仏教を視覚的に表象する記号が本体に記されていることである。蓮花や仏、菩薩といった図像がイラストや彫刻で施されているだけでなく、より具体的に「南無阿弥陀仏」のような念仏の一部や梵字が書かれているものも少なくなく、単なる音声再生装置ではなく宗教アイテムであることが強く示される。一方で、素材はプラスチック製が圧倒的に多く、艶のある青や赤、ピンク、金といった鮮やかな色使いで、全体的に安っぽいおもちゃのような雰囲気は否めない。最近では木製のものや、プラスチック製だが木目調の落ち着いた色合いのものもあり、豪華絢爛を好む傾向があった中華圏の生活様式や嗜好の変化すらも感じさせる。ただし、そのようなやや落ち着いた雰囲気の電子念仏機は、価格がやや高めということもあってそれほど人気はないという。*5 そのほか、内蔵するＬＥＤネオンが色鮮やかに発光したり、３Ｄホログラムで仏身が浮かび上がるなど、視覚的な趣向を凝らしたものも増えている。このようないささか通俗的にも思える形態は、電子念仏機が外国の人にとって信仰の道具というよりも、キッチュでフォークアート性を帯びた音声再生装置として受容されやすい要因となっている。

電子念仏機の動力は電気で、電池で作動するか、あるいは本体に給電用のＡＣプラグがある。また、本体にはスピーカーがあるが、イヤホンジャックも付いていることが一般的である。ストラップホールを有するタイプも多く、筆者が電子念仏機を扱う店で商品を見ていた際には、店主が、持ち歩きに便利なネックストラップをおまけに付けることを売り文句にしていたこともあった。実際に電子念仏機を持ち歩いている人を見かけたことは一度もないが、ストラップホールに通した紐を軒先に引っ掛けて、電子念仏機の音声を店のＢＧＭのように流している様子は度々見かける。プラスチック製で軽量、小型、電池式、イヤホンジャック付きという点から捉えると、電子念仏機は携行することを前提としているといえる。一方で、小型、吊り下げ可能、スピーカー付きという点では、空間をさほど占拠せずに定点で据え置きして用いることを可能にしている。

仏教歌や経文あるいは念仏など、仏教にとって重要となる音が録音複製されたメディアとしては、電子念仏機が登場する以前からカセットテープやCDが存在し用いられてきたし、もちろん現在でも普及している。近年ではメモリーカードやUSBドライブといった、よりコンパクトで内容量の多いメディアを用いたものも普及している。数十曲を収録したメモリーカードが販売されていたり、あるいは、好みの経文や仏賛歌の「新曲」などをダウンロードしても良い。カセットやCDと比べ、メモリーカードは収録時間（収録曲数）が格段に長い上に、一曲単位で新たに追加や削除が自由にできる利点がある。

ただし、カセットやCD、メモリーカードといったメディア（ソフトウェア）の場合、音声を再生するための機器（ハードウェア）が別途必要となる。メディアに対応できさえすれば、メーカーや機器を選ばない良さがある反面、ソフトとハードの両方を揃えなければ用を為さず、また、CDのように物質的に、物として存在するメディアの場合、ソフトだけでも量がかさばるという欠点がある。その反面、電子念仏機は本体そのものに音源がインプットされており、スピーカーも内蔵しているため、個体での再生が可能である。ただし、電子念仏機の音質は決して良いとは言えず、「（音声が流れていても）音質が悪く言葉が聞き取れない」あるいは「騒々しい」という意見があることも事実である。[*6]

音源と再生機が一体化しているという点でいえば、現在はスマートフォンのアプリケーションとしても「電子念仏機」がある。アプリ版電子念仏機は、移動性だけでなく、スマホ一つに多機能を一体化させて身軽という意味でも利便性に長けている。現代社会における信仰の道具としては合理的である。一方で、「念仏を再生し続ける」という音声再生機としての単純な状態は維持しにくい。電子念仏機に似たキリスト教用の小型音声再生機に「聖経点播機（バイブルジュークボックス、バイブルマシーン）」というものがあるが、この商品の広告には利点として「多機能のスマートフォンは大変便利で聖書音声アプリがあるけれど、通話や動画視聴、LINE操作のたびにアプリを閉じなくてはならない。単機能の聖経点播機は途切れることなく音声を流し続けることが可能で、家事をしながらあるいは運転中などに最適」といった文言が記されている。[*7] これは電子念仏機でもまったく同じことが当てはまるだろう。

電子念仏機が登場したと考えられる二〇〇〇年初頭以前からカセットやCDのような有形の音声メディアは様々にあったし、二〇〇〇年代以降には音声をデジタル化して機器に取り込む、携帯音楽プレーヤーやスマートフォンといったまったく新しいメディアも登場した。様々なメディアやアプリがあるにもかかわらず、電子念仏機が未だに多く普及し今なお存在し続けていられるのは、比較的安価な価格帯であること以上に、念仏の収録とその再生だけに目的を絞っているからだろう。

現地の人びと、とりわけ信者にとって電子念佛機は信仰実践で用いる便利な道具ではあるものの、ありがたく尊いモノとしての扱いはあまりされていない。それは、雑貨店や露天で日用品の一つとして店頭に並ぶことが多いことからもあきらかである。そういった販売場所では、念佛機のほかにも日常的にお供えで用いる敬神杯やお盆、線香、冥銭などが売られており、日常生活の一部のものとして仏教や道教をはじめとする民間信仰の道具が存在している様子がうかがえる。一方で、それらを処分するとなると、おそらくたちまち「仏具」としての存在が強まり、少なかざる人が念佛機を「不要物」としてゴミに出すことができなくなる。念佛機のパッケージにも、「本產品若已不使用，請勿丟棄，可轉贈他人，功德無量。(この商品が不要になった場合も捨てずに、他の人に譲ってください。功徳無量です。)」の一文が添えられている。現に、筆者の手元には、筆者が念佛機に関心があることを知った知人やインフォーマントから譲られた念佛機が五つ以上ある。信仰に付随するモノだから、単なる日用品のように処分することは心理的に憚られるのだろう。不要になっても基本的には手元に残しておくしか術がないが、たまたま人に譲ることができた場合は、善行の満足感と手放せた安堵感を覚えるだろう。

以上から、電子念仏機のモノとしての特徴を整理すると次のようにまとめられる。一つに、基本的に小型で軽く携帯しやすいように作られているが、それほど携帯されることなく定位置で用いられる。二つ目に、電子念仏機は使用目的が基本的に限定されている。三つ目に価格や形状、販売形態からは崇高な信仰の道具とは言いがたいが、使用の目的やそのコンテンツが「仏具」としての役割を明確にしている。

2　電子念仏機の収録音と楽曲

電子念仏機に収録されている音源数は機種によって異なり、五曲（音）程度のものから一〇〇〇曲（音）以上収録しているものまであり、また仏曲だけでなく、木魚音や法師による念仏も含まれる。機種によっては本体背面に収録曲名などが記されており、プログラムの一番から順に音声が流れるだけでなく、ボタンで曲を選択して再生できるタイプのものもある。基本的に、電源を入れたら、その後電源を切るまでは連続再生される。実際に人間が歌うときには無限というわけにはいかないので、その意味でも、音声がひたすらループし続けることは電子念仏機の最も特徴的な機能であるといえる。

収録楽曲のスタイルは、①古典的な仏曲そのままで演奏されるもの、②古典の仏曲を現代風にアレンジしたもの、③新しく創作されたものに大別できる。一つめの古典的な仏曲そのままとは即ち、〈南無阿弥陀仏〉や〈大悲咒《だいひじゅ》〉といった古い梵唄《ぼんばい》（旋律にのせた経文）や頌歌《しょうか》（仏教賛歌）を、従来のように木魚の打音を伴いながらモノフォニー（単旋律）で歌うスタイルである。中国の伝統的な詠唱方法は、和音による伴奏付けやいわゆる「ハモり」は用いられない。

二つめの古典曲を現代風にアレンジしたスタイルは、使用楽器とその用法に特徴が顕著に現れる。たとえば、楽曲そのものは伝統的な梵唄や頌歌の旋律だが、シンセサイザーで和音による伴奏を加えたり、サウンドエフェクトを多用しコスミックな音などを重ね神秘的な趣を強調したものも多い。

三つめの新しい創作曲のスタイルは、楽曲が最初から複数曲パッケージされた旧型の電子念仏機よりも、デジタルメディアにダウンロードするような新しいタイプの念仏機に多い。シンセサイザーやドラムマシンによる打ち込みの伴奏が付くだけでなく、曲調や楽曲構成が流行歌と相違ない。歌詞に現れる「菩薩」「阿弥陀仏」などの言葉を聞き取らなければ、仏の教えや慈愛を歌っているとはおそらく気づかないだろう。

3 「うたう」のは誰か

仏教における「うたう」という行為は、祈ることと同義である。たとえば、仏教徒は「朝暮課誦」あるいは「朝暮課」「二時功課」等とよばれる法事修行を毎朝晩行うが、これを行う際には念仏を唱えるだけでなく、旋律を伴うかたちで詠唱する。また、仏誕（日本では降誕会《こうたんえ》、灌仏会《かんぶつえ》）や涅槃会（日本では涅槃会《ねはんえ》）といった儀式においても、鐃鈸《にょうはつ》（シンバル）、太鼓、揺鈴（ハンドベル）などを鳴らしながら詠唱する。念仏を唱えたり仏の教えを口にするだけでなく、梵唄や仏教賛歌などを歌うことは、仏教の規範を遵守する、信仰実践としての大切な行為である。

では、電子念仏機を用いる時に「うたっている」のは果たして誰なのか。端的に言って、念仏を唱え、音楽を奏で、仏曲を歌うのは電子念仏機であり、信者自身が実際に行うのは電子念仏機の再生ボタンを押すという作業である。もちろん、その再生ボタンを押した人物が、電子念仏機が発する音に合わせて一緒にうたうことも当然あるだろう。しかし、毎回必ず電子念仏機と声を揃えてうたうかどうかは疑問だ。なぜなら、そもそも信者自身が法事修行の唱えや詠唱を行うはずであったのに、わざわざ電子念仏機を入手し用いる時点で、自分自身が「うたう」ということへの矛盾が生じるからである。

筆者のアンケートでは、電子念仏機を自分あるいは家族が所有している人の数は回答した六〇人中二四人で、そのうち、「自宅で電子念仏機が再生されるか」という設問に対して「はい」と答えたのは二一人だった。そのうちの四人の家庭では睡眠時間以外はほぼ再生し続けているという回答で、それ以外の人の再生のタイミングは家庭によってまちまちで、午前六時から七時の間の一回だけ再生する人もいれば、午前六時から九時まで再生した後いったん止めて、一一時から一三時まで再び再生すると回答した人もいた。つまり、「朝暮課誦」の時間には電子念仏機を再生しながら自らも声を合わせてうたい修業しているかもしれないが、それ以外の時間は電子念仏機にうたう行為を委ねているのである。

4　電子念仏機がうたう場所

そもそも、電子念仏機はどこで、どのようにうたっているのだろうか。ここでは家、寺、雑貨店の三つの場所における電子念仏機使用の例を確認する。

4-1　家庭における電子念仏機

二〇〇四年、中国の福建省に留学していた筆者は、友人らと一緒に福建省泉州市にある知人宅を訪ねた。その際、部屋の片隅には小さな祭壇があり、そこには仏像と供物、そして隠すようにひっそりと電子念仏機が置かれ、そこから仏歌が絶えず流れていた。音を流し続けるその理由は、知人に言わせれば「仏教徒の両親が電子念仏機の音楽とあわせて念仏集を見ながら詠唱することもあるが、毎日の日課として流しているだけ」であり、彼女自身

写真２　仏台と念仏機（手前の果物左）（筆者撮影・中国・2004 年）

はその音を気にかけてもいない様子だった。その日、彼女の両親は不在で家には祈る人はいなかったが、電子念仏機は電源が切られることなく音が流れ続け、そして筆者自身も次第に意識することもなくなった。

なお、自宅や病院の病床で心身を癒し慰めるために電子念仏機を使用することも少なからずある。

4-2　寺における電子念仏機の使用例

中国や台湾の街中を歩いていると、有人の大きな寺以外にも、管理者が駐在していない小規模の礼堂や小さな祠などがあちらこちらにある。台湾の台北市郊外、温泉で知られる北投区の道端にある小さな無人の礼堂の中には仏像が中央奥に安置され、電動のマニ車がぐるぐる回っていた。さらに、その仏像の裏に隠れるように電子念仏機が置かれており、参拝者の有無に関わらず、止むことなく電子念仏機から仏曲が流れ続けていた。ただし、接続したスピーカーは礼堂内に向けて鳴るように置かれているため、礼堂の敷地から外に出れば電子念仏機の音は車道を通る車のエンジン音などと重なり混ざり合い、聴こえたり聴こえなかったりする。礼堂の外では一瞬にして、電子念仏機の音も街の音風景の一部となる。

また、マレーシア・マラッカの観光地としても知られる青雲亭仏教寺院では、位牌が並ぶお堂で小音でひっそり電子念仏機が流されていた。その音は、霊魂や位牌と向き合い手を合わせ祈るものには届くだろうかすかな音で、一方で観光の熱冷めやらない見学者の耳にはおそらく聴こえない。

写真3　北投の無人寺の念仏機
(筆者撮影・台湾・2018年)

4-3 雑貨店における電子念仏機

多くの人が行き交い、各店の呼び込みの声など様々な音と音が重なりあい、喧騒といっても差し支えないほどの活気と音に溢れる街中を歩いていると、電子念仏機の音が聞こえてくることがある。その音を追っていくと、仏具を取り扱う雑貨店にたどり着く。店では電子念仏機の販売促進のサンプルとして音が再生されているが、結果的に、店の雰囲気作りやＢＧＭ、客寄せにもなっている。ただし、その店に関心のない者にとっては電子念仏機の音はシグナルの役目を果たしておらず、あたりに流れる喧騒の断片でしかない。

このように、電子念仏機がうたう場所と目的は三者三様である。*8 ただし、この三つの地点は、周辺にいる人びとが電子念仏機の音を意識する／しないに関わらず、電子念仏機がうたい続けているという共通点がある。他方、一例目の家庭の仏台と二例目の礼堂は信仰実践を行う場だが、三例目の仏具を扱う雑貨店は、信仰の道具を売っていても祈るための場ではない。また、自宅と礼堂においても、祈りとともに電子念仏機の音がある場合は「信仰実践の音」としてそこに流れるが、いったん祈りから離れると、その音は空気のようにそこに馴染み、姿が見えなくなるのである。

5 電子念仏機の概念と音の関わりあい

そもそも、電子念仏機は人びとにどのように理解されているのか。中国のインターネットポータルサイト百度《バイドゥ》が提供する百度百科では、電子念仏機の一般的な用途や効果として次のようにまとめられている。*9

1. 仏法の理解の助けとなる。
2. 精進の助けとなり、何事にも惑わされない瞑想の状態を築くことができる。
3. 仏徒のさらなる経典の理解に役立つ。
4. 心に行き詰まりを感じている人に、落ち着きをもたらす。
5. 仏法を聞かない人の心も穏やかにさせる。携帯に便利で仏法の普及に良い。

つまり、電子念仏機は仏教の理解や信仰実践の補助と平安のために用いられ、またそれは、信徒自身だけでなく、まだ信徒ではない周囲の人にもその効果が発揮される、というわけである。

従来行われてきた仏教音楽をうたう／奏する／聴くという行為は、信仰対象と信仰実践者の間で、祈りを目的として、主に寺や家庭の祭壇の周辺あるいは市中で行われる祭儀といった信仰に直接関わる場で、その時に行われてきた。しかし、携帯できる、あるいは放置できる電子念仏機を連続再生することによって、そこから流れ続ける音は信仰実践者以外にも広く届きやすくなった。信仰実践者か否かに関わらずその音が届いた者に癒しを与え、場合によっては結果的に布教の可能性も含むことになるのである。筆者が行ったアンケートの「電子念仏機の音を聞くとどう感じるか」という問いには、仏教信徒とそうではない人合わせて三五人が回答したが、両者ともに「心が落ち着く」「穏やかになる」といった肯定的な意見が比較的多い。*10「何を歌っているのかよく聴き取れない」あるいは「騒々しい」といった消極的意見も少なからずあったが、信仰心の有無を問わず、その音に強い拒否感を感じる人はそれほど多くないように思える。

ただし、先に述べた電子念仏機がうたう場の事例のように、電子念仏機の音は流れ続けることで風景の一部と化し聴覚的情報として意識されなくなる傾向にあることは、念頭に置かなくてはならない。電子念仏機の使用は、念仏を唱える、仏を賛美する、経典を学ぶという信仰実践の目的をたしかに果たしつつも、その機能として音の連続再生が可能であるが故に、信仰から離れ、音風景となっている。

6　音風景装置としての電子念仏機

本章の「はじめに」でも少し触れたが、音風景（Sound Scape）はカナダの作曲家であるシェーファーによって提唱された概念で、音をどのように認知するかで変化する、人と周辺の環境音のことを意味する。また、シェーファーは、環境中の個々の音がクリアに聞こえる状態をハイファイなサウンドスケープ、逆に複数の音で溢れ個の音がかき消されてしまった状態をローファイなサウンドスケープと定義した。しかし、ハイファイとローファイの音環境はいずれかの状態どちらかでのみ持続するわけではなく、またどちらかの音環境の条件が快または不快と判断されるものでもないのではあるまいか。同じアングルでもフォーカスが異なれば違う絵に見えるように、音に対し耳を意識的に傾けている時とそうでもない時では、聞こえ方が異なるはずである。さらにいえば、ローファイな状態でも、ある特定の音に身体を集中させてキャッチするとハイファイな状態へと切り替わる。

フォーカスされていない音、つまり、周辺に広がりながらもさほど知覚化されない音風景を背景音／背景音楽と呼ぼう。所謂ＢＧＭ、バックグラウンドミュージックである。作曲家兼ピアニストの一柳慧は、店で流れているようなＢＧＭの特徴は、音楽の内容、コミュニーション・メディア、音楽の空間性の三つに見いだせると述べる（一柳 1976）。すなわち、ＢＧＭは機能や目的をもって流される場合はあるが、時間は不確定で、聴き始めや聴き終わりはどこであっても良い。また、ＢＧＭは録音メディアを用いることで時間に制限されることがなく、持続可能となる。さらに、ＢＧＭは流す場所を特定化する必要がなく、日常的な空間で不特定多数に向けて流れる。

電子念仏機は信仰実践のための装置である以上、使用目的やそれを用いる時間帯や場所に、ある程度の確定性が不可欠となる。朝晩に行う課誦とそこでうたわれる詠唱は、日々の中で欠かすことのできない修行であり、また、寺や仏台の前など信仰と直接結びつく場所で流される電子念仏機の音は、信仰に対する明確な意思とそれを共有しようとする信徒の意識のうえでは、信仰の表現方法あるいは信仰に寄り添う音として成立している。よって、電子念仏機の音はそもそもＢＧＭではないのだから、一柳のいうようなＢＧＭに備わる時間や空間の不確定さとは、本来相いれないものである。しかし、電子念仏機のもっとも重要な機能である「ボタン一押しでループ再生」は、信徒の信仰実践のあり方を変化させた。時間と場所を決めて、自分自身の身体を通して祈ったり念仏を唱えたり仏曲を歌ったりしなくても、電子念仏機の音をどこかで流し続けていれば、思い立ったときに、その音に意識を集中させたときに、いつでも信仰の場と日常の場を容易く瞬時に行き来できるようになった。信徒にとって電子念仏機から流れる音は目的をもった信仰の実践であり、非ＢＧＭである。しかしそれと同時に、その音は日常に漂うＢＧＭでもある。

では、信徒以外ではどうか。その音が信仰の外に向けて発せられた時、あるいは外に向けようと意図せずとも信徒以外がその音を纏った時、たちまちＢＧＭとしての作用が働く。信仰実践者ではない立場で電子念仏機の音に好意的に反応するとき、そこではおそらく、仏教あるいは仏教音楽に備わる「癒し」や「落ち着き」「穏やか」といった側面が影響を及ぼしている。逆に電子念仏機の音に消極的に反応したとき、そこではおそらく電子念仏機の安っぽい音質が原因となってノイズとして耳に届いている。しかしいずれの場合でも、流し続けるうちにその音も環境の一部となり、ＢＧＭとなって意識されなくなるのである。

おわりに：漂う電子念仏機の音

従来、ある程度の時間をかけて自ら腰を据えた状態で信仰対象と向き合い、自分自身の身体、とりわけ口を通して祈りや信仰に伴う音楽を行ってきたが、電子念仏機の登場は、信仰実践のあり方を様々に変化させた。電子念仏機の概念と効能をあらためて整理すると、次のようにまとめることができるだろう。

まず一つに、電子念仏機は紛れもなく信仰のための道具であり、仏教の理解や信仰実践の補助として用いられる。言うなれば、電子念仏機は現代的な音具装置である。小さいが多機能な本体は、携帯が可能なだけでなく電源さえあれば据え置きも可能で、またイヤホンでもスピーカーでも発声でき、個人だけでなく複数人でその音を共有することができる。念仏や詠唱を誰かとともに行うこともできるし、信徒以外の人とも仏の教えや安らぎを共有することができる。

二つめに、電子念仏機は信仰の音風景を作り出す装置であり、内蔵する音が再生されることによって信仰の空間が作り出される。電源を入れ音がそこらに漂うと、街中の寺周辺が、店が、自宅が、厳粛な空気を纏う。自宅の日常空間は信仰実践の場となり、騒がしい市の通りに立つ仏具店の一角も、聖なるものを扱う特別な場となる。

三つめに、電子念仏機の音は信仰と日常の境界線を曖昧にし、聴く人の立場によってBGMと非BGMの間を行ったり来たりし、シェーファーが言うところのハイファイとローファイの音環境の状態も揺るがせる。信仰実践の道具として電子念仏機を用いるとき、信徒はその音に心身を集中させ、日常空間は信仰の空間へと切り替わる。勤行を終えた後も電子念仏機の電源を切らずにそのままでいれば、そこに音は漂い続け、その音も次第に意識されなくなり日常生活の背景音となっていく。信徒でない者にとっては、どこかでなにかの音が鳴っているにすぎず、そもそも音がなっていることにも気がつかないかもしれない。これは冒頭で述べたような、「電子念仏機という名称やモノの概念は知らないが、その音はなんとなく知っている（気がする）」と感じる人の理由を説明づけるだろう。

従来、信仰実践には自分の身体を通した、日常空間から信仰空間へと移動する時間や場所の始まりと終わりの区切りがあった。電子念仏機の音を始終漂わせ続けられるようになると、日常空間と信仰空間が交差しハイファイとローファイの音環境が入り混じる中で、知覚をその音に向かわせるかどうかが信仰実践の手段の一つとなった。漂う電子念仏機の音は信徒以外にも届くが、それは社会生活の中の背景音になり、あまり意識されることはない。

ただし、無意識の共有は社会の日常を共有する中でなければ成立しない。だからこそ、信仰の方法も文化も非共有の立場である外国人にとっては、電子念仏機から流れる音は信仰の音風景とも、ありふれた日常に漂う音風景ともなりにくい。電子念仏機から信仰という要素が取り除かれ、ただ不思議で面白く、耳に心地良く、心身を癒してくれる音楽再生マシーンへと転化するのだ。

注

1 日本ではこれまで中国から輸入された電子念仏機がオンラインショッピングサイトなどで販売されてきたが、二〇二一年二月におそらく日本初のオリジナル・ブッダマシーン『天界』が制作発売された。これは臨済宗など日本の仏教各宗派僧侶による声明などのほか、複数のアーティストによる仏教や電子念仏機をイメージしたオリジナル楽曲などがパッケージされている（「光と音のハオハオハオ」ウェブサイト）。また、『天界』以外にもいくつかのアーティストによって念仏機をモティーフとした音楽ソフトが制作されている。

2 第一三回中日比較音楽国際学術シンポジウム（於：中国福建省福建師範大学、二〇一九年一一月二一〜二四日）。

なお、このシンポジウムでの筆者の発表題目は「循環的佛教音楽是「信仰実践」還是「治癒」——電子念仏機為例（ループする仏教音楽は「信仰実践」か「癒し」か——電子念仏機を例に）」。

3 オンラインアンケート調査には、中国の「問卷星」アンケート調査プラットフォームを使用した。実施期間は二〇二一年八月三〇日〜九月一五日。回答人数は六〇人、世代別では一九六〇年代生まれが二人、七〇年代生まれが一〇人、一九八〇年代生まれが一四人、一九九〇年代生まれが二四人、二〇〇〇年代生まれが一〇人。回答者の信仰は仏教が二三人、キリスト教が一人、道教が一人、特定の信仰無しが三五人。出身は広東省一一人、福建省一〇人、山東省五人、河南省四人、湖南省三人、安徽省三人、江蘇省／内モンゴル自治区／河北省／江西省が各二人、北京市／上海市／黒竜江省／陝西省／吉林省／山西省／遼寧省が各一人、そのほか行政区画記載なし中国六人、台湾三人。進学や就職を機に移動し、実際は出身地と現在の居住地が異なる人は少なくないが、ここでは出身地のみ挙げておく。なお、本アンケート調査の実施にあたり北京師範大学香港浸会大学連合国際学院の葉佳穎氏と呉沁樺氏に協力いただいた。この場を借りて御礼申し上げる。

4 二〇〇五年、北京を拠点に活動するエレクトロミュージックのデュオFM3（Chiristiaan Virant と Zhang Jian 張荐）が、電子念仏機に着想を得た音楽ループプレイヤー、ブッダマシーンを開発した。これは電子念仏機と同様にスピーカーがついた小箱型の音楽再生機で、アンビエントミュージックのオリジナル楽曲を内蔵している。

5 二〇一九年一一月二四日に福建省福州市にある西禅寺の売店で店員と交わした雑談にもとづく。木製のものになると二〇〇元（約三四五〇円）近くするものもある。

6 アンケートの回答にもとづく（自由回答式）。回答者は二〇〇〇年生まれ、本人は無宗教だが家族が仏教徒で自宅に電子念仏機が複数ある。

7 「Facebook　全地烈火讀経使命團」（https://m.facebook.com/全地烈火讀經-使命團-609578419224751/　二〇二二年七月二日閲覧）。

8 それ以外に、病院やホスピスなどで入院患者のために電子念仏機を用いる例もある。拙稿「祈る、奏でる、歌う、再生する：信仰と音声再生機」（公益財団法人千里文化財団『季刊民族学』182号、pp. 84-91、二〇二二年）参照。

9 「念佛机（電子念仏機）」百度百科（https://baike.baidu.com/item/念佛机/8508544 二〇二一年九月一五日閲覧）。

10 自由記述回答、無回答二五人、回答三五人。回答をキーワードで分類すると［安らぐ／穏やか／落ち着く／心が保たれる］一三人、［良い／とても良い／好き］七人、［まあまあ／受け入れられる］二人、［幻想的／広大／感動／神聖］四人、［とくにない］三人、［騒々しい］一人、［聴いたことがない］一人、そのほか質問を異なる意味で解釈したと思われる回答［朝夕のおつとめで使う／年配や寺が使うもの／慣れた／ウォークマンのように便利］が各一人ずつ。ただし、「よく聴き取れないが心が穏やかになる」といった消極的意見と肯定的意見が並んだ回答も若干含まれる。なお、無回答者の信仰の内訳は特定の信仰無しが二〇人、仏教三人、道教とキリスト教各一人。

参考文献

〈日本語文献〉

一柳慧 1976「〈バックグラウンド音楽〉と〈環境音楽〉」高橋悠治、池藤なな子編『季刊トランソニック』夏（10）: 17-30、全音楽出版社。

シェーファー、レーモンド・マリー 1980『教室の犀』高橋悠治訳、全音楽譜出版社。

―― 1986『世界の調律――サウンドスケープとはなにか』鳥越けい子、庄野泰子、若尾裕、小川博司、田中直子訳、平凡社。

長嶺亮子 2022「祈る、奏でる、歌う、再生する――信仰と音声再生機」『季刊民族学』182: 84-91、公益財団法人千里文化財団。

〈外国語文献〉

高璐 2013「陕西省榆林市佛教浄土宗信集的社会組成　結構與日常宗教活動」『榆林学院学報』第23巻3期、pp. 26-33、榆林：《榆林学院学報》編辑部。

馮済海 2019「社会媒体与当代中国俗家仏教徒修行―基于一个信衆媒介網路的考察」『新聞界』第12期、pp. 58-71、成都：新聞界編輯部。

Haller, Natasha. 2014. Buddha in a Box: The Materiality of Recitation in Contemporary Chinese Buddhism. *Material Religion The Journal of Objects, Art and Belief* 10(3): 294-314. Los Angeles: University of California.

〈ウェブサイト〉

光と音の専門店ハオハオハオ「電子電子念仏機『天界』特別サイト」(https://www.buddha-machine.org 二〇二一年九月一五日閲覧)

Nathandr. 2016. The Buddha Machine: An Expression of DIY and Spontaneity in Chinese Experimental Music. *Contemporary Chinese Performance Culture.* (https://ccpc.asian.lsa.umich.edu/every-sound-that-enters-your-ear-is-music/ 二〇二二年一月三〇日閲覧)

コラム3　メキシコのブリキ絵

高木崇雄

この十数年ほど、数年ごとにメキシコを訪ね、かつて托鉢修道会の修道院が存在した地方都市を転々とし、蚤の市に通ってはブリキ絵を拾い集めている。

ここで記す「ブリキ絵」とは、かつてのスペイン統治下のヌエバ・エスパーニャ副王領、特にメキシコを中心とした北米から中米地域において、カトリック教会への奉納のために描かれた素朴な絵画を指す。なお、使い古しの小さなブリキ板にペンキで記されたこれらの奉納画は、やはり同品を蒐集していた染色家・芹沢銈介の呼び名にならい、日本の骨董業界ではブリキ絵と呼ばれることが多いけれども、メキシコでは通常、奉納品や奉納画を指すエクス・ヴォト（Ex-voto）、あるいは祭壇への供えものであるレタブロ（Retablo）などと呼ばれている。ブリキ絵は一八〇〇年代初頭、現在のメキシコを主とする旧ヌエバ・エスパーニャ副王領地域に生まれ、一八六〇年代以降、また二〇世紀初頭に特に広がりを見せたと言われる。教会へ絵画を奉納するという風習自体は、一五一九年のエルナン・コルテスによる征服とそれに伴うキリスト教の伝播という形で、スペインから持ち込まれた。かつて奉納画は各地において布教の状況を示す重要な指針ではあったけれども、民衆による信仰表明の手段としては一般的ではなく、富裕者からの寄進が主であったようである。その後、メキシコ各地に都市と中産階級が誕生することによって、奉納画の風習が民衆に広がりを見せ、その様式もスペイン風からだいぶ土着化し、メキシコ独自の画風を確立してゆくこととなった。特に一八六〇年代以降、レフォルマ戦争と呼ばれる内戦に伴いカトリックの権威が低下してからは、カトリック公認の聖人・聖母だけでなく、マヤ、アステカの太陽神と交わって生まれたような、征服以前から伝わる土着の信仰と結びついたローカルな聖人たちを表現することが緩やかに許されるようになり、ブリキ絵はその表現の幅を広げるとともに、小型化してゆくこととなった。

当初、奉納に際して安価に調達できるキャンバスとして主にヨーロッパおよびアメリカ合衆国から容器として流入したブリキが選ばれたようではあるけれども、必ずしもブリキだけではなく、地域ごとに入手しやすい素材として、布地や木、合板などに描かれる例も見受けられる。また、依頼を受けてブリキ絵を描く画家は、のちに専門職として分化することとなったが、誕生当初は教会において同様の仕事を担当していた者や、近隣の印刷を生業とする者が作成を請け負っていたようである。

ブリキ絵がメキシコの民衆の祈りによって生み出された絵画であり、教会へ奉納するために用いられる、という点においては、日本における小絵馬が民衆の祈りによって描かれ、神社に奉納されるあり方と同じようにみえるだろう。なるほど、一九五二年にサンタ・フェーで類品を見た、民藝運動の創始者・柳宗悦は、ブリキ絵について、「丁度日本の小絵馬に近い性質のものですが、もっと宗教的情緒が濃く、性質としてはロシアの『イコナ』に近い」[*1]と述べている。実際、日本の絵馬が、奉納する馬の代用としての大絵馬を経て庶民に広まり、現在見られる小絵馬になったように、ブリキ絵もまた、侵略者であったスペインの貴族が教会に大きな油絵を奉納してい

写真１　最初に出会ったブリキ絵の一枚（筆者撮影・日本、福岡県福岡市・2007年）

たものが、次第に中産階級に広まり、特に一九世紀以降、手近な材料であるブリキを用いた簡易な奉納画に変化したという意味では、近い存在といってもよいだろう。

とはいえ、絵馬に似ているようで、ブリキ絵の内容をよく読んでいくと、以下の三つが描かれている点において、両者の祈りの方向は大きく異なることがわかってくる。

1．奉納者の身の上に起きた、感謝したい出来事を示した絵画
2．その出来事についての、文字による説明
3．その感謝を捧げる対象としての聖人像

たとえば、**写真1**のように、「オアハカ州ユクイータの町に住むベニータ・アジャラの身ごもった雌豚が行方不明になった。フキラの聖母に祈ったところ、豚は子供を連れて戻ってきた。限りない感謝を込め、ここに奉納します。一九一四年」といったものが典型的なブリキ絵の文例である。

この、感謝を記す、という点が大きな違いであり、たとえば絵馬に記される祈りが「どうか結婚できますように」という「お願いします」であるとすれば、ブリキ絵は「結婚できたことを聖アントニオに感謝します」という、「ありがとう」の祈りとして表現されるのだ。感謝の対象は日々のあらゆることで、失せ物発見、恋愛成就、病の治癒、窮地からの脱出、試合での勝利、日々働けることへの感謝、有名人に会えた、その他いろいろ、奉納者に起きた「良かったこと」のすべてがブリキ絵には描かれている。

そして常にこの「ありがとう」があることで、奉納者に起きた出来事がどんな悲惨な事件であっても、結局解決していないような内容でも、ブリキ絵からはどこか明るさを感じてしまう。「家に落雷があり火事になってしまったが、その時外出していて無事だったことに感謝を」などと記されているブリキ絵を見ると、いや、あなたの家、しっかり焼けてますけど、と言いたくもなるけれど、それはそれ、あくまで無事への感謝として表現されるのだ。

とはいえ、決してこれは自分が傷ついたことを認めようとしない現実逃避ではないだろう。むしろ彼らにとってブリキ絵とは、自分自身にとって大切なものが失われたことを、「ありがとう」という文体に寄り添いながら語り、絵画という表現で描いてもらうことによって、回復への道を辿る、いわば治癒のための道具・モノなのである。奉献文にしばしば記されている「infinitas gracias（インフィニタス・グラシアス／限りない感謝）」という語句は、聖人への感謝であると同時に、失われてしまった自己の一部への追悼の祈りでもある。だからこそかえってブリキ絵には、より素直に彼らの日常の細部と感情が込められてきたのだと思われる。

ブリキ絵に描かれる題材に多いのは（自身・家族・家畜の）病からの回復、失せ物の発見などであるが、特に女性名での奉納として、台所仕事がうまくいったこと、恋愛成就、夫婦生活の破綻からの回復、といった題材が多く描かれていることについて、当時女性が自らの心象を外部に表現することのできる数少ない媒体だった、という論考も存在する。*2 なるほど、今やグアダルーペの聖母に代わり、まるでメキシコの守護聖母のように崇敬されている画家であるフリーダ・カーロ（一九〇七〜一九五四）もまた、古いブリキ絵を数多く集めるとともに、幼時から

写真２　グアダルーペ聖堂内の奉納画（筆者撮影・メキシコ市・2019年）

の病や事故による後遺症、夫である画家ディエゴ・リベラ（一八八六〜一九五七）との関係など、自らの抱える不安と苦痛、そして喪失を、自ら描いたブリキ絵、そしてブリキ絵の様式を取り込んだ作品によって表現してきた。いわば夫であるリベラが主導したメキシコ壁画運動が大きなスローガン、社会変革を呼びかける絵画表現だったとすれば、フリーダが愛したブリキ絵は、ごく私的な心情を吐露するにふさわしい、心理的な回復のための装置としてメキシコの民衆に広く受け入れられた表現だった。

とはいえ現在においては、奉納の習慣自体は変わらず存在するけれども、たとえば骨折からの治癒に対する感謝であれば、傷口を覆っていたギプスに感謝の言葉を書いて奉納する、あるいは結婚できたことへの感謝であれば、花嫁衣装に感謝の言葉を添えて奉納する、といったように、直接的な感謝の奉納を行うことが専らとなっており、ブリキ絵を奉納する、という形はほぼみられなくなってしまった。むしろブリキ絵は、フリーダの影響をそのまま受け継ぎ、作家たちの表現手法の一つとして、「メキシコの風習」「メキシコの歴史」「民衆の日常生活の一場面」を描写するための絵画の一ジャンルとして成立し、「民衆絵画」「歴史画」としての役割に特化し、個人の祈りの発露としての役割は終えているように見える。このような状況にはいささかの寂しさを覚えてしまうけれども、これからもメキシコへと通い、メキシコの日常と非日常、感謝と小さな奇跡が描かれたブリキ絵を探し続けてゆけたらと願っている。

注

1 「米國の旅」『柳宗悦全集』第一七巻、p. 537、筑摩書房。

2 佐原みどり 2004「心象世界としてのエクスボト——メキシコ女性の痛みの表現と死生観」『ラテンアメリカ研究年報』p. 54。

あとがき

本書は国立民族学博物館共同研究（若手）「モノをとおしてみる現代の宗教的世界の諸相」における研究発表をもとに、各執筆者が本書の課題にそって執筆した論文集である。研究会発足にあたり、「若手」というカテゴリーで申請するために集まってくれたのが、本書の執筆者の方々である。様々な宗教の事例を比較検討したいという編者（研究代表者）の思いのもと、研究会には、キリスト教、仏教、ヒンドゥー教、イスラーム、そして民俗宗教など、異なる宗教に精通した新進気鋭の研究者がメンバーとして参画してくれた。また、人類学や宗教研究にとどまらず、美術史や音楽学など隣接分野を専門とする方々がメンバーに加わってくれたおかげで、宗教とモノとの関係について多様な角度から理解を深めることができ、大変有意義な研究会となった。二年半にわたる研究期間（二〇一七年一〇月〜二〇二〇年三月）には延べ一〇回の研究会を開催し、うち一回はゲストを招聘した公開研究会として実施した。研究会実施から成果刊行までに多くの時間を費やしてしまったのは編者の怠慢であるが、ここまで辛抱強くお付き合いくださった執筆者の方々には心より感謝したい。

本書では、現代の宗教理解の出発点として、今日の多様化する宗教的なモノのあり方やその変化を、個別社会の事例を通じて浮かび上がらせることを第一に目指した。ただ、編者の力不足もあり、プロテスタントなど、本書の議論にとって重要な研究をここに収めるに至らなかったのはいささか心残りであり、読者のなかには物足りなさを覚えた方もいるかもしれない。その代わりといってはなんだが、本書にはゲストとして研究会に参加してくださった、ささらプロダクションの小倉美恵子氏と工藝風向のオーナーでもある日本民藝協会の高木崇雄氏の論考をコラムとして収録することができた。日本の村落で代々受け継がれてきた掛け軸やメキシコの教会に奉納されたブリキ絵の今昔など、本書の研究関心と重なる非常に興味深い話題を提供してくださった両氏のお力添えにもお礼を申し上げたい。

なお、本書の刊行に先立ち、千里文化財団が発行する機関誌『季刊民族学』に「モノからみた宗教の世界」というテーマで全一〇回のコラムを連載した。各コラムには本書のエッセンスが詰まっているだけでなく、各地の宗教的なモノをめぐる現代事情を活き活きと伝える写真が多用されている。本書と合わせてご参照いただければ幸いである。

『季刊民族学』連載コラム「モノからみた宗教の世界」

第1回　八木百合子「受け継がれるアンデスの聖像：ニーニョ像を抱えた謎の訪問者」（二〇二〇年夏号）
第2回　福内千絵「めぐりめぐる、インドの神がみの像」（二〇二〇年秋号）
第3回　古沢ゆりあ「聖なるものの時・場所・かたち：フィリピンの聖母崇敬の実践から」（二〇二一年冬号）
第4回　鳥谷武史「日本の生活に息づく宗教：モノとまじないのかたち」（二〇二一年春号）
第5回　二ツ山達朗「クルアーンの装飾具の飾りめぐり」（二〇二一年夏号）
第6回　小西賢吾「あふれかえるモノと宗教性：チベットの儀礼の諸相から」（二〇二一年秋号）
第7回　田村うらら「イスラームの礼拝用敷物：〈こだわらなさ〉という特徴」（二〇二二年冬号）

第8回　丹羽朋子「中国黄土高原の「自然」と高鳳蓮の剪紙の造形」（二〇二三年春号）
第9回　中川千草「ギニアのスス社会から学ぶ信仰の豊かさとあたらしさ」（二〇二三年夏号）
第10回　長嶺亮子「祈る、奏でる、歌う、再生する：信仰と音声再生機」（二〇二三年秋号）

このほか、われわれの共同研究の成果の副産物として二〇二一年には万年型日めくりカレンダー『モノとイトナミ——世界の暮らしと文化３６５』を国立民族学博物館の特別協力によりフロッグス株式会社から発行した。このカレンダーに掲載されている三六六点の資料のなかには世界各地の人びとの生活に関わるモノのほか、本書の各章で論じられているモノをはじめ、宗教や信仰と結びついたモノを多数取り入れている。

数々の成果を世に送り出すことができたのは、ひとえに研究会の仲間たちの協力があってのことである。頼りない編者を支えてくれた素晴らしい仲間たちに、あらためて謝意を表したい。また、本書への寄稿は叶わなかったが、メンバーとして研究会に参加してくださった丹羽朋子先生（国際ファッション専門職大学）と竹村嘉晃先生（平安女学院大学）にも貴重なご発表とご意見をいただいた。

本書出版にあたり、館外での出版を奨励する国立民族学博物館の制度を利用した。研究出版委員会ならびに査読者の方々には厚くお礼申し上げる。最後にわれわれの研究を世に問うことができたのは、何より春風社のおかげである。同社の下野歩氏、そして編集に尽力してくださった韓智仁氏には、この場を借りてお礼を申し上げたい。

二〇二四年 師走

編者

執筆者一覧

八木 百合子（やぎ ゆりこ）
序章・第6章・あとがき
国立民族学博物館グローバル現象研究部、総合研究大学院大学人類文化研究コース准教授
博士（文学）
文化人類学、アンデス研究
主な著作等　『アンデスの聖人信仰：人の移動が織りなす文化のダイナミズム』（臨川書店、2015年）、「聖母の奉納品にみるアンデス的意匠：クスコのアルムデナ教会の事例から」（青山和夫・米延仁志・坂井正人・鈴木紀編『古代アメリカの比較文明論：メソアメリカとアンデスの過去から現代まで』京都大学学術出版会、2018年）、*Etnografía Andina: recorrido y valoración cultural*（Senri Ethnological Studies No.111、編著、National Museum of Ethnology、2022年）。

古沢 ゆりあ（ふるさわ ゆりあ）　第1章
国立民族学博物館、機関研究員
博士（文学）
美術史、文化人類学
主な著作等　『フィリピンアートみちくさ案内　マニラ編』（共著、フィリピン・アート・ガイドブック・プロジェクト、2013年）、『民族衣装を着た聖母：近現代フィリピンの美術、信仰、アイデンティティ』（清水弘文堂書房、2021年）。

野上 恵美（のがみ えみ）　第2章
武庫川女子大学心理・社会福祉学部、講師
博士（学術）
文化人類学、移民、マイノリティ研究
主な著作等　「ベトナムにおける高齢化とケア：ERIAレポートレビューを中心に」（共著、神田外語大学グローバル・コミュニケーション研究所『グローバルコミュニケーション研究』11号、2022年）、『まちかどの記憶とその記録のために：神戸長田から／へ』Vol.3（共在の場を考える研究会（本岡拓哉・稲津秀樹・中西雄二・野上恵美）編、2024年）、Difficulties Faced by Vietnamese Migrants in Japan in Accessing Healthcare During the COVID-19 Pandemic and Their Self-Reported Health Perceptions（共著、*Cureus Journal of Medical Science* 16(11)、2024年）。

笠井 みぎわ（かさい みぎわ）　第3章
文化人類学、手工芸研究
主な著作等　「神様への手紙：日本聖公会の教会刺繍」（『京都文教文化人類学研究』（京都文教大学大学院文化人類学研究科）9、2015年）、Changing the Traditional Craft for Tourism in Italy: Coexistence of Traditional Inheritance and Sales Strategy of Il Punto Assisi（口頭発表、Life Beyond Tourism: Heritage for Planet Earth from World HERITAGE Sites for DIALOGUE, to the PLANET EARTH "Smart Travel, Smart Architecture, Heritage and its Enjoyment for Dialogue"、Italy、2017年）。

小西 賢吾（こにし けんご）　**第4章**
京都大学人と社会の未来研究院上廣倫理財団寄附研究部門、特定准教授
博士（人間・環境学）
文化人類学
主な著作等　『四川チベットの宗教と地域社会；宗教復興後を生きぬくボン教徒の人類学的研究』（風響社、2015年）、『シリーズ比較文化学への誘い（全6巻）』（共編著、英明企画編集、2017～2020年）。

二ツ山 達朗（ふたつやま たつろう）　**第5章**
香川大学経済学部、准教授
博士（地域研究）
中東地域研究、宗教人類学、イスラームの人類学
主な著作等　『大学生・社会人のためのイスラーム講座』（共編、ナカニシヤ出版、2018年）、「嫉妬にはきっと尻尾が効く」（『月刊みんぱく』44(1)、2020年）、「SNSがもたらすイスラームの新たな水平的コネクティビティ」（『イスラーム信頼学ニュースレター』3、2023年）。

田村 うらら（たむら うらら）　**第7章**
金沢大学人間社会研究域、准教授
博士（人間・環境学）
人類学、経済人類学、トルコ
主な著作等　『トルコ絨毯が織りなす社会生活：グローバルに流通するモノをめぐる民族誌』（世界思想社、2013年）、Patchworking Tradition: The Trends of Fashionable Carpets from Turkey（Ayami NAKATANI ed. *Fashionable Traditions*、Lexington Books、2020年）、「公共化するユルック：トルコにおける「遊牧民」の連帯をめぐって」（『地域研究』20、地域研究コンソーシアム、2020年）。

福内 千絵（ふくうち ちえ）　**第8章**
大阪芸術大学大学院芸術研究科、非常勤講師
博士（芸術文化）
民族芸術学
主な著作等　『インド ポピュラー・アートの世界：近代西欧との出会いと展開』（共編、千里文化財団、2011年）、「コロニアル・インドにおける「美術」の変容：神の表象をめぐる「周辺」からの抵抗」（関根康正・鈴木晋介編『南アジア系社会の周辺化された人々：下からの創発的生活実践』、明石書店、2017年）、「環流するイメージ：明治期のインド向け商標をめぐって」（三尾稔編『南アジアの新しい波：環流する南アジアの人と文化』下巻、昭和堂、2022年）。

中川 千草（なかがわ ちぐさ）　**第9章**
龍谷大学農学部、准教授
博士（社会学）
地域研究、社会学
主な著作等　「ギニア沿岸部における製塩業と水域環境保全の実態」（今井一郎編『アフリカ漁民文化論：水域環境保全の視座』春風社、2018年）、「ギニアにおける養蜂：その可能性と主体性について」（『食料農業システム研究』3、2024年）。

長嶺 亮子（ながみね りょうこ）　第10章
沖縄県立芸術大学芸術文化研究所、共同研究員
博士（芸術学）
民族音楽学、漢民族の音楽文化や伝統劇
主な著作等　「日治時期始政三十年紀念表演活動和廣播節目中的藝能」（『関渡音楽学刊』国立台北芸術大学音楽学院、第十八期、国立台北芸術大学、2013年）、「戦前・戦中台湾のコロムビアレコードの音から歌仔戯（ゴアヒ）と新興劇の音楽の繋がりをさぐる」（劉麟玉、福岡正太編『音盤を通してみる声の近代：日本、上海、朝鮮、台湾』スタイルノート、2024年）、「コロナ下、台湾の学校の伝統音楽クラブは如何にして繋がりを保ってきたか」（吉田ゆか子・増野亜子編『コロナ下での芸能実践：場とつながりのレジリエンス』、春風社、2025年）。

鳥谷 武史（とりたに たけふみ）　コラム1
金沢大学人間社会研究域、客員研究員
博士（文学）
日本中世宗教文化史
主な著作等　「『江島五巻縁起』と仏牙舎利請来譚：慈悲上人良真と実朝の夢」（黒田智・吉岡由哲編『草の根歴史学の未来をどう作る：これからの地域史研究のために』文学通信、2020年）、「モノから見た宗教の世界（第4回）日本の生活に息づく宗教：モノとまじないのかたち」（『季刊民族学』45（2）、2021年）、「長篠・長久手合戦図屛風における短冊形の一考察」（『戦国軍記・合戦図の史料学的研究』、共立女子大学、2024年）。

小倉 美惠子（おぐら みえこ）　コラム2
㈱ささらプロダクション 代表
主な著作等　『オオカミの護符：里びとと山びとのあわいに』（映画、ささらプロダクション、2008年）、『うつし世の静寂に』（映画、ささらプロダクション、2010年）、『オオカミの護符』（新潮社、2014年）、『諏訪式。』（亜紀書房、2020年）。

高木 崇雄（たかき たかお）　コラム3
日本民藝協会常任理事、工芸店主
近代工芸史、柳宗悦と民藝運動
主な著作等　「柳宗悦の工藝観における「他力」の重層性」（九州藝術学会『デアルテ』27、2011年）、『わかりやすい民藝』（D&DEPARTMENT PROJECT、2020年）。

索引

【あ行】

【か行】

【さ行】

【た行】

【な行】

【は行】

【ま行】

【や行】

【ら行】

ジャケット写真撮影　福内千絵

モノからみた宗教《しゅうきょう》の世界《せかい》

二〇二五年三月二一日　初版発行

編者　八木百合子《やぎゆりこ》

発行者　三浦衛
発行所　春風社　Shumpusha Publishing Co.,Ltd.
横浜市西区紅葉ヶ丘五三　横浜市教育会館三階
〈電話〉〇四五・二六一・三一六八　〈FAX〉〇四五・二六一・三一六九
〈振替〉〇〇二〇〇・一・三七五二四
http://www.shumpu.com　✉ info@shumpu.com

装丁　コバヤシタケシ
印刷・製本　モリモト印刷株式会社

ISBN 978-4-86816-006-9 C0014 ¥3500E